La vida es un viaje entre el cielo y el infierno

El camino al cielo dirige al infierno

Josué 1:9

Inspirado en hechos reales vividos por

Larry Ray Hardin, DEA retirado, autor

Editada, Dianne DeMille, PhD

Editado en Español por Pedro Fernandez Lopera

Este libro no refleja los puntos de vista de la Administración de control de drogas (la DEA), no está respaldado por la DEA y no refleja las opiniones de la DEA o el Departamento de Justicia. El libro fue revisado por la Junta de Revisión de Publicaciones de la DEA: DEA PRB.

Abril 2023
Servicios de consultoría de Dianne
Anaheim, CA
Rústica ISBN: 979-8-9865623-7-7
eBook ISBN: 979-8-9865623-8-4

Agradecimientos:

Dios no nos ha dado un espíritu de miedo

He escrito este cuarto libro Life's a Journey Between Heaven & Hell después de que casi decidí abandonar el proyecto. Sin embargo, soy afortunado y bendecido de estar rodeado de una escritora y editora comprometida, valiente, talentosa e inteligente que me inspiró a continuar lo que comencé.

Este libro y los otros — Camino del diablo, Luchando con mi mayor enemigo: yo mismo, y El hogar nunca es lo mismo— no se habrían publicado sin ella. Este es mi "Gracias" a Dianne DeMille. Ella ha sido mi gran amiga que creyó en mis libros; continuamente desafiándome a ser un mejor escritor y una mejor persona.

Este libro no podría haber sido escrito sin la ayuda de mis antiguos compañeros de trabajo, informantes y hombres y mujeres dedicados dentro de las comunidades policiales y médicas que no tienen miedo de hablar. Muchos buenos funcionarios encargados de hacer cumplir la ley toman en serio sus juramentos constitucionales y responsabilidades con el pueblo estadounidense, al igual que muchas buenas personas dentro de la comunidad médica que creen en el juramento hipocrático. "No hagas daño.".

Quiero agradecer a Pete Jalajas, Tim Snodgrass y Dianne DeMille, Ph.D., por su arduo trabajo editando y corrigiendo estas historias reales en La vida es un viaje entre el Cielo y el infierno y por qué el camino al Cielo dirige al infierno. Joaquín López Hermida traduciendo los libros en español Camino del diablo, Luchando contra mi mayor enemigo: yo mismo, y El hogar nunca es lo mismo. Dedicaron mucho de su tiempo al libro y espero que me ayudarán a llevar la verdad al público en inglés y en español.

He visto el mal que hacen los hombres, y he visto sus crímenes. He sido testigo de los trágicos efectos de la adicción a las drogas dentro de nuestras comunidades. Quiero agradecer a Dios por las familias de la Iglesia Bautista Plum Creek y los vecinos de Plum Creek Road por ayudarme a mantenerme fiel a mi fe y enseñarme que la lujuria por el poder y el dinero es mala.

Mi nombre es Pedro F. Lopera, soy español nacido al sur de España en una ciudad cercana a Cádiz. —Ciudad con más de tres mil años de historia— He desempeñado profesionalmente mi labor de profesor de instituto durante más de treinta años y actualmente estoy jubilado.

No hace mucho, mi amigo Larry Ray me dio un lápiz USB, el cual contenía un archivo con su último libro y me pidió que se lo corrigiera y procediera a maquetarlo. He de decir que no me dedico a eso, pero basta que él me lo pidiera para que, inmediatamente, me pusiera a la tarea.

Nada más abrir el archivo vi que la traducción no era todo lo correcta que debiera, pues tenía diversos errores, así que lo primero que hice fue darle sentido a algunas de las frases y corregirlo gramaticalmente. Bien, el resultado es el que ustedes, amables lectores, pueden ver y no puedo más que pedirles disculpas porque el trabajo realizado no sea todo lo profesional que debiera, repito que nunca me he dedicado a esto. Solo lo he hecho porque Larry me lo pidió y por el aprecio mutuo que nos tenemos

"Porque no nos ha dado Dios espíritu de temor; sino de poder, y de amor, y de dominio propio."

(Segunda Timoteo 1:7, versión King James)

La vida es un viaje entre el cielo y el infierno

En memoria de Domingo Julio Gómez Franco

Durante el verano de 1998 en la embajada de los Estados Unidos en Bogotá, Colombia, la Vicecónsul Catalina Moreno Hardin se enteró de que la embajada de España invitaba a funcionarios de embajadas extranjeras y sus invitados a una fiesta. Catalina se puso en contacto con la embajada de España y habló con un Guardia Civil de nombre Julio Gómez Franco.

Julio y Catalina instantáneamente comenzaron a hablar sobre como extrañaban a sus familias en España. Catalina le dijo a Julio que ella era hija de Pedro Moreno Jaramillo, un Guardia Civil retirado. Ella mencionó que su esposo era un agente de la DEA asignado a la embajada de los Estados Unidos. Julio le dijo a Catalina que a él y a los demás guardias civiles les gustaría verla en la fiesta. Ella preguntó si podía ir acompañada de su esposo, a lo que Julio respondió rápidamente. —Sí, si me trae una gorra de la DEA—. Varios días después, Catalina y Larry llegaron a la embajada de España. Al acercarse a la gran puerta de la entrada principal, fueron recibidos por el Embajador de España y su cuerpo de guardia, el Guardia Civil Julio Gómez Franco. Rápidamente el Embajador le dio a Catalina un beso a ambos lados del rostro.

Larry inmediatamente pensó: ¿Este chico también me va a besar?.

Cuando Catalina y Larry saludaron al Embajador español, este notó que Larry tenía un sombrero negro con letras doradas de la DEA Bogota, en su mano izquierda.

Cuando Larry estaba a punto de entablar una conversación con Julio para darle la gorra de la DEA, el Embajador de España le quitó la gorra de la mano a Larry y se la puso en la cabeza. El Embajador, entre risas, le dijo a Larry en inglés: Gracias por el sombrero de la DEA.

El Embajador se volvió para dar la bienvenida al resto de invitados ataviado con la gorra de la DEA.

Larry miró a Julio diciendo: Lo siento, hermano, el Embajador agarró la gorra de la DEA de mi mano. Te prometo que vas a conseguirán sombrero más bonito. Julio sonrió.

Catalina aprendió a fondo de los demás guardias civiles y empleados españoles que Julio era un hombre valiente y único. Era generoso, un amoroso esposo y padre. Miró a quienes contaban con él, incluido el Embajador. Julio era un hombre honesto a más no poder. Trabajó duro para proteger al Embajador y a sus compañeros de trabajo.

El 26 de noviembre de 1998, un Guardia Civil contactó con Catalina y le dijo que Julio fue asesinado en las calles de Bogotá.

El 28 de noviembre de 1998, Catalina y Larry llegaron a la antigua iglesia católica del siglo XVIII en Bogotá para darle los últimos respetos a Julio. La iglesia estaba repleta de policías, militares y personal de todas las embajadas y consulados de Colombia.

Catalina y Larry saludaron a la triste y llorosa esposa de Julio y su maravilloso hijo mientras estaban sentados junto al ataúd de Julio. Larry mostró la gorra de la DEA al hijo de Julio. Catalina le dijo a la viuda de Julio —este es el sombrero que le prometió mi esposo a Julio—. Lo sentimos mucho. El niño miró a su madre, luego Larry dejó el sombrero en las manos del niño. Con la aprobación de su madre, el hijo de Julio se puso lentamente el sombrero en la cabeza. Luego miró a Larry.

Larry de repente vio los ojos de Julio en su hijo.

Catalina y Larry giraron lentamente para mirar el ataúd de Julio. Oraron en silencio por Julio y su familia. Luego se alejaron por última vez. Varios minutos después, varias personas del Grupo Rociero estaban cantando la Salve Rociera.

Dios te salve María
Del Rocío Señora
luna, sol, norte y guía
Y Pastora Celestial.
Olé, olé, olé, olé.
Julio estás en Paz.

España, elpaís.com/agencias Bogotá- 27NOV1988-==:00CET. Un guardia Civil de la embajada en Bogotá muere de un tiro en un atraco.

La vida es un viaje entre el cielo y el infierno

Prefacio

Estaba en el aeropu

erto de Venecia, Italia, esperando el autobús que me llevaría al crucero en el que viajaría durante las próximas dos semanas. Mientras esperaba pacientemente para abordar al autobús, me di la vuelta y miré a las personas en la fila detrás de mí. El rostro del hombre inmediatamente detrás de mí me parecía extrañamente familiar. Después de mirarle fijamente a la cara durante el tiempo suficiente para ser incómodo, me di la vuelta y me dije a mí mismo que no podía ser quien pensaba que era. Fue entonces cuando escuché el inconfundible acento de Kentucky.

Larry? le pregunté dándome la vuelta para mirar al hombre una vez más.

Me devolvió la mirada con curiosidad, deteniéndose para mirarme a los ojos cuando de repente me di cuenta.

"Eres un sinvergüenza", me respondió con una amplia sonrisa.

Conocí a Larry Ray Hardin mientras trabajaba como especialista en TI (tecnología de la información) para la DEA en San Diego. Larry era extrovertido, amistoso y generoso. Era bien conocido por traer jarras de "pastel de manzana moonshine" para compartir con amigos cada vez que regresaba de Kentucky. Lo que más me gustaba de Larry era su sentido del humor. A veces, las tensiones pueden ser altas dentro de la oficina, y siempre fue agradable interactuar con alguien que sabía como reírse y no se tomaba las cosas demasiado en serio. Larry era una de las pocas personas con las que me detenía para charlar o bromear cada vez que nuestros caminos se cruzaban.

No había visto a Larry desde que se jubiló, 11 años antes. Después de encontrar una serie de videos de YouTube que él había creado, intercambiamos un par de mensajes en las redes sociales, expresando la esperanza de reunirnos para almorzar en algún momento en el futuro. El almuerzo previsto se había convertido, repentinamente, en un crucero improvisado de dos semanas por la costa del Adriático y hacia el sur del Mediterráneo.

Durante el crucero, solía cenar con Larry y su esposa. A veces, todos deambulábamos por los puertos junto con otros pasajeros con los que nos hicimos amigos durante el viaje. Los momentos verdaderamente reveladores fueron las charlas de la tarde que tendríamos en el nido del cuervo del barco, una sala de estar en la parte delantera del barco, muy por encima de las olas del océano. Fue durante estas charlas que llegaría a saber quién era Larry, qué había experimentado y qué lo impulsaba.

Aunque los escenarios y los roles que hemos jugado en la vida difieren, el camino fue notablemente similar. Al igual que Larry, yo había crecido en la pobreza. La iglesia había llegado a desempeñar un papel importante durante mis años de adolescencia y me proporcionó una brújula que me apartó de los caminos oscuros que fácilmente podría haber tomado durante esos años de formación. Incluso me uní a la Marina como lingüista español después de que una mala relación me dejó con la duda de qué iba a hacer con mi vida y el deseo de irme lejos.

Varios meses más tarde me encontré en Panamá en un momento en que las tensiones estaban al rojo vivo con la Operación Causa Justa en el Horizonte fue en un momento en que era joven, no tenía ningún concepto de mi propia mortalidad y sentía una profunda necesidad de preguntarme y explorar. Aunque generalmente me sentía bastante seguro deambulando por Panamá, podría volverse peligroso muy rápidamente si estuvieras en el lugar equivocado en el momento equivocado. Me encontré mirando el cañón de un arma en más de una ocasión cuando mis desventuras me llevaron a situaciones peligrosas. Esas desventuras también me permitieron ver de cerca lo que estaba sucediendo que la mayoría de los estadounidenses nunca vieron. Las historias que estaba viendo en los clips de noticias de mi país distorsionaron lo que realmente estaba sucediendo. Tampoco se podía evitar el hecho de que el monstruo llamado Noriega era una de nuestras propias creaciones.

Las similitudes en nuestras vidas no terminaron ahí. Larry Ray y yo nos casamos con hermosas mujeres hispanohablantes mientras estábamos destinados en el extranjero en la Marina, con quienes todavía estamos casados después de muchos años. Finalmente, ambos inesperadamente nos encontramos trabajando para la DEA. Habíamos trabajado juntos durante muchos años, pero fue solo durante estas dos semanas que realmente llegué a conocer a Larry Ray Hardin.

Larry Ray es un cruzado moderno, y fue lógico que aprendiera a conocerlo mejor en lugares como la isla de Malta (una de nuestras escalas en el puerto) donde los caballeros cruzados lucharon una vez con tanta valentía. A menudo he dicho que el camino al cielo pasa por el infierno. Esa es una verdad que me imagino que esos antiguos caballeros entenderían bastante bien, al igual que Larry Ray ha caminado a través de la oscuridad, pero se mantuvo firme en su camino hacia la luz.

Creo, sinceramente, que para alcanzar cualquier estado celestial debemos ser probados. Tenemos la garantía de fallar en algunas de las pruebas que se nos dan. Está bien cometer errores siempre y cuando encontremos la fuerza para levantarnos y seguir recorriendo el camino. Nos volvemos más fuertes a medida que superamos la derrota y, en última instancia, encontramos la fuerza para llegar a nuestro destino.

El Larry Ray Hardin que verás en gran parte de este libro es una versión más joven y enojada que el que llegué a conocer en San Diego. Lo que hace que el viaje de Larry Ray sea grandioso, no es solo porque se negó a ser atraído por la corrupción mientras caminaba por el camino del infierno. Lo que lo hace grandioso es que aprendió de sus fracasos en el camino, reemplazó la ira por sabiduría y continuó por el camino al cielo.

Nota del autor

La ley del Señor

Las historias que está a punto de leer son verdaderas. Se basan en momentos transformadores en la vida del agente especial de la DEA Larry Ray Hardin que desafiaron y finalmente fortalecieron su fe. Se ocupan del engaño al que se enfrentó dentro de la comunidad policial, el sistema judicial, el ejército y de funcionarios gubernamentales y políticos. Cuando era un niño que crecía en Kentucky, estas son personas en las que Larry Ray había aprendido a confiar, y las duras realidades que observó de primera mano lo cambiaron para siempre.

Estas historias también tratan sobre las víctimas del comportamiento descuidado y poco ético dentro de la comunidad médica y la industria farmacéutica. Millones de personas recurren a esas industrias en busca de ayuda cada año, y algunas se irán a medicamentos recetados como oxicodona, vicodin y otros analgésicos narcóticos. Larry Ray llegaría a conocer personalmente a esas víctimas, no sólo a las víctimas de las drogas ilegales, sino a quienes se convirtieron en dependientes de medicamentos recetados.

Larry Ray ha reflexionado profundamente sobre los incidentes, el flujo de eventos y las discusiones sinceras que experimentó mientras trabajaba como agente especial. Usando notas, recuerdos y entrevistas con compañeros de trabajo anteriores en las fuerzas del orden, el ejército y la comunidad médica, ha reconstruido esos eventos en las páginas de este libro. También se ha acercado a ciudadanos preocupados e informantes anteriores para conocer sus perspectivas únicas. Aunque las historias que está a punto de leer son verdaderas, los nombres de las personas de las fuerzas del orden, los informantes y las fuentes de la comunidad médica se han cambiado para proteger su seguridad y privacidad.

Larry Ray nunca olvidará a las personas jóvenes y mayores que ha arrestado a lo largo de los años. Tampoco olvidará las vidas que ha visto destruidas por la adicción a los narcóticos y los analgésicos. Arrestó a varias enfermeras por fabricar y distribuir metanfetamina. Incluso se sorprendió y decepcionó al ver a personas respetables dentro de la comunidad que perdieron sus licencias de prescripción de la DEA por prescribir en exceso píldoras y cápsulas narcóticas a los pacientes.

Después de su retiro de la DEA, Larry Ray se convirtió en voluntario de hospicio. Mientras visitaba a los pacientes allí internados que se acercaban al final de sus vidas, se entristecía profundamente por algunas de las cosas que decían. "

¿Por qué los médicos no pueden ayudarme a vivir?

Confío en los médicos para que me ayuden a mejorar.

—Por favor, dame más analgésicos.

¿Por qué a mí?

—Tristemente se preguntó;

¿Por qué algunos pacientes continúan pidiendo más medicamentos narcóticos?

"Bienaventurado el varón que no anduvo en consejo de malos, ni estuvo en camino de pecadores, ni en silla de escarnecedores se ha sentado."

(Salmo 1:1, versión King James)

Sobre el autor

de cualquier cosa que se haya escrito

Firmé un acuerdo con la DEA para esperar cinco naos después de jubilarme antes de escribir sobre mis experiencias como agente especial con experiencia de primera línea en investigaciones de narcotráfico. Poco después de que terminaron esos cinco años, resolví comprometer esas experiencias para escribir. Con la ayuda de dos Investigadores Privados (PI) y Dianne DeMille (Ph.D., Educadora), escribí mi primer libro: Camino del Diablo. El libro examina la corrupción en la aplicación de la ley en los puertos de entrada (POE) a lo largo de la frontera suroeste de los Estados Unidos (EE. UU.) y México. Ahora es una segunda edición, revisada.

Los lectores compartieron su creencia de que los IP y yo estábamos "luchando contra el diablo" y expresaron profundas preocupaciones por nuestra seguridad y nuestras vidas.

Mi segundo libro, —Luchando con mi mayor enemigo: yo mismo— comparte mi viaje espiritual con Cristo Jesús mientras trabajaba en la DEA.

Mi tercer libro, —El hogar nunca es el mismo— analiza mi vida como un inocente chico de campo en los bosques de Kentucky y cómo me convertí en un hombre en un mundo de maldad. Este fue un tiempo de profundo examen de conciencia mientras buscaba la verdad y me preguntaba: ¿Dónde está Dios, Su hijo Jesucristo?

Estos libros están disponibles en podcasts, kindle y audio en español e inglés. Para garantizar la autenticidad, proporcioné personalmente la mayor parte de la narración del audio.

Lo que aprendí al trabajar en "narcóticos callejeros" durante casi 24 años en la DEA es increíble. A lo largo de los años, he perdido buenos amigos en la comunidad policial: el agente de la DEA Richie

Fass, el agente de la DEA Frank Moreno, el Departamento de Policía de Yuma, el teniente Danny, Elkins, Policía estatal de Arizona, el sargento Michael Crowe, el Guardia Civil de España, Julio Gómez Franco, y mi informante de confianza, Angelito.

Algunos de ellos incluso fueron asesinados por policías corruptos mientras trabajaban con narcóticos. Todos creyeron en las promesas hechas por nuestros líderes políticos y pensaron que Estados Unidos podía ganar la guerra contra las drogas. A veces incluso me he preguntado: ¿algunos de ellos podrían haber sido asesinados por mi trabajo contra la corrupción en la aplicación de la ley y el cartel de la droga en la frontera suroeste de los EE. UU. y México?

La confianza es esencial para las operaciones de aplicación de la ley y, a veces, no era fácil saber en quién podía confiar. Yo personalmente lidié con los errores cometidos por hombres malvados que usaban la insignia. Estuvieron involucrados en algunos de los casos de narcóticos que investigamos, especialmente a lo largo de la frontera suroeste con México. Tuve que ser muy cauteloso al tratar con la policía local cerca de la frontera con México. Tuve que escudriñar todo lo que me dijeron, incluso de la policía y la comunidad médica. Constantemente tenía que preguntarme qué era una mentira y cuál era la verdad.

Mirando hacia atrás en los casos en los que trabajé y el tiempo que pasé "trabajando en las calles", fue increíble presenciar la inmundicia del crimen y la corrupción. Mucha de la corrupción no solo estaba en México sino aquí en los Estados Unidos. Decidí conscientemente no seguir los errores de hombres malvados que codiciaban dinero, sexo, y poder sobre la vida y la muerte.

Para seguir con vida, tenía que concentrarme en lo que sabía en mi corazón que era lo correcto; decir la verdad y permanecer fiel a Dios, a la familia, al hogar y a mis hermanos y hermanas en la comunidad policial.

La vida es un viaje entre el cielo y el infierno

"Porque las cosas que se escribieron antes, para nuestra enseñanza se escribieron, a fin de que por la paciencia y la consolación de las Escrituras, tengamos esperanza."

(Romanos 15-4, versión King James)

Introducción

Qué requiere el Señor de ti

Larry Ray se crió como un chico de campo rodeado por los bosques oscuros y los arroyos poco profundos de la zona rural de Kentucky. Al crecer en una comunidad agrícola, aprendió a vivir una vida moral, con un propósito y sin temer a la muerte. Fue guiado por la mano firme de su papá y las oraciones diarias de mamá. Cada día mamá le pedía a Dios que mantuviera a Larry Ray a salvo de la maldad de este mundo. Larry Ray rápidamente entendió que no debía ser egoísta y ser sincero, cumplir las promesas, no engañar, perdonar y no lastimar a los demás por la lujuria del mal.

Cuando era un niño de la zona rural, Larry Ray escuchó las palabras habladas de sus padres, familia, parientes, vecinos y la iglesia bautista Plum Creek de que Jesucristo vive en nuestro espíritu.

Larry Ray, a veces, vagaba en silencio cerca de los bordes rocosos de los arroyos, estanques y lagos en los remotos bosques de Kentucky. Escuchaba la suave brisa que bailaba a través de las hojas de los árboles de colores del arcoíris mientras exploraba. Mientras recorría sus caminos a lo largo de los arbolados arroyos, reflexionaba sobre las cosas que le habían enseñado. La honestidad y la devoción eran los valores de Larry Ray, y la mejor manera de vivir.

En el libro navideño de Larry Ray, —El hogar nunca es el mismo— comparte como diez miembros de una familia vivían juntos en una casa de madera de tres habitaciones. No había un baño, ni siquiera tenía agua corriente. Había que traer agua de un pozo exterior y el baño estaba en un pequeño cobertizo afuera. Los cuatro hermanos y las cuatro hermanas estábamos apretados en un dormitorio: los niños en un colchón de plumas y las niñas en otro. Los padres vivían en la sala de estar.

La vieja casa fue construida al lado de un arroyo rocoso con una pequeña repisa que creaba una cascada de cuatro pies. La cascada era la ducha de sus hermanos y hermanas en los calurosos y húmedos veranos. A pesar de todas estas dificultades, Larry Ray estaba feliz, ajeno a su pobreza.

¿Cuál es la dificultad? ¿Es que no tiene agua corriente?

Un baño dentro de la casa. ¿Es tener una estufa de leña y carbón para calentarse y tener agua caliente? ¿Qué tal una letrina? inodoro y agua de pozo sulfuroso? ¿Importa si la casa está al lado de un arroyo y en un arbolado?

Larry Ray comenzó su carrera como agente especial en la Administración de Control de Drogas (DEA) con confianza en Dios, su Hijo Jesucristo que le había sido inculcado cuando era niño en Kentucky. Había aprendido a vivir una vida íntegra y a no codiciar el poder, el adulterio y el dinero, como comenta en sus otros libros, —Camino del diablo, 2nd Ed Revisada, Luchando con mi mayor enemigo: yo mismo, y el hogar nunca es lo mismo—

"Él te ha mostrado, oh hombre, lo que es bueno; y lo que el Señor requiere de ti." (Miqueas 6:8, versión King James)

Prólogo

Los momentos más peligrosos que encontré mientras trabajaba con narcóticos fueron la tentación del dinero y el sexo. A veces encontrábamos grandes sumas de dinero que debían contabilizarse cuidadosamente y devolverse. Esto requería mucha integridad. Superé la tentación con la bendición de mi fe, y trabajé duro para no corromperme. En un mundo de corrupción y seducción, podía aferrarme a mi fe y permanecer fiel a los valores que me habían enseñado de niño. Puse en la cárcel a muchas personas que no compartían esos valores. Mirando hacia atrás sobre cómo lidié con parte de la corrupción que encontré en las fuerzas del orden, creo que se trataba de saber cómo mantenerme alejado de la deshonestidad, centrarme en la verdad, estar agradecido por lo que tenía y disfrutar cada momento de la vida.

Algunas de las pobres "mulas" que encontramos eran muy ignorantes. Recurrieron al crimen para ganarse la vida, comprar alimentos para sus familias y pagar las facturas. Los narcotraficantes pobres que fueron detenidos tuvieron que depender de la Defensoría Pública (abogados de oficio), los peores abogados pagados por los contribuyentes.

No me arrepiento de lo que pasó con los casos de investigación. Algunos casos fueron fáciles de adjudicar. Otros fueron difíciles. Había codicia en ambos lados de la cerca y funcionarios gubernamentales que abusaban de su autoridad. Es sorprendente lo que el dinero puede hacerle a la gente en el mundo de las drogas ilegales y los narcóticos recetados.

Nunca me ascendieron en la DEA. Quería convertirme en supervisor de grupo, tal vez en gerente (agente especial a cargo), que era lo más lejos que podía llegar en la agencia. Tenía la personalidad y la integridad para liderar. Necesitaba conexiones con altos directivos de la DEA, que compartieran mis valores e integridad.

Necesitaba una aclaración sobre lo que debía hacer a continuación con mi vida. Aprendí que la corrupción era mas profunda en la aplicación de la ley y la política de lo que jamás imaginé. Lo que aprendí de trabajar con narcóticos en las calles durante casi 24 años es increíble. En las calles, tenía que mantenerme concentrado, tratando de hacer lo que sabía en mi corazón que era lo correcto. Eso fue la lucha de los narcóticos trabajadores, a la sombra del mal, y el camino del diablo. Decidí no seguir el camino del mal. Decidí encontrar "la luz en una batalla con la oscuridad."

Confía en el Señor con todo tu corazón. Allí puedes encontrar la luz.

DEA me dio una carrera prometedora. Estoy sano. Tengo una jubilación agradable con una gran pensión. Lo hice. Las siguientes páginas muestran que mi verdadero triunfo fue mantener mi fe en nuestro Señor Jesús, no con mi esposa o familia, sino con la confianza en Dios. Me mantuve concentrado en eso. Ese fue mi mayor desafío para enfrentar la malvada enfermedad de los hombres.

Tenía que mantenerme concentrado, haciendo lo que sabía que estaba bien en mi corazón. En una batalla con la oscuridad, elegí abrazar la luz o, como diría yo, la vida es un viaje entre el cielo y el infierno. Esa fue mi lucha mientras trabajaba con narcóticos y lidiaba con los malvados que tenían el control.

"Ninguno puede servir a dos señores, porque o aborrecerá al uno y amará al otro; o se aferra a uno y desprecia el otro." (Mateo6:24, versión King James)

Capítulo 1

Un hijo sabio hace feliz a un padre

Papá puso la pesada escopeta en mis manos. Luego la levantó hasta mi hombro izquierdo. Es demasiado pesada. No puedo sostener un arma tan grande, —dije con miedo.

Yo solo tenía seis años, pero papá insistió. ¡Muchacho, aquí, toma la escopeta! Hizo una pausa mientras esperaba que yo hiciera lo que me había dicho: Ahora apunta a la lata de café vacía que está sobre la pila de rocas.

Lo miré mientras luchaba con mi miedo. Pero mamá dice que las armas pueden lastimarte. —Dije tímidamente.

Papá gritó en voz alta: —Apunta el arma a la lata de café. ¡Aprieta el gatillo!

¿Qué gatillo? ¿Dónde está la lata? —pregunté.

De repente, escuché un ruido fuerte como una tormenta y vi un relámpago al final del arma. El arma salió volando de mis manos, tirándome hacia atrás y aterrizando en el suelo con un ruido sordo. Me encontré incapaz de moverme o decir nada. ¿El destello de luz me golpeó en la cabeza?.— Pensé.

Papá me levantó del suelo. Me quedé allí mirando, incapaz de decir una palabra.

Él sacudió la suciedad de mi trasero. —Chico, ¿estás bien? —preguntó.

En la distancia, pude ver a mi hermano corriendo como el perro conejo de papá hacia la letrina. Por un momento, temí haberle disparado en el trasero.

Volví a oír la voz de papá que decía: ¿Qué se siente al disparar una escopeta de un solo cañón calibre 12?

¿Golpeé la lata de café? pregunté.

No, no le diste a la lata. Pero seguro que hiciste que las rocas saltaran del suelo.

Después de disparar la escopeta de papá esa fría mañana, me sentí como Daniel Boone. Le rogué a mamá por un arma.

Puedes lastimar o matar a tus hermanos y hermanas. Lawrence Raymond, —no obtendrás un arma, gritó mamá.

"El hijo sabio alegra al padre, pero el hijo necio es tristeza para su madre." (Proverbios 10:1, versión King James)

Capítulo 2

Un corazón alegre hace bien como una medicina

De repente, la viga de madera podrida se rompió y cayó al suelo a mi lado.

Papá, ¿estás bien? —Le pregunté con miedo—Tienes sangre en el pecho.

Sin saber qué hacer, le grité a mamá: Papá se cayó. Se lastimó el pecho. Hay sangre por todas partes. Estamos aquí en el campo de bacco (tabaco). ¡Date prisa, mamá!

Mamá salió corriendo por la puerta de la cocina con una sábana blanca en las manos antes de que pudiera llamarla de nuevo.

Junior, ¿estás bien? ¿Te rompiste algún hueso? preguntó mamá. Miró a mi padre y de repente se dio cuenta de lo que había sucedido. ¡Lawrence Raymond, trae un poco de agua! gritó. Se arrodilló al lado de papá, mirando la herida, mientras yo corría a buscar agua. —Su pecho estaba cubierto de sangre.

Cuando regresé, mamá limpió lentamente la sangre del pecho de papá con una sábana rota. Ve a buscar el frasco con crema blanca. Está al lado del fregadero de la cocina, —ordenó—. No estaba seguro de si estaba hablando de la manteca de cerdo, pero rápidamente corrí para hacer lo que me indicó y luego regresé al granero. Frotó suavemente crema blanca en el pecho de papá. Luego lo envolvió alrededor del baúl varias veces con la sábana rota.

Después de unos minutos, papá finalmente se puso de pie. —Junior. No vuelvas a subir a ese viejo granero.

Creo que te rompiste las costillas, —dijo mamá mientras inspeccionaba a papá.

Sonrió como una zarigüeya mientras lentamente comenzaba a subir al granero como un gato, en busca del nido de un pájaro.

Papá, no te vas a caer de nuevo, ¿verdad?

Mamá suspiró mientras se giraba para caminar de regreso a la casa. Tú, testarudo.

Varios días después, vi a mi hermana, de 5 años, acostada en el suelo, temblando como un perro mojado que papá habría arrojado al arroyo.

¿Qué tipo de juego estás jugando? —pregunté— Luego me di cuenta de que estaba arrojando vómito acuoso.

Antes de que pudiera gritar, mamá estaba allí, levantando rápidamente a mi hermana del suelo.

¡No respira! gritó mamá mientras la abofeteaba en la cara y la golpeaba la espalda. No pasó nada. Sacudió su cuerpo varias veces hasta que recuperó el aliento. De repente, mamá vio una botella de lejía vacía en el suelo.

¿Se tragó lejía? Gritó. Agarrando a mi hermana en sus brazos. Mamá volvió corriendo a la casa. Esa noche, cuando papá llegó a casa del trabajo, mamá le contó lo que había sucedido.

"El corazón alegre hace bien como medicina: mas el espíritu quebrantado seca los huesos."

(Proverbios 17:22, versión King James)

Capítulo 3

Mis manos enseñan a la guerra y mis dedos a pelear

No puedes ir a la escuela, Lawrence Raymond. Estamos demasiado lejos, explicó mi mamá. Caminar solo temprano en la mañana desde la casa hasta el autobús escolar es demasiado peligroso. Tendrías que caminar de regreso a la casa cuando oscurece.

Puedes ir a la escuela una vez que nos mudemos a la ciudad. Tú y tu hermano pueden comenzar el primer grado juntos, — ofreció.

Finalmente, después de ese primer año en la vieja y destartalada granja de madera y solo dos habitaciones junto al arroyo, papá se mudó con la familia a la gran ciudad. —Yo tenía siete años y estaba en primer grado.

Siempre me metía en problemas con las monjas de la escuela católica por pelearme con los otros niños. Las monjas me pegaban en las manos con un largo palo de madera como una regla mientras tiraban del lóbulo de mi oreja.

Mientras gritaba, —pensé;— las monjas me golpeaban en las manos y me tiraban del lóbulo de la oreja. ¿Por qué mi hermano está sonriendo como una zarigüeya comiendo animales atropellados?

En casa, traté de explicarle a mamá por qué las monjas me azotaron.

Los niños malos se están riendo por mi sándwich de papa. Las monjas están de pie a mi lado. No pude pelear con ellos en el comedor. Tuve que esperar para pelear con algunos niños en el patio de recreo.

¿Me azotaron las monjas porque golpeé a los niños malos?

"Bendito sea Jehová, mi fortaleza, que enseña mis manos para la guerra, y mis dedos para la pelea."

(Salmos 144:1, versión King James)

Capítulo 4

Regocíjate para siempre

Persiguiendo a mi hermano menor, tomé una botella de cerveza de vidrio vacía en mi mano derecha. Estaba a punto de tirarla a la basura cuando tropecé en la acera y caí sobre ella.

Después de romper la botella de cerveza en mi mano, me sorprendió toda la sangre que salía de la herida. La piel colgante parecía una tira de tocino.—Tal vez necesitaba decirle a papi lo que pasó.

Con mi mano derecha goteando sangre en la acera de ladrillo, le pregunté a mi hermano: ¿Crees que debería decirle a papá lo que pasó?

No sé si quieres decirle a papá que tenías una botella de cerveza en la mano. Él podría pensar que te derribé y te corté la mano, sugirió.

Tienes razón. Podría azotarnos por pelear con una botella de cerveza. Estuve de acuerdo.

Recuerdo a una mujer joven con una bata blanca en el hospital. Tenía la cara pecosa y el pelo rojo.

—Se supone que debo cuidar de tu mano,— dijo.

Inmediatamente supe que era doctora. Me di cuenta de que llevaba un extraño collar de plata. Observé sus bonitas pecas de color rosa.

¿Qué tipo de collar llevas alrededor del cuello? pregunté.

Es un estetoscopio para escuchar los latidos del corazón y los pulmones, —dijo—, mostrando una bonita sonrisa de "Blancanieves."

Luego me clavó una aguja larga en la mano cortada. No te dolerá, prometió.

¡Duele! Grité.

Papá me lanzó una mirada. Me detuve para no llorar, pero continué mirando a Blancanieves.

¿Vas a escuchar mi corazón y mis pulmones con ese collar alrededor de tu cuello? —pregunté.

Cuando era niño, aprendí de mi familia y parientes a confiar en cualquier persona que llevara una bata blanca o un estetoscopio alrededor del cuello. Admiré lo hermosa que se veía Blancanieves con su bata blanca. Qué hermosa doctora, pensé.

¿Tengo que confiar en Blancanieves con la aguja larga? —Me preguntaba.

Ella tenía una bonita sonrisa. Sus dientes eran más blancos que la primera nieve. Tal vez por eso pensé en Blancanieves. —Tal vez yo podría ser uno de sus enanos.

Luego, un hombre mayor que usaba anteojos gruesos de montura negra entró en la habitación. Tenía un estetoscopio en su bolsillo, no alrededor de su cuello. Al igual que Blancanieves, vestía una bata blanca, pero no pude evitar notar que estaba manchada de sangre. Pensé, se parecía a Drácula sin los dos colmillos largos y puntiagudos. Todavía no ha sonreído, y la sangre en su abrigo parece como si hubiera matado a un cerdo. Él me asustó.

¿El niño está listo para limpiar y cerrar? —preguntó Drácula a Blancanieves.

—Me preguntaba de qué estaban hablando.

Drácula comenzó a verter agua en mi mano cortada. ¡Ay! Me quemaba.

Vaya, te están dando puntos en la mano, —dijo Drácula—. Mirando a papá, —le pregunté: ¿Qué son los puntos? —Entonces Drácula comenzó a coser el corte con hilo blanco y una aguja torcida, como mamá cosiendo una sábana rota. ¿Por qué mamá usó una aguja recta al coser agujeros en mis camisas?, —Me pregunté—, Drácula está usando una aguja torcida.

Un hombre diferente que vestía una camisa blanca, pantalones blancos y zapatos blancos envolvió mi mano con vendas blancas. Más tarde, otra mujer vestida como un "pastel de frutas de Angle" con un vestido blanco, una pequeña gorra blanca en su cabeza, y un "collar" (estetoscopio), rápidamente clavó otra aguja larga y recta en mi brazo izquierdo.

Gracias, niño Jesús, pensé; —ella no estaba usando una aguja torcida—. Mirando alrededor de la habitación, me pregunté, ¿qué le pasó a Blancanieves con los dientes brillantes? ¿Drácula también la asustó? ¿Dónde está Drácula?

"Regocijaos por siempre."
(1 Tesalonicenses 5:16, versión King James)

Capítulo 5

Bienaventurados los que lloran

Lawrence Raymond, dile a la vecina que quiero verla después de que lave la ropa, dijo mamá.

¿Yo? —pregunté.

—El vecino de al lado, respondió ella.

Está bien. Voy ahora y le digo al vecino lo que dijiste, mamá.

En la casa del vecino, caminé hacia la puerta principal que se encontraba abierta.

Hola, señora. ¿Está en casa? grité. Mamá quiere que la veas después de que termines de lavar la ropa.

Estoy aquí lavando ropa. Espera, no puedo oírte. Estaré allí en un minuto, —respondió ella.

Mientras esperaba que el vecino viniera a la puerta principal, vi una cuna blanca junto a una ventana grande en la sala de estar. Un montón de desagradables moscas verdes revoloteaban sobre la cuna.

Eso es extraño, pensé. Mamá dijo que nuestro vecino de al lado tenía un nuevo bebé. ¿Por qué hay muchas moscas verdes desagradables volando sobre la cuna del bebé?

Me acerqué para quitar las moscas de la cuna. Luego, vi moscas en la espalda del bebé. El bebé estaba acostado boca abajo, con sus diminutas manos extendidas a cada lado. Miré al bebé por un momento.

¿Por qué esas desagradables moscas están encima del bebé? ¿Por qué las manos del bebé se ven tan oscuras? —Me pregunté en voz alta.

Hola, Larry Ray. ¿Qué dijo tu mamá? Luego hizo una pausa, ¿De dónde vienen todas estas moscas?

Mamá quiere que tú….. comencé a decir.

De repente agarró al bebé y gritó. Siguió gritando y llorando mientras sostenía al bebé en sus brazos. ¡llama a tu mamá!

Salí corriendo de la casa llamando a gritos a mamá.

Lawrence Raymond. ¿Qué pasa? ¿Qué pasó? ¿Quién está gritando? —dijo mamá con evidente preocupación cuando llegué a la casa.

Mamá, le dije, creo que algo le sucedió al bebé de la señora.

Cuida a tus hermanos y hermanas, —dijo mientras corría hacia la casa del vecino.

Gritaba y lloraba dentro de su casa, entonces vi como un coche de la policía y una ambulancia paraban frente a la casa del vecino. Un policía y dos hombres de la ambulancia corrieron para dentro de la casa de la señora. Se fueron poco después con la señora, que sostenía al bebé en brazos.

Mamá volvió llorando.

¿Qué pasó con el bebé, mamá? —pregunté.

Cuando papá llegó a casa del trabajo, mamá lo recibió en el patio delantero. Mamá empezó a llorar de nuevo cuando le contó a papá lo que le había pasado al bebé de la vecina. Más tarde esa noche, mamá me pidió que orara por el bebé y la familia del vecino.

Mientras oraba, le susurré a Dios: ¿Qué le pasó al bebé? ¿Por qué murió el bebé? ¿Por qué no pudiste salvar al bebé de morir?

"Bienaventurados los que lloran, porque ellos serán consolados." (Mateo 5:4, versión King James)

Capítulo 6

Como muere el uno, muere el otro

En una fría mañana temprano en casa, oí que algo arañaba la puerta trasera. Fui a investigar y lentamente abrí la puerta. Para mi sorpresa, un cachorrito blanco y peludo estaba moviendo la cola tratando de entrar en la casa, eso es extraño, pensé; ¿De dónde vino el perrito blanco y sucio? ¿Se perdió? ¿Qué haría mamá si metiera a escondidas al cachorro en la casa? Agarré la pata delantera del cachorro blanco y lo arrastré dentro de la casa.

Es un cachorro bola de nieve, —gritó alegremente una de mis hermanas.

¿Qué es un cachorro bola de nieve? preguntó mamá antes de entrar en la habitación para ver al pequeño y peludo visitante. Chicas, llevad al cachorro bola de nieve a la bañera; Lo tenéis que bañar antes de jugar con él, dijo.

Unos días después, vi a un anciano calvo con una larga nariz roja y ojos negros. La nariz era puntiaguda y no tenía dientes en la boca. Le estaba gritando a bola de nieve que dejara de ladrarle.

¿Qué pasó?, ¿por qué bola de nieve le ladra al viejo calvo y desdentado? ¿Bola de nieve vio el demonio malvado en el anciano?

Unas noches después, bola de nieve estaba rascando mi cama. Bola de nieve, ¿tienes miedo del viejo? Susurré. Métete en la cama conmigo. —Él no puede lastimarte, yo te protegeré.

Cuando me levanto a la mañana siguiente, veo que mamá está preocupada.

Lawrence Raymond, bola de nieve está enfermo, ¿Cómo sabes que está enfermo? ¿Qué pasa, mamá? pregunté. Antes de que os vayáis a la escuela, llevad a bola de nieve al veterinario cerca del corral de animales en el vagón rojo. Esta es la dirección. Tomad $5 para dárselos al médico.

Envolví a bola de nieve en una vieja manta azul que le encantaba y lo acosté en el vagón rojo. Estaba preocupado. ¿Por qué bola de nieve no mueve las patas ni mueve la cola? Pensé.

En el consultorio del veterinario, un hombre con una bata blanca sacó suavemente a bola de nieve del carro rojo. Con bola de nieve en sus brazos, desapareció en otra habitación. Después de unos minutos, regresó con bola de nieve.

El veterinario volvió a dejar a bola de nieve en la carreta.

Llévale esta nota a tu mamá, dijo. ¿Va a estar bien?Le pregunté. Dale la nota a tu mamá, —dijo el doctor.

Le entregué los $5 al Dr. Mamá quiere que te quedes con los $5

No. Devuélveselo a tu mamá. De camino a casa, noté que Snowball estaba tratando de respirar. Él estaba llorando. Bola de nieve, ¿estás bien? ¿Por qué lloras?

En casa, mamá comenzó a llorar cuando leyó la nota del médico.

Bola de nieve ha sido envenenado. Se está muriendo.

Mis hermanos y hermanas también empezaron a llorar. Nos unimos a mamá para pedirle a Dios que no dejara morir a nuestro cachorro. Al principio no podía llorar. Sabía quién le había dado el veneno a bola de nieve el demonio estaba dentro de él.

Más tarde, esa noche, Bola de nieve estaba en mi cama rascando el marco de la cama. Miré para ver los globos oculares húmedos de Bola de nieve. ¿Qué pasó? ¿Qué le pasa a sus ojos? Agachó la cabeza y miró hacia el piso. Lentamente caminó hacia su cama de cartón y se metió en ella. Lo vi caer sobre el piso de madera y luego luchar para volver a levantarse. Mamá se acercó y suavemente comenzó a acariciar a Bola de nieve.

¿Qué pasa, mamá? —le pregunté.

Ella lloraba: Ya no respira, —Bola de nieve se ha ido al cielo.

Me pregunté a mí mismo; ¿Bola de nieve vino a mí para decir adiós? ¿Es por eso que sus ojos estaban húmedos de lágrimas?

Más tarde esa mañana, mi familia llevó a Bola de nieve a la zona arbolada para enterrarlo en el bosque. Después de unas pocas millas, papá se detuvo en un área de madera. Sacó a Bola de nieve del maletero del coche. Seguí a papá mientras cargaba a bola de nieve en sus brazos, envuelto en la vieja manta azul. Dejó suavemente a Bola de nieve junto a un viejo olmo. —No quería dejarlo tirado en el suelo húmedo y frío.

La vida es un viaje entre el cielo y el infierno

Papá y yo regresamos del bosque. Cuando nos acercamos al auto, vi que todos seguían llorando por bola de nieve. No pude quitarme la sensación de que no había podido protegerlo del anciano. Ya me había enterado de la muerte por mamá cuando murió el bebé del vecino de al lado, pero la muerte de bola de nieve fue diferente.

"Porque lo que les sucede a los hijos de los hombres, les sucede a las bestias; incluso una cosa les sucede: como muere el uno, así muere el otro; sí, todos tienen un mismo aliento; de modo que el hombre no tiene preeminencia sobre la bestia: porque todo es vanidad."

(Eclesiastés 3:19-20, versión King James)

Capítulo 7

Para dónde está tu tesoro

Debajo de un viejo olmo, estaba soñando con todos los refrescos rojo grandes y las bolsas de cacahuetes salados que podía comprar. Me encantaba poner maní dentro de mi refresco rojo grande. Lo aprendí de los niños mayores que vivían en Plum Creek road. Hacían eso cuando bajaban a la tienda de comestibles de RT.

Por la mañana temprano, mi tía y yo fuimos a trabajar todo el día en el campo de bacco (tabaco) al lado del arroyo. Cortamos la ambrosía y la quitamos de las hojas de las plantas. Fue a mediados de julio y el clima era cálido y húmedo. Las abejas volaban por los campos y nos picaban los brazos. Fue mi primer trabajo remunerado; Yo solo tenía ocho años.

Larry Ray, ve allí y siéntate a la sombra de ese viejo olmo. Necesitas refrescarte. Toma un poco de agua, —dijo mi tía.

Más tarde esa noche, en el supermercado de RT, la esposa de RT preguntó: ¿Quieres tus $5? Entonces ven aquí. Quiero que me beses en la mejilla, y te doy los $5. Miré a papá para ver si estaba bien besarla.

Después de besarla en la mejilla, tomé mis $5 y salí corriendo por la puerta principal de la tienda como un perro persiguiendo a un gato negro.

Al día siguiente, papá me llevó a la tienda de excedentes de ropa y me dijo: Larry Ray, consigue un par de jeans azules y una camisa de manga corta marrón. Después sígueme hasta el cajero.

El cajero tenía el pelo largo y grasiento de color castaño que le caía sobre los hombros. Su rostro estaba oculto detrás de un pájaro rojizo.

Parece un cavernícola salvaje que acaba de comerse un jugoso zorro rojo, pensé.

Dale tu dinero, —dijo papá—. Para mi asombro y sorpresa, no estaba bromeando.

Si le diera al viejo zorro los $ 5, no podría comprar el refresco rojo grande o los cacahuetes salados tostados con miel. Tristemente pensé en todo lo que tenía que hacer para ganar ese dinero. No solo tenía que trabajar en el campo, sino que también tenía que besar a la anciana.

El cajero extendió su mano, sacando el billete de $ 5 de mi pequeña mano apretada. Miró hacia mí y me dio unas monedas.

Esto es lo que queda de los $5. —La ropa está en la bolsa de papel marrón.

Me sentí terriblemente decepcionado mientras miraba las monedas que quedaban de mis $5. Luego volví a mirar al cajero. Sé por qué tienes una sucia barba roja, —pensé—. Eres un paleto.

Más tarde, papá se detuvo en un mercado de verduras. Con las pocas monedas en mi bolsillo, esperaba tener suficiente dinero para comprar un refresco rojo grande. Tal vez incluso una bolsa de maní. Seguí a papá al mercado y lo vi tomar una cerveza Cinta azul, papa y gusanos para pescar Vi maní al lado de la cerveza y mirando alrededor, también vi el rojo grande.

¿Cuánto cuesta el rojo grande? ¿Qué hay de los cacahuetes?— pregunté.

¡Guau! Tenía suficientes monedas para un rojo grande y una bolsa de cacahuetes salados tostados con miel. — A los 8 años, aprendí el valor del dinero de esa experiencia.

"Porque donde esté vuestro tesoro, allí estará también vuestro corazón."

(Mateo 6:21, version King Jame)

Capítulo 8

Con Bien Por El Fruto De Su Boca

Abuelo agarró una bocina larga (pezón de la ubre) debajo de una de las vacas lecheras Jersey con manchas negras. Tiró arriba y abajo de la gorda bocina de la vaca, apretándola con fuerza. Entonces el abuelo apuntó esa gorda teta a mi cara, chorreando leche tibia. ¡Oh chico! sabía tan dulce.

Me estaba riendo de mí mismo mientras el abuelo sacudía las gordas bocinas de las vacas. Cuando el abuelo ordeñaba las vacas, comenzaron a hacer caca y orinar en el suelo. El abuelo terminó de sacudir las sirenas de las vacas para obtener leche, y lentamente salieron del establo de leche.

Está bien, chicos, pueden comenzar a limpiar las paredes y los pisos, dijo. —Después de llenar el barril de la rueda con la caca, empújalo fuera del granero y tíralo en la pila de caca—. Desde temprano en la mañana hasta tarde en la noche, mi hermano y yo sacábamos la caca de vaca del establo dos veces al día. Después de limpiar el establo de leche, mi hermano y yo teníamos caca en la cara y hasta los zapatos. El abuelo decía: Límpiense las salpicaduras de estiércol de sus caras y bocas. Quítenselas también del cabello.

Me encantó el sabor de la dulce y cálida leche de vaca en mi boca. Por qué disfrutaba el olor de los pasteles (caca) de vaca humeantes era un misterio para mí.

Sentado en la mesa de la cocina todas las mañanas, disfruté comiendo la salchicha de cerdo cocida de la abuela, el tocino de cerdo, la salsa de salchicha de cerdo y los huevos de gallina. Mi favorito eran las galletas marrones que cocinaba dentro de una estufa de leña Sacaría caca del granero todo el día para comer la comida de la abuela.

Una noche, ya tarde, no pude dormir y agarré sus galletas de leche frías y duras de la mesa de la cocina. Luego le unté mantequilla de vaca y un poco de mermelada casera de moras. Mientras disfrutaba de las galletas, anhelaba un vaso de leche fresca y tibia.

Varios años después, estaba ayudando a un anciano granjero a cazar un flaco novillo de Jersey. Tropecé con una roca y aterricé como un pájaro muerto, boca abajo en un excremento verde y acuoso de pastel de vaca. Lentamente me puse de pie, sacudiendo la caca caliente de vaca de mi boca y nariz. Me sorprendió que la caca tibia no oliera.

¡Infierno! exclamé mientras escupía un poco del pastel de caca verde en el suelo.

El viejo granjero se rió, No te preocupes por el pastel de vaca que tienes en la boca; es pastel de hierba de alfalfa verde del campo de heno, dijo. Las vacas comen pasto, algo de maíz, pero no carne. ¿Sabe a espinacas?

—Sabía a espinacas verdes dulces.

Más tarde, mis abuelos estaban matando unas cuantas gallinas viejas que habían dejado de poner huevos. Observé al abuelo mientras tiraba del cuello de algunas gallinas viejas cerca de la pila de leña, no lejos del apestoso retrete de la letrina. Después de que el abuelo sacudió sus cuellos, las gallinas sin cabeza corrieron en círculos. La abuela empezó a quitarles las plumas a las gallinas sin cabeza mientras yo miraba con horror.

Muchacho, saca las cabezas de pollo de la tierra, gritó el abuelo. —Toma las cabezas detrás de la letrina, no detrás del gallinero.

No. No voy a recoger esas cabezas de pollo, respondí obstinadamente. Es hora de que me vaya a montar a caballo, —pensé mientras le daba la espalda al abuelo—. De repente, algo duro me golpeó en el trasero y miré hacia la tierra y vi una cabeza de pollo. Mirando al abuelo, noté que tenía otra cabeza de pollo en la mano, lista para tirar.

¡Chico! Será mejor que dejes de huir de mí. —Ven aquí y recoge esas cabezas.

Más tarde esa noche, la abuela cocinó pollo frito para la cena. Seguro que me encantaba comer su pollo frito.

Después de la cena, vi a mi tío sobrealimentado bombeando agua de pozo en un balde plateado de diez galones para beber. De repente, escupió jugo de tabaco de su boca desdentada. Aterrizó cerca del pozo de agua, salpicando jugo rojo y acuoso junto al balde de agua. Me preguntaba si algo del jugo de tabaco llegaría al balde de agua. La idea me disgustó, pero decidí que yo también quería masticar.

Oye, dame un pedazo de tabaco del bolsillo de tu camisa. Agregué: Quiero algo para masticar.

Antes de que pudiera decirlo de nuevo, —escupió jugo de tabaco en mi ojo derecho.

¡Ay! exclamé, ese jugo de tabaco me quemó el ojo, mirando hacia arriba con mi ojo izquierdo, lo vi sonriendo como un viejo mapache canoso, me está quemando el ojo, me duele. —Expliqué—. Tira un poco de agua potable en él, todo estará bien después de un tiempo. El abuelo me había arrojado una cabeza de pollo, recta como una flecha. El tío me escupió en el ojo derecho sin desperdiciar ningún jugo de tabaco. ¿Qué más podría pasar hoy?

La mayoría de los días en la granja no fueron tan buenos y lleno de acontecimientos. Al final del día, corría hasta el arroyo o el estanque y saltaba de cabeza al agua. Nunca tenía ropa de baño. ¡Diablos! Tampoco usaba ropa interior. Aprendí del abuelo y papá que solo las mujeres usan ropa interior.

"Un hombre estará satisfecho con el bien por el fruto de su boca: y la recompensa de las manos de un hombre le será retribuida."

(Proverbios 12:14, versión King James)

Capítulo 9

Un espíritu quebrantado seca los huesos

¡Oye, tío grité, no puedo sacar la horca de mi bota de goma.

¿Qué pasó?, —gritó mi tío.

No puedo sacar la horca del maletero, creo que salió bien hasta el dedo del pie, grité.

El tío trepó rápidamente a este último hasta el silo como una ardilla zorro roja que busca una nuez de Hickory y miró para ver qué había sucedido.

¿Estás bien, Larry Ray? ¿Qué te pasó?

La horca está clavada en mi bota, no puedo sacarlo. —Creo que está atascado en el dedo gordo del pie—, respondí.

¿Por qué harías algo así? —preguntó.

Arrastrándose, se metió lentamente en la pequeña puerta del silo y se puso de pie. Mirando la horquilla, tomó un momento para escupir un gran taco de masticar junto a la bota inmóvil.

—No muevas tu pie derecho, dijo.

Antes de que pudiera decir algo, agarró la horquilla y rápidamente la sacó de mi pie calzado. Quité la bota de mi pie y luego el calcetín ensangrentado, podía ver un agujero en mi dedo gordo del pie. "Creo que lo atravesó," dije, afirmando lo obvio.

El abuelo y mi hermano estaban esperando en el piso del granero.

Mi tío les gritó: Esa horca atravesó el dedo gordo del pie de Larry Ray.

De repente, me subió a su hombro izquierdo, y lentamente me llevó por la escalera del silo donde estaban esperando el abuelo y mi hermano.

Chico, ¿cómo te pinchaste el dedo gordo del pie? preguntó el abuelo.

Papá, tenemos que llevarlo a ver al médico, —dijo mi tío.

Fuimos a ver al médico y me examinó el pie.

El niño tiene un agujero en el dedo gordo del pie, anunció.

Qué sorpresa, pensé sarcásticamente.

Después de limpiar el agujero en el dedo gordo del pie con alcohol isopropílico y yodo envolvió el dedo en un paño blanco.

Ahora, chico, bájate los pantalones, —dijo el viejo doctor.

¡Ups! No uso ropa interior como papá y el abuelo, pensé.

No podía entender por qué quería que me bajara los pantalones vaqueros azules hasta los tobillos. ¿Pensó que me hice un agujero en el trasero con esa horca? ¿Está buscando algo más? Lleva una bata blanca, debo confiar en él.

Ahora inclínate sobre esa mesita, instruyó el doc. Miré por encima de mi hombro derecho y vi al viejo doctor clavando una aguja larga y puntiaguda en mi trasero. Preparándome para el dolor que esperaba cuando la aguja atravesó mi piel, me sorprendió gratamente descubrir que no sentía nada.

Ahora puedes subirte los pantalones.

El abuelo le dio al doctor $5, chico vas a tener una cicatriz en el dedo gordo del pie por el resto de tu vida, afirmó.

Unos años más tarde, me lastimé la mano derecha jugando al baloncesto. Otro viejo médico dijo que me había roto la mano y la envolvió con fuerza con un vendaje. —Al día siguiente, estaba jugando baloncesto con mis hermanos y nuestros amigos.

Reflexionando sobre las diversas cicatrices y heridas que había adquirido a lo largo de mi vida, me preguntaba por qué algunas sanaban de manera diferente que otras. Por ejemplo, noté que mi dedo gordo del pie derecho se veía muy torcido.

Muchos años después, decidí ver a un podólogo. Después de realizar un examen y radiografías del pie, el médico se sentó conmigo para discutir sus hallazgos.

Veo un bulto en tu dedo gordo del pie, dijo. ¿Estaba fracturado? ¿Cuánto tiempo hace que tienes el pie así?

Desde que era un niño, respondí. —Bueno, alguien no puso el dedo gordo del pie en su posición correcta.

¿Puedes mirar mi mano derecha? ¿Crees que se ha roto el hueso del dedo medio?, —le pregunté.

Se tomó un momento para examinar el dedo y palpar el hueso.

Tienes el mismo problema que tienes con el dedo del pie, nadie arregló el hueso de tu mano. ¿Te duele?. A veces, cuando le doy la mano a alguien muy fuerte, respondí.

Dependíamos de los médicos del pueblo para problemas serios como puntos y huesos rotos. Me preguntaba por qué el viejo doctor nunca dijo que mi dedo gordo del pie estaba roto o por qué el otro médico nunca arregló el hueso de la mano. En casa, mamá y papá se encargaban de los cortes y la piel quemada. La abuela también ayudaba; recuerdo que se ponía yodo en los cortes profundos. Después de limpiarlos, los cubría con una tela blanca arrancada de alguna ropa gastada. A veces, ponía un centavo de trigo de cobre y un poco de grasa de tocino de cerdo sobre la piel cortada.

"Un corazón alegre hace bien como una medicina."
(Proverbios 17:22, versión King James)

Capítulo 10

No darás falso testimonio

¿Me estoy muriendo como bola de nieve? No puedo morir ahora. Debo encontrar al niño que me disparó en el vientre. ¿Dónde está el niño? Esos pensamientos fueron a través de mi cabeza mientras estaba tirado en la calle, abrumado por el dolor.

Unas horas antes estaba corriendo como si alguien hubiera robado una barra de chocolate Los Tres Mosqueteros de una tienda de dulces. Estaba tratando de atrapar a un niño de piel oscura que disparó y me golpeó en el vientre con su pistola de aire comprimido. Finalmente, lo vi corriendo por la calle como un gato callejero persiguiendo una rata. Me estaba acercando a él cuando algo me golpeó en la pierna derecha, tropezando hacia adelante, caí a la calle.

Me sentí desorientado y me pregunté por qué estaba rodando en la calle. ¡Ups! Olvidé mirar el tráfico, pensé. Recordé al niño y miré hacia arriba para ver si podía verlo, se había ido. Ese chico debe estar corriendo a casa como un perro asustado con el rabo entre las piernas.

De repente me sorprendió ver a un hombre en cuclillas sobre mí. Parecía un Munchkin de El mago de Oz y me llenó de miedo y aprensión. Respirando pesadamente, luché por aceptar la aparente pesadilla en la que me encontraba. Chico, ¿estás bien? rebotaste como una pelota de goma en el pavimento de la calle por varios pies. Pensé que estabas perdido.

Recuperándome de mi desorientación, lo miré y vi una camioneta blanca, no es un Munchkin, pensé. —Debe ser el conductor de la camioneta blanca—. Yo soy el que resultó herido. ¿Por qué le tiemblan las manos y la cabeza?

Parecía que el conductor estaba a punto de llorar, tenía tanto miedo como yo.

¿Estás bien? preguntó, sus manos temblaban. Intentó ayudarme a ponerme de pie y pude ver que parecía enfermo.

¿Por qué se ve tan enfermo? —pensé—. ¿Me va a vomitar?

Sin la ayuda del conductor, salté de la calle. ¡Ay! Grité. Sentí como si mi pierna derecha hubiera sido picada por una avispa roja — Me duele la pierna derecha.

Mis gritos de dolor ponían cada vez más nervioso al conductor.

¿A dónde vas, chico?— preguntó.

Me voy a casa. Perdí al chico que me disparó en el vientre, —espeté.

Ese chico vive en algún lugar cerca de mí, lo volveré a ver, —pensé.

Salté de vuelta a casa con la pierna izquierda y me arrastré hasta el baño. —La pierna derecha todavía estaba dolorida.

Lawrence Raymond, ¿qué te pasó? ¿Estás peleando con esos vecinos otra vez?— preguntó mamá.

No, mamá. Creo que una avispa roja me picó en la pierna derecha, —mentí.

Más tarde esa noche, papá me preguntó por qué estaba dando vueltas por la casa.

Estoy bien, papi. —Me sentí muy mal mintiéndole a papá y mamá.

Esa noche recé para que papá y mamá no se enteraran de que les mentí. Si se enteraban de que no les había dicho que me había atropellado una camioneta, papá me azotaría con su cinturón de cuero y mamá gritaría.

Al día siguiente en la escuela, tuve lo que pensé que era un idea muy brillante. Podría fingir como una zarigüeya muerta, caer en el patio de recreo y fingir que el chico con la pistola de aire comprimido me lastimó la pierna en la escuela. Mi hermano les diría a papá y mamá que un chico me chocó y me lastimó la pierna. ¿Qué puede salir mal?

Sin dudarlo, caí en el patio de la escuela. ¡Ay! Me duele la pierna, me duele. No puedo mover la pierna.

Al escuchar mis falsos gritos de angustia, mi hermano vino corriendo a mi lado.

¿Qué te pasa?

¡Ay! Ese moreno gordo corrió hacia mí, golpeándome la pierna y me tiró al suelo. ¡Ay! Me duele, grité.

¿Qué chico? ¿Puedes levantarte? —preguntó con evidente preocupación.

No puedo levantarme del suelo la pierna no se mueve, —grité con exagerada angustia.

Una monja católica alta escuchó la conmoción y rápidamente se dirigió hacia donde yo estaba acostado en el patio de recreo.

¿Estás bien, Larry Ray? ¿Qué te pasó?

Un niño gordo de piel oscura estaba corriendo, me tiró al suelo y me lastimó la pierna derecha. No puedo apoyarme en mi pierna.

¿Dijiste un chico gordo de piel oscura? ¿Dónde está? —preguntó.

Mi hermano se inclinó a sabiendas y me susurró al oído: Estás mintiendo sobre el chico.

Lo miré a los ojos, deslumbrante. No le digas nada a la monja, o luego te doy en el estómago, amenacé.

La monja alta miró a mi hermano.

¿Qué pasó con Larry Ray? —Mi corazón dio un vuelco mientras esperaba su respuesta.

—Es una niña la que lo derribó, no un niño, afirmó.

Aparté la mirada de él, rezando para que cerrara su gran boca. Por favor, no digas nada sobre una chica que me tiró al suelo, le supliqué. Tu hermano dice que es un niño grande de piel oscura.

Tú y tu hermano sabéis muy bien que no hay ningún niño así en esta escuela.

Estaba furioso; mi hermano necesita callarse. Me enfurecí porque necesita dejarme mentir cuando habla con la monja. ¿Sabía que estábamos mintiendo?

Estamos llamando a tu papá. —Él vendrá a buscarte y te llevará al hospital, dijo en un tono muy realista.

Después de acostarme en el patio de la escuela por un rato, vi a papá entrar al patio. Se acercó a hablar con la monja alta y mi hermano también lo vio. Salió corriendo como un gatito asustado hacia el edificio de la escuela.

Papá me llevó al hospital, donde me hicieron pasar a una sala de examen. Estaba acostado en una cama pequeña cuando dos niñas mayores con batas blancas entraron en la habitación.

¿Quiénes son ustedes? ¿Son médicos?

— Ellas rieron.

Un hombre que vestía una larga bata blanca también entró en la habitación. Estaba hablando con papá, y escuché como un búho lo que decía el hombre.

Su hijo se lastimó la pierna derecha en el patio de la escuela. Necesita no apoyar la pierna durante unos días. No hay escuela por una semana y no puede jugar afuera. Hizo una pausa por un momento, considerando los hechos. ¿Estás seguro de que el niño se lastimó la pierna en la escuela?"

—Papá me miró con recelo pero no dijo nada.

En casa, me recosté en el sofá durante aproximadamente una semana. Cuando tenía hambre o sed, rogaba a mis hermanas que me trajeran sopa, frijoles y agua. Mi hermano no me traía nada de comer, ni siquiera un vaso de agua, sabía que mentí sobre el chico que me empujó hacia abajo en la escuela. No podía decirles nada a papá y mamá sobre mi mentira porque papá sabría que él también mentía. Si eso sucediera, papá nos azotaría a los dos con su cinturón de cuero mientras estábamos desnudos en la cama.

"No darás falso testimonio contra tu prójimo."
(Éxodo 20:16, versión King James)

Capítulo 11

No robarás

Varios días antes, papá había mudado a la familia a una vieja casa de tres habitaciones en Plum Creek Road. La casa no tenía calefacción interior, baños ni agua corriente, aunque si tenía electricidad.

Me entristeció que papá nos hubiera sacado de la ciudad y llevado a los páramos, donde solo había arroyos y riachuelos. Afuera hacía un frío azulado, lo que hizo que la mudanza fuera mas desafiante. Al menos el agua con olor sulfuroso del pozo exterior no era tan mala en los fríos meses de invierno. El pozo no era lo único apestoso al lado de la casa; también había una letrina maloliente, los olores eran especialmente difíciles de asimilar cuando tenía un resfriado desagradable.

Una fría mañana, me desperté temprano y recordé que me había olvidado de traer leña para papá. Le di un golpe en el vientre a mi hermano y le susurré: Vamos, tenemos que levantarnos e ir al porche del tío a buscar leña, si no lo hago, papá me va a azotar. Usa la leña para encender la estufa y calentar la casa.

Mis otros dos hermanos se quedaron en la cama de plumas, indiferentes a mi dilema.

Si no ayudas a conseguir leña, te voy a dar una paliza afuera, —susurré.

Salimos de puntillas por la puerta trasera como dos ratones, y se me ocurrió que la forma más fácil de conseguir la madera era sacándola del porche de nuestro tío. Había sacado leña del porche de nuestro tío varias veces y nunca me habían atrapado. Cuando me acerqué a su casa, vi que salía humo de la chimenea.

Hermano, el tío está despierto moviéndose por la casa, mantén tus ojos en la puerta principal y las ventanas. Si ves su cara peluda mirando por la ventana, haz un silbido como una codorniz, le instruí.

Hacía frío y estaba oscuro, pero no había luces encendidas dentro de la casa de nuestro tío. Estoy asombrado de que el viejo tío no tenga idea de que estoy a punto de agarrar un poco de su madera, —pensé mientras me arrastraba hasta su porche.

Deslizándome lentamente hacia el porche como una ardilla listada en busca de nueces de nogal escondidas en la leña, agarré un poco de madera y me fui. Silencioso como un ratón de campo, pensé, —esa marmota de nuestro tío está profundamente dormida como un bebé.

Cuando regresamos a casa, noté que papá buscaba leña para poner en la estufa.

Papá, aquí está la madera, —le dije.

Más tarde esa mañana, salí a dar de comer a los cerdos cuando salió el sol. Escuché a nuestro tío gritarle a papá.

Oye, Junior. Vi a Larry Ray gateando sobre sus manos y rodillas en mi porche antes del amanecer y tomó un poco de leña del porche sin preguntarme. También vi a tu otro chico escondido detrás del olmo. ¿Sabía que no hay hojas en el árbol?

Estaba a punto de disparar mi escopeta sobre la cabeza de ese chico cuando se coló en el porche, continuó diciendo. Ese niño se habría roto el cuello tratando de salir del porche sin leña. Ese otro niño detrás del árbol estaría corriendo a casa gritando como uno de tus cerditos.

Me sorprendió escuchar al tío decirle a papá que me vio tomando su leña del porche.

¿Por qué mi hermano no silbó? pensé. ¿Porque no vio a nuestro tío mirando detrás de la cortina de la ventana? —Estaba más molesto que un perro mojado.

Larry Ray, ¿dónde estás? ¡Ven aquí ahora mismo! gritó papá. El tío se quedó allí masticando su tabaco y escupiendo mientras esperaba lo que sucedería a continuación.

Con su cinturón de cuero, papá me azotó en las piernas por quitarle la leña a su hermano. Después de los azotes, me aseguré de que siempre hubiera leña en la casa.

Más tarde ese día, vi a mi hermano afuera en el patio delantero. Todavía estaba enojado porque no me había advertido que el tío estaba mirando por la ventana, así que lo perseguí.

Quédate ahí y no te muevas. Te voy a golpear en el brazo, —le dije cuando finalmente dejó de correr.

—¿Por qué yo? —preguntó.

Porque no me dijiste que el tío estaba mirando por la ventana.

El clima se volvió más cálido a medida que el invierno se convertía en verano, y el agua sulfurosa del pozo comenzó a apestar a huevos podridos. Fue tan malo que tuve que apretarme la nariz para tragar el agua.

El viejo doc (doctor) había dicho una vez que el agua sulfurosa es saludable para beber. El agua sulfurosa también es buena para el mal aliento, y tampoco tendrás dientes podridos. Me sorprendió que nadie en mi familia haya tenido mal aliento o dientes podridos. Tal vez el agua sulfurosa realmente sea buena para la salud.

El olor del retrete también empeoró. Una noche, mamá estaba afuera caminando por la ventana del dormitorio de los niños y vio a alguien "orinar en el viento."

Se lo digo a tu papá, —gritó.

¡Mamá, no soy yo! —protesté.

Después de los azotes de papá, comencé a usar el orinal apestoso debajo de la cama. Durante el verano, usaba el bosque detrás de la letrina apestosa para hacer caca y orinar. A veces incluso usaba la letrina, aunque hiciera frío o lloviera. Cuando hacía calor, también usaba los arroyos y estanques cercanos para lavarme, asegurándome de que mi trasero estuviera limpio. Odiaba un trasero maloliente en la cama.

"No has de robar."
(Éxodo 20:15, version King James)

Capítulo 12

Vosotros serpientes, vosotros generación de víboras

¿Ves una gran serpiente negra bajo el agua?, le pregunté a mi hermano mientras nos parábamos junto al arroyo. Está frente a ti. Si mueves los pies, podría saltar del agua hacia ti. —Hicimos una pausa, mirándola con cautela.

¡Guau! ¡Esa gran serpiente nos está mirando directamente a nosotros!, —susurré.

Lentamente, me agaché para recoger una pequeña roca y la tiré al agua detrás de la serpiente. La serpiente se dio la vuelta y nadó hacia el sonido que hizo la roca golpeando el agua. De repente, la serpiente se detuvo, sacando la cabeza del agua, y comenzó a mirar a su alrededor, fijando sus ojos en nosotros.

No te muevas, le dije a mi hermano, la serpiente del diablo nos está buscando.

La cabeza de la serpiente comenzó a elevarse unos dos pies fuera del agua, sostenida por su largo cuello. Su lengua roja bífida se movía rápidamente por el aire, sintiendo el movimiento a su alrededor, sus grandes ojos negros se movían de derecha a izquierda. Estaba buscando algo para morder.

Incapaz de identificar una amenaza en la que pudiera clavar sus colmillos, la cabeza de la serpiente volvió a sumergirse lentamente en el agua.

Recogí una piedra más grande y la arrojé frente a la serpiente. Vamos a correr, hermano. —Salgamos de aquí, —le grité.

Unos días después, mis dos hermanos menores y yo estábamos en el bosque buscando algo que hacer. Encontré una enredadera grande colgando de un roble. Agarrando la enredadera, comencé a balancearme de un lado a otro, gritando como Tarzan.

Es mi turno de columpiarme en la liana, se quejó uno de mis hermanos.

No. Es mi turno, dijo quejándose en vano mi hermano menor. El y yo nos quedamos allí viendo cómo nuestro otro hermano agarraba la enredadera con ambas manos y salía del roble. Mientras se balanceaba en la enredadera, una serpiente negra, de unos cuatro pies de largo, saltó de un pequeño arbusto de hiedra venenosa cerca del árbol. Agarró la pierna izquierda de nuestro hermano. Él ululó y gritó alegremente mientras se balanceaba en la enredadera, felizmente inconsciente de la serpiente que se aferraba a la pierna de su jeans azules con sus colmillos.

Oye, estás arrastrando una serpiente grande y gorda contigo en la pernera de tus pantalones. La serpiente está en tu pierna izquierda. ¡Mira! ¡Mira! —gritó nuestro hermanito.

Nuestro hermanito se reía tanto con el espectáculo que casi se echó a llorar. Pensé que había perdido los estribos; ¿creía que nuestro hermanito estaba mintiendo sobre la serpiente que colgaba de la pernera de su pantalón? siguió riendo, gritando como Tarzan mientras se balanceaba de un lado a otro en la enredadera.

No tiene idea, —pensé—, si ve la serpiente negra colgando de sus pantalones, se va a mojar y hacer caca encima.

Por fin, nuestro hermano hizo una pausa en su juerga el tiempo suficiente para mirar hacia abajo a la pierna de su pantalón. Después de un largo minuto, finalmente se dio cuenta de que era una serpiente. Gritando por ayuda, saltó de la enredadera como una ardilla con la serpiente todavía enganchada en la pierna de su pantalón. Corriendo alrededor del roble, trató desesperadamente de quitarse la serpiente de encima.

Me reía cuando nuestro hermanito gritó: La serpiente venenosa no te suelta la pierna. —Tienes que sacudir tu pierna con fuerza.

Finalmente, la serpiente se cayó de sus pantalones. Miré de cerca a la negra cola de la serpiente, papá dijo que una serpiente venenosa tiene una cola roma, pero la cola de esta serpiente era puntiaguda. La serpiente no es venenosa, pensé, debe ser una chupavacas. El chupavacas desapareció rápidamente entre la hierba alta detrás del roble.

Levántame la pernera del pantalón ahora. Quiero ver si la serpiente me ha mordido en la pierna, —gritó mi hermano.

De repente, un pensamiento divertido vino a mi mente. Es un chupavacas. No es veneno, —le susurré a mi hermano pequeño, instándolo a seguirle el juego.

Te estoy subiendo la pernera del pantalón.

Necesito ver si te mordió la serpiente venenosa, le dije a mi otro hermano con fingida urgencia. ¿Puedes ver alguna mordedura de serpiente en mi piel? gritó.

Nuestro hermanito se inclinó sobre mi hombro, Oh, Dios mío, sí. Hay una mordedura de serpiente del diablo, —exclamó.

Puedo ver pequeñas mordeduras de dientes justo aquí, debajo de tu rodilla, le expliqué. Acuéstate en el suelo y no te muevas a menos que quieras morir.

Se puso de pie sin moverse, así que lo empujé al suelo.

Quédate quieto en el suelo. No muevas tu pierna, insistí.

¿Por qué? —dijo.

Cállate y no te muevas. Necesito cortar la mordedura de la serpiente del diablo para succionar el veneno. Si no succiono el veneno, vas a morir como bola de nieve. Permaneció inmóvil.

El hermano pequeño te va a agarrar la pierna, le expliqué. No quiero cortarte demasiado la piel. Así que no te muevas.

Lentamente metí la mano en mi bolsillo izquierdo, sacando mi cuchillo marios buck.

No te muevas. Voy a cortarte ahora.

Toqué lentamente la hoja del cuchillo en la piel de su pierna, cerca de la mordedura de serpiente falsa.

Ahora no muevas tu pierna, le ordené.

De repente me pateó en el estómago como un ternero. Me caí hacia atrás y me golpeé contra el suelo. También le dio una patada a nuestro hermanito y se puso de pie de un salto.

Como una rana toro manchada, saltó y salió corriendo como un perro con latas atadas a su cola.

Me voy a morir. Ayúdame, mamá, —gritó mientras corría hacia la casa.

No corras tan rápido. El veneno del diablo te matará seguro. Vas a ir a morir antes de cenar, —gritó nuestro hermanito.

Era increíble, una gran vida. Jugar en los arroyos y los bosques era mejor que visitar el zoológico en la ciudad. Disfruté de la vida en el campo con mis hermanos y hermanas.

"Vosotras, serpientes, Generación de víboras, ¿cómo podéis escapar de la condenación del infierno?"

(Mateo 23:33, versión King James)

Capítulo 13

La destrucción será para los que hacen iniquidad

Oye, toma el petardo en tu mano derecha. Cuando el autobús escolar comience a moverse, y el anciano no nos esté mirando, lo voy a encender, le susurré a mi hermano.

Ahora no lo olvides, tíralo debajo del asiento detrás de ti, no al lado de enfrente. Necesitas soltarlo rápido de tu mano o podría volarte los dedos. Papá me mataría si perdieras un dedo,— le reprendí.

Todas las mañanas durante los meses escolares, el autobús escolar amarillo se detenía en la vieja casa para recoger a los niños Hardin (somos siete). Mamá estaba muy feliz de vernos ir al colegio y, finalmente, quedarse sola con nuestro hermanito en la vieja casa de tres habitaciones.

El autobús escolar amarillo fue una oportunidad para socializar y luchar con los niños que viven en Plum Creek road. Estaba gritando como todos los demás que parecía que nos estuviéramos peleando con los niños en el autobús escolar.

Si había alguna travesura o mal comportamiento en el autobús escolar, el anciano conductor de cabello gris se concentraba inmediatamente en mis hermanos y hermanas, especialmente en mí. No sé por qué el viejo conductor del autobús nos señaló.

Lawrence Raymond, eres un buen chico, —decía siempre mamá— . Cuida a tus hermanos y hermanas. No dejes que nadie los maltrate.

El viejo conductor del autobús decidió que me sentara detrás de él un día. Supuse que quería mirarme desde el gran espejo que colgaba sobre su cabeza canosa. No podía entender por qué me observaba con tanta atención cuando los otros niños en el autobús también gritaban y peleaban entre ellos. Bueno, tal vez estuve peleando demasiado con los niños en el autobús.

Me senté detrás del viejo conductor del autobús durante aproximadamente una semana mientras seguía mirándome en su gran espejo. ¿Creyó que yo haría alguna estupidez en el autobús para recibir una paliza en la escuela y en casa?

Un día, mi hermano estaba sentado conmigo detrás del conductor del autobús. Dos niños mayores me dieron un pequeño petardo rojo y un fósforo, sonriendo en silencio mientras lo hacían. El viejo conductor del autobús no vio nada. No había podido mirarme en su gran espejo. Nunca tuve un petardo, pensé. Cuando llegue a casa, podría asustar a mis hermanas o a los cerdos.

Entonces miré hacia arriba para ver si el anciano me miraba en su espejo y consideré la alternativa. ¿Cómo puede el anciano cuidar a los otros niños y a mí y conducir el autobús escolar al mismo tiempo? pensé. El anciano no tiene idea de lo que planeo hacer en los próximos minutos.

Viajamos unas cuantas millas por Plum Creek Road mientras consideraba mi plan. A medida que nos acercábamos a la vieja casa, me volví hacia mi hermano y le susurré el plan.

Ahora, hermano, recuerda cuando encienda el petardo, no lo tires debajo del asiento del anciano. Tienes que tirarlo hacia atrás, no delante de ti. Le repetí esto varias veces para asegurarme de que entendiera, tira el petardo debajo del asiento detrás de nosotros.

Encendí el petardo, pero mi hermano siguió agarrándose a él.

Hermano, no te aferres al petardo. Está ardiendo. Tíralo debajo del asiento detrás de ti ahora. Si no lo haces, te volará la mano, insistí.

En lugar de arrojar el petardo detrás de él debajo del asiento, lo arrojó debajo del asiento del anciano.

No, hacia el frente, gemí cuando el petardo aterrizó debajo del asiento del conductor. De repente hubo una fuerte explosión, como el disparo de mi escopeta calibre 20. Mis oídos se adormecieron. El viejo conductor del autobús frenó y el autobús se detuvo chirriando. Algunos de los niños se tambalearon hacia adelante y estaban volando hacia la parte delantera del autobús como pequeños gorriones.

Se produjo un caos cuando los otros niños comenzaron a gritar y gritar. Lentamente, el viejo conductor del autobús se levantó de su asiento, y todos quedaron en silencio. Su cabeza y sus manos temblaban como un espantapájaros mientras se detenía con respiraciones pesadas para controlar su temperamento. Su mirada se fijó en mí y yo miré a mi hermano. Mansamente, mi hermano se agachó hasta el suelo para recoger la cerilla quemada.

¿Qué pasó? —Tuvo el descaro de preguntar.

Eso fue estúpido, —pensé—; No deberías haber recogido el fósforo quemado. El viejo te va a tirar del autobús.

El viejo conductor del autobús vio a mi hermano con el fósforo en la mano y llegó a la conclusión obvia.

No fui yo. Te juro que no fui yo, protestó mi hermano con el fósforo en la mano.

Fue muy tarde. El viejo conductor del autobús agarró a mi hermano del cabello y lo levantó del asiento, diciendo:

¡No fui yo! Lo juro. Pregúntale a Larry Ray, —dijo gritando por su vida.

-¡Callaos la boca!— Articulé en silencio.

Con lágrimas en los ojos, mi hermano le rogó al anciano chofer que dejara de jalarle el cabello. Observé sin decir una palabra.

Espero que no diga que fui yo quien le dio el petardo, fue todo lo que pude pensar mientras estaba allí. Tiene que mantener la boca cerrada o le daré una paliza si dice que fui yo.

El anciano empujó a mi hermano hacia atrás en el asiento y se detuvo.

¡Bájate del autobús ahora! —gritó al fin.

Por suerte para él, el amarillo autobús escolar se había detenido frente a nuestra antigua casa. Mi hermano estaba gritando cuando saltó del autobús. Lentamente bajé del autobús detrás de él.

No mencioné lo que pasó en el autobús escolar a papá y mamá; tampoco a nuestros hermanos o hermanas menores. Nadie dijo nada de que alguien arrojara un petardo debajo del asiento del viejo conductor del autobús. Papá y mamá se pondrían furiosos si supieran lo que realmente sucedió en el autobús. Golpearía a cualquiera que dijera algo; sólo nuestro hermano pequeño se salvaría.

Al día siguiente, los dos niños mayores que me dieron el petardo y el fósforo me dijeron que mi hermano estaba gritando como un bebé.

¿Dónde está? —pregunté.

Está en la oficina del director, dijeron riéndose. —El director debe estar usando la paleta de madera.

Él nunca mencionará que yo le di el fósforo y el petardo, —insistí.

Después de que cesaron los latigazos, salió corriendo de la oficina del director, sonriendo como si acabara de comer el pastel de moras casero de mamá sin decirle nada.

El director me azotó en el trasero diez veces con una paleta de madera, —dijo. ¡Diablos! Papá azota mucho más fuerte que el director. Estaba orgulloso de él, había ido a la oficina del director, recibió una paliza (10 golpes en el trasero) y permaneció en silencio. Si no hubiera recogido esa cerilla quemada del suelo del autobús, podría haber sido yo quien recibiera una paliza.

Más tarde, mi hermana pelirroja le contó a papá lo que pasó en el autobús escolar.

¿Te lo dio Larry Ray? ¿Te dijo que tiraras el petardo debajo del asiento del conductor del autobús? —le preguntó a mi hermano con gesto acusador.

Mi hermano era trolero y nunca le dijo a papá que yo le di el petardo y el fósforo. Le dijo que uno de los chicos mayores se lo había dado. Durante el resto del año escolar, mi hermano y yo ocupamos nuestro lugar de honor detrás del anciano conductor de autobús de cabello gris. —Estaba orgulloso de mi hermano por no haberle dicho al director y a papá que le di el petardo y el fósforo.

"Es un gozo para el justo hacer juicio, pero destrucción será para los que hacen iniquidad."

(Proverbios 21:15, versión King James)

Capítulo 14

Los muertos no saben nada

Era una fría mañana de noviembre, alrededor de las 4:30 am, cuando papá me despertó de mi sueño.

Sal de la cama y trae el agua de lavado para tu mamá, exigió.

Había olvidado traer el agua sulfurosa del pozo de mamá antes de acostarme esa noche. Estaba lavando sábanas esta mañana.

Sal de la cama, —gritó por segunda vez.

Él no tenía que hacerlo; mi hermano y yo ya estábamos corriendo hacia la puerta trasera con dos baldes vacíos. El sol aún no había salido, estaba oscuro y frío. Cuando agarré la manija que usábamos para sacar agua del pozo, estaba casi congelada, con hielo. Si la bomba estaba congelada, me di cuenta de que mamá tendría que calentar el agua en la estufa de leña. Luego tendríamos que verter el agua en el mango de la bomba para descongelarla. Ahora me preguntaba si también me había olvidado de traer la leña.

Traté de mantenerme caliente lo mejor que pude. No tenía los guantes puestos, así que usé una mano desnuda para empujar hacia arriba y hacia abajo el mango helado. Faltaban algunos de los botones de mi chaqueta marrón de gran tamaño, y estaba usando la otra mano para mantenerla envuelta alrededor de mi pecho.

Mi hermano estaba detrás de mí, temblando, esperando un balde de agua.

Date prisa, Larry Ray, tengo frío y miedo. —Podría ver uno de los fantasmas de mamá.

Me las había arreglado para bombear el primer balde y llenarlo de agua. Mientras intentaba llenar el segundo, escuché un grito espeluznante en mi oído derecho. Dándome la vuelta para ver qué había pasado, me giré para mirar el rostro ceniciento de mi hermano. Volvió a gritar como si la serpiente negra estuviera colgando de la pernera de su pantalón. Dejando caer el balde de agua, salió corriendo tan rápido como pudo. Echó la precaución al viento mientras corría, resbalando en la tierra congelada.

¡Papá! —gritó.

¡Quítate de la tierra congelada! —¿Qué te pasa? grité, perplejo.

No podía entender de qué estaba huyendo. ¿Qué pasó? Fue entonces cuando escuché un ruido detrás de mí, como si alguien llorara. Lentamente, me di la vuelta y allí estaba. Un fantasma blanco estaba parado encima de la pila de carbón.

Aturdido al ver al fantasma real, no podía mover mis pies para correr. No tenía cabeza, pero gritaba y gemía en la oscuridad del amanecer. Sus brazos se agitaron en el aire mientras me llamaba.

¡Te voy a agarrar! —resonó su voz en la fría oscuridad matutina.

¡No podía ser que las historias de fantasmas sin cabeza de mamá fueran ciertas!

Tenía que huir del fantasma que gritaba, pero me quedé paralizado por el miedo. Finalmente, con un esfuerzo de voluntad, obligué a mis pies insensibles a moverse. Dejando caer el balde parcialmente lleno, seguí a regañadientes a mi hermano en la oscuridad. En mi prisa, resbalé y caí sobre el agua que él derramó. Me acosté en el suelo frío, húmedo y congelado, gritando para que papá me ayudara.

El fantasma sin cabeza que gritaba volaba hacia mí. Se había llevado a mi hermano, y me iba a llevar a mí. En lo profundo de los gritos, me llevaría y nunca volvería a ver a mi familia.

En esos pensamientos aterradores, encontré la fuerza para saltar sobre mis pies una vez más. Volé los últimos metros hasta la casa, resbalando y deslizándome mientras corría.

¡Papá! —grité, —mientras mis manos se agitaban en el aire.

Entonces escuché a mamá riéndose. Me di la vuelta para ver si el fantasma sin cabeza me había seguido. Donde había estado el fantasma momentos antes, papá estaba quitándose una sábana blanca.

Después de esa noche, nunca más volví a creer en fantasmas. Ni siquiera los de las historias de fantasmas sin cabeza de mamá.

"Porque los que viven saben que morirán; Pero los muertos no saben nada. Y ya no tienen más recompensa."

(Eclesiastés 9:5, version King James)

Capítulo 15

Él enjugará toda lágrima de sus ojos

Junior, tienes un perro Beagle. Desde que Lassie murió, no creo que los niños quieran otro perro en este momento. Pero ¿por qué un perro como este? Se ve malo protestó mamá mientras miraba al nuevo pastor alemán de papá.

Conseguí este pastor alemán para proteger a los niños. El Beagle es mi perro conejo, explicó.

¿Cómo se llama? —Intervine emocionado.

—Su nombre es Pimiento, respondió papá.

Mi hermanos, hermanas y yo comenzamos a acariciar a Pimiento. Por supuesto, el perro de caza de papá también quería que lo acariciaran.

Una mañana, mi hermano y yo estábamos peleando con espadas con un par de palos que habíamos encontrado afuera. Lo golpeé en el estómago con la espada de palo y cayó al suelo, fingiendo haber caído en la batalla.

¡Levántate! Exigí: Te pincharé de nuevo.

Me mataste. —No puedo levantarme, insistió.

De repente, escuché a alguien gritar en la distancia. Oye, soy yo. Dile a tu perro negro que no me muerda.

Miré hacia arriba y vi a mi amigo Bubba en la distancia.

¿De verdad eres tú, Bubba?, —le pregunté, saludando con la mano. No te preocupes, Pimiento no te va a morder. Pero no huyas de él.

Bubba vendría a la casa a jugar con nosotros los chicos. Pero también le gustaba ver a mis hermanas, especialmente a la hermana pelirroja.

En una ocasión, la hermana pelirroja dijo: "Bubba es malo conmigo. Mas tarde, le di un puñetazo en el brazo.

¿Por qué me golpeaste en el brazo? preguntó. Porque fuiste malo con mi hermana.

¿Cuál? preguntó.

Ahora, mientras se acercaba a la casa, Bubba agitó su mano hacia la hermana pelirroja. Pimiento, de repente saltó a su lado. Sus orejas apuntaban hacia arriba, enfocadas como un perro cazador de aves en Bubba.

Camina lentamente hacia ella, le instruí. Si Pimiento te mira fijamente, no te asustes y haga lo que haga, no huyas de él.

—Pimiento siguió mirando fijamente a Bubba.

Tienes que caminar despacio. Te está mirando, insistí.

Tan concentrado como estaba en Pimiento, no me di cuenta de la mirada poco amistosa que mi hermana le estaba dirigiendo a Bubba. ¡Atrápale! ordenó de repente.

¿Por qué le dijo eso a Pimiento?, pensé.

Pimiento se acercó lentamente a Bubba como un lobo a punto de saltar sobre su próxima comida.

No corras. No corras, susurré con urgencia.

Bubba se quedó mirando la boca gruñona de Pimiento, viendo los blancos dientes largos y puntiagudos.

Vi el horror en el rostro de Bubba. Se parecía a la expresión del rostro de mi hermano cuando vio el fantasma sin cabeza en la pila de carbón.

—No. ¡No corras!, —insistí en voz alta.

Pimiento saltó sobre él.

¡Pimiento, detente! Grité, demasiado tarde.

Bubba entró en pánico, gritó como un cerdo atrapado en el barro cuando se dio la vuelta y salió disparado de pimiento tan rápido como pudo.

¡No huyas de él!, supliqué. ¡Pimiento, detente! ¡Detén a Pimiento!

Bubba saltó a la carretera como un conejo asustado que huía del perro Beagle de papá. Supongo que pensó que podía dejar atrás a Pimiento. Corriendo como un conejo salvaje en Plum Creek Road, rápidamente miró por encima del hombro izquierdo para ver si Pimiento estaba acercándose a él. Volviendo a mirar por encima del hombro, vio a pimiento a punto de morderle el trasero. Comenzó a correr mucho más rápido en la carretera que un pavo salvaje perseguido por un zorro rojo. Pimiento rápidamente acortó la distancia entre ellos y clavó su dientes en el trasero de Bubba.

Bubba gritaba como un bebé hambriento llorando por leche mientras Pimiento se agarraba a su trasero como un juguete para masticar. Bubba siguió tratando de correr, arrastrando a pimiento por el camino con él.

¿Qué estás haciendo? —Pensé—. No podrás correr más rápido que Pimiento.

Bubba siguió gritando como un cerdito al que el abuelo le cortaba las "ostras de la montaña" mientras yo le suplicaba a pimiento que se detuviera. Finalmente, se soltó y trotó obedientemente hacia mi hermana pelirroja. Bubba siguió corriendo por Plum Creek Road, pidiendo ayuda a gritos. Pronto, sus gritos se desvanecieron en el silencio mientras desaparecía en la distancia. Vivía a unas tres millas por la carretera, y estoy seguro de que corrió a casa sin detenerse a ver qué le pasó a su trasero.

Le lancé a mi hermana pelirroja una mirada enfadada. Iba a gritarle por hacer que Pimiento persiguiera a Bubba. Una mirada a Pimiento parada junto a ella me convenció de no hacerlo.

Para mi sorpresa, ella se quedó allí riendo, palmeando a Pimiento en la espalda, como si nada hubiera pasado.

Más tarde, el papá de Bubba vino a nuestra casa con el Sheriff Buckwheat. Cuando vieron a Pimiento tirado en el jardín delantero, decidieron no subir a la casa.

Haz que tu papá nos encuentre en el camino, insistieron.

El Sheriff era nuestro vecino y vivía a unas cuatro millas de nosotros en Plum Creek Road. Creo que una vez le puso a papá una multa de tránsito por conducir de manera imprudente. A pesar del incidente de conducción, el Sheriff y papá se hicieron buenos amigos durante muchos años.

El papá de Bubba estaba claramente molesto con papá porque Pimiento había mordido a su hijo en el trasero.

Tuve que llevar a mi hijo a la consulta del doctor en la parte alta de la ciudad, dijo enojado el papá de Bubba. El doc (Doctor) cosió los agujeros de la mordedura en la piel. Luego le dio al niño inyecciones contra la rabia en el estómago. El niño no podrá sentarse durante varios días.

De pie junto a papá, vi a Pimiento mirando al papá de Bubba y al Sheriff. Estaban mirando a Pimiento con una pizca de miedo en sus ojos.

¿Creen que Pimiento también les morderá el trasero? pensé. Espero que no huyan de Pimiento. También espero que mi hermana pelirroja no le diga a Pimiento que los ataque. Mi hermana pelirroja estaba de pie junto a las otras hermanas y hermanos, mirando.

El Sheriff te va a encerrar. Vas a ir a la cárcel, le dijo mi hermano. Sí, vas a ir a la cárcel, —concluyeron mis otras hermanas.

Ella comenzó a llorar y corrió de regreso a la casa.

¿Tienes papeles que demuestren que el perro recibió inyecciones contra la rabia?

Aquí están los papeles, —dijo papá mientras se los entregaba al alguacil—. El alguacil tomó los papeles y los miró en silencio.

El Doctor cobró $5 para limpiar la piel desgarrada del niño. Las vacunas contra la rabia están incluidas, —dijo el alguacil.

¿Puedo pagar más tarde? —preguntó papá.

Más tarde, Bubba caminó hasta nuestra casa para mostrar lo que Pimiento le hizo a su trasero.

¿Dónde está tu perro? Preguntó nervioso.

Está echado cerca del olmo en frente de la casa. ¿No lo ves? —respondí.

Mientras miraba a su alrededor, vio a mi hermana pelirroja parada allí.

Hola, —dijo torpemente.

Prescindiendo del momento incómodo, mi hermano intervino con impaciencia: Está bien. Vamos a ver las mordeduras de Pimiento.

Bubba se bajó los pantalones mostrando las marcas de los dientes de Pimiento.

Ya no tienes que preocuparte por Pimiento, —dijo mi hermano—. No lo volverá a hacer después de morder tu flaco trasero. ¿Hiciste pipí y popó en tus pantalones cuando te estaba mordiendo el trasero?

Prescindiendo de la curiosidad y girándome para jugar, le di a Bubba una espada de palo de madera. Gritó mientras lo pinchaba en el estómago.

¡Ay!, exclamó. Me duele el estómago. El viejo Doc me puso inyecciones contra la rabia en el estómago. —La aguja tenía más de cinco pulgadas de largo.

Varios días más tarde, cuando regresaba a casa después de hacer las compras, vi al dueño de nuestra casa parado en el patio delantero hablando con papá.

Oye, Junior, tu perro negro trató de matar a uno de mis cerdos.

Está bien. Muéstrame el cerdo.

Después de ver el cerdo, papá me miró. Ve a buscar a Pimiento, dijo.

Le pedí a mis hermanos y hermanas que encontraran a Pimiento.

Pimiento, Pimiento. ¿Dónde estás?, —gritaban.

Algo había pasado; Pimiento siempre se emocionaba cuando volvíamos a casa, pero él no vendría.

Empezamos a buscarlo, pero no pude encontrarlo. Por fin, escuché a mi hermana llamar.

Aquí está Pimiento. Está debajo de la casa, —dijo.

Llamé a Pimiento varias veces, incitándolo a salir. Salió lentamente de debajo de la vieja casa con suciedad en la cara. Mirando de cerca, vi que la sangre seca estaba mezclada con la suciedad. Sabía que había hecho algo mal, pero no podía creer que intentara matar al cerdo del viejo.

Después de encontrar a Pimiento, corrí a ver qué estaban haciendo papá y el anciano en la pocilga. Vi la pata trasera de un cerdo mordida, casi hasta el hueso. La carne de la pata de cerdo se había ido. Estaba vivo pero muriendo lentamente por la pérdida de sangre.

Junior, debes deshacerte de ese perro, —dijo el anciano—. La próxima vez matará a todos mis cerdos.

Está bien, me encargaré de eso. Te pagaré por el cerdo, —respondió papá.

Papi y yo caminamos lentamente de regreso a nuestra casa sin hablar. Traté de convencerme a mí mismo, Pimiento no le hizo esto al cerdo, incluso si tenía sangre seca en su rostro. Pero, ¿qué podía decirle a papá? Regresamos a la casa y miró el rostro de Pimiento cubierto de sangre seca.

Pon una cuerda alrededor de su cuello, —dijo.

Pimiento me miró fijamente mientras le ponía la cuerda alrededor del cuello por última vez. ¿Sabía Pimiento que hizo algo malo en el corral de cerdos?, —me pregunté.

Tú, agárrate a la cuerda. No quiero que huya de mí cuando regrese, —dijo papá mientras se giraba para buscar algo en la casa.

Pimiento va a morir por lo que le hizo al cerdo, pensé mientras estaba parado allí sosteniendo la cuerda. Miré sus ojos tristes. Se parecían a los ojos de Bola de nieve antes de morir. Papá volvió con mi regalo de Navidad, la escopeta calibre 20 en la mano. Una vez que vi la escopeta en su mano, supe que Pimiento iba a morir. Papá tomó la cuerda de mis manos. Pimiento lo siguió lentamente por varios metros y se giró para mirarnos, especialmente a mi hermana pelirroja, por última vez.

Lo siento, te amo. Adiós, parecía decir.

Luego se volvieron hasta desaparecer en la oscuridad del bosque.

Recuerdo que papá me regaló una escopeta calibre 20 de un solo cañón para Navidad cuando tenía 12 años. Estaba tan feliz. Ahora mi regalo de Navidad mataría a Pimiento. ¿Por qué Pimiento trató de matar al cerdo del anciano? Pensé, con un profundo sentimiento de tristeza, que iba a morir por lo que hizo.

Al ver a Pimiento con vida por última vez, pensé en lo que el abuelo dijo una vez en la pila de leña.

Cuando un perro mata a un animal de granja, prueba la sangre, volverá a matar a otros animales, o podría ser uno de nosotros.

Seguí mirando el bosque oscuro, rezando para que papá cambiara de opinión acerca de matar a Pimiento. Esperaba desesperadamente que lo trajera de vuelta a casa. Después de unos minutos, escuché el fuerte ruido de un disparo de escopeta. Seguí rezando para que no matara a Pimiento. Cuando papá volvió solo, sin Pimiento y sin la cuerda, supe que no había cambiado de opinión. Él lo mató.

¿Dónde está Pimiento? pregunté, aunque ya sabía la respuesta. Pimiento se ha ido, dijo, luego me entregó la escopeta de vuelta a mí. —Papá nunca volvió a mencionar a Pimiento.

No podía llorar por lo que Pimiento le hizo a ese cerdo, pero lloré por Pimiento. Siempre lo extrañaré.

Más tarde, en la vida, trabajando con la DEA, recordé las palabras del abuelo cuando traté de entender por qué un ser humano puede matar. Si no impides que un hombre mate, volverá a matar. Gradualmente aprendí en las calles que los seres humanos malvados eran muy parecidos a los animales. Volverán a herir y a matar a menos que la justicia sea rápida.

Los hombres malvados no entienden la justicia de Dios.

Una vez, mientras estaba en el trabajo por menos de un año buscando drogadictos en las calles, vi a un vagabundo.

¿Tienes miedo de vivir en las calles sucias?, —le pregunté.

Lo que el hombre ha estado esperando en la tierra es rectitud y justicia; solo se puede encontrar en el reino de Dios, respondió extrañamente.

Antes de que papá muriera y un año después de que mamá muriera, le pregunté por Pimiento. Hizo una pausa y miró a lo lejos antes de responder.

Até a Pimiento a un cedro, luego miró hacia mí. De repente, papá hizo una pausa. Bajó la mirada al suelo, sin decir una palabra más.

"Ni más dolor, porque las primeras cosas han pasado."
(Apocalipsis 21:4, versión King James)

Capítulo 16

No mires a cada hombre por sus propias cosas

Cuando cumplí 16 años, mamá me regaló su viejo Chevy negro de 4 puertas.

Mamá me aconsejó que tuviera cuidado. Mamá, sé conducir.

Conduje el auto de mi tío desde que tenía 8 años en la granja, le aseguré.

Después de obtener mi licencia de conducir, el abuelo me pedía que lo llevara al viejo médico para sus chequeos.

—Larry Ray, llévame para ver al médico— solía decir.

Llevé al abuelo a ver al médico, pensando que todo había ido bien. Más tarde esa noche, papá se acercó a mí con algunas preocupaciones.

Larry Ray, papá dijo que lo asustaste cuando el auto casi se escapa en el camino.

¿Cuándo ¿Qué pasó?, —Pregunté.

Cuando lo llevabas a ver al Doc.

Oh, pensé que el abuelo estaba hablando de mí conduciendo por el puente de un solo carril antes de llegar a la ciudad. Me salí del borde de la carretera, pero logré volver a ella.

Hice una pausa para reflexionar sobre el camino hacia la ciudad. Había habido un incidente, pero no podía recordar haberme salido de la carretera; bueno, no exactamente.

Es extraño, papá. El abuelo no dijo nada sobre salirse de la carretera después de que me gritó que no chocara contra el puente. Y casi chocas contra una camioneta que pasaba frente a ti, explicó papá.

Le dije a tu abuelo: Papá, el niño acaba de comenzar a conducir. Cuando el abuelo escuchó que estaba aprendiendo a conducir, pareció sorprendido.

¡Ese niño está aprendiendo a conducir ahora! —dijo.

Después de unos días, el abuelo me pidió que llevara sus cerdos al corral.

Necesito vender mi cerdos puedes conducir la camioneta. Pero chico, no puedes salirte de la carretera con los cerdos.

Me sorprendió que me lo pidiera. El pobre abuelo estaba preocupado de que lastimara a sus cerdos. ¿Por qué no podía encontrar a alguien más que lo llevara con los cerdos? ¿cerdos a la ciudad?

Conduje la vieja camioneta del abuelo a unas 30 millas por hora en el camino rural hacia el corral de animales. Su camioneta estaba cargada con cerdos que gritaban. Abuelo. ¿Por qué gritan tanto los cerdos? pregunté.

Bueno, Larry Ray, tienes que reducir la velocidad. Trata de no salirte de la carretera. Podrías lastimar a mis cerdos. Por eso están gritando. Tienes que mantener la vista en la carretera.

Me di cuenta de que el abuelo estaba preocupado de que pudiera lastimar a sus cinco cerdos que gritaban. Cualquier duda al respecto se borró cuando mamá habló conmigo después de que regresamos a casa.

Lawrence Raymond, tienes que aprender cómo conducir por el lado derecho de la carretera.

Tu abuelo tiene miedo de que conduzcas. La abuela no parecía preocuparse por cómo la llevé a la consulta del médico. Incluso tenía su visión de futuros anteojos para leer, respondí a la defensiva.

El abuelo seguía pidiéndome que lo llevara a la consulta del médico a pesar de su miedo de que yo condujera. A veces, me pedía que lo llevara a los corrales para vender sus cerdos. Quizás si el abuelo tuviera tanto miedo de mi forma de conducir, no debería haber estado mirando a mi alrededor mientras conducía.

"No mires cada uno por sus propias cosas, sino cada uno también por las cosas de los demás. Que este sentir esté en vosotros, como también lo hubo en Cristo Jesús." (Filipenses 2:4-5, versión King James)

Capítulo 17

¿Quién engaña al mundo entero?

Mi tío había excavado unos dos pies en la tumba cuando noté la lápida de mármol blanco. Estaba tendido en el suelo junto a la azada. La inscripción en la lápida estaba descolorida y no pude leer lo que decía. Reanudé donde mi tío lo había dejado y comencé a cavar. De repente, escuché la voz atronadora del abuelo a través del cementerio familiar.

—Deja de cavar, deja la tumba en paz, gritó.

El día de Acción de Gracias, el abuelo tuvo una reunión familiar para matar entre cinco y ocho cerdos. Uno de mis tíos dispararía una bala de rifle largo 22 en el cráneo del cerdo. Papá inmediatamente cortaría la garganta del cerdo para drenar la sangre.

Una vez que se drenaba la sangre del cuerpo del cerdo, mi otro tío usaba un tractor para arrastrar al cerdo a una bañera de agua caliente. Dejamos el cerdo remojando en agua caliente durante unos minutos, luego las tías, los primos y yo raspábamos los pelos del cerdo con un cuchillo pequeño.

Después de quitarle el pelo al cerdo, lo izaban alto, donde papá cortaría la carne en trozos grandes. Luego, los tíos distribuían las grandes áreas de carne de cerdo a otros miembros de la familia para cortarlas en secciones más pequeñas para jamón, salchichas, chuletas y costillas. Toda la grasa del cerdo se convertiría en manteca.

Más tarde, en la noche, después de ordeñar vacas y limpiar la caca de vaca del establo, mi hermano y yo seguimos al abuelo y a uno de los tíos a los gritos con dos perros coonhound. Mientras los perros perseguían un mapache, una zarigüeya, un zorro o algún otro animal por los bosques, arroyos y campos, el abuelo se detenía y buscaba un lugar para sentarse. Buscaría un tronco de árbol o lo que pudiera encontrar y se sentaría mientras los perros cazaban, colocando su vieja lámpara de gas a su lado. Luego metía la mano en su pequeña bolsa blanca de tabaco y, usando cualquier papel que pudiera encontrar, enrollaba un cigarrillo.

Mientras fumaba el cigarrillo, nos habló de los fantasmas malvados que deambulaban por los hollers. Tal vez incluso mencionaría el cementerio del siglo XIX de la familia Robinson en la granja.

Cuando regresamos a la casa del abuelo y la abuela después de una noche de caza, mi hermano y yo comimos algunas de las galletas duras y frías de la abuela y mermelada de mora casera. Después de terminar mi refrigerio nocturno, salté en la cama de plumas de pollo antes de que llegaran mi hermano y mi tío.

Me estaba quedando dormido cuando mi tío susurró: ¿Quieres escuchar algunas historias de fantasmas sobre el cementerio? ¡No! Ahora no, le aseguré. Continuó contándolas de todos modos hasta que, después de algunas historias de fantasmas, se quedó dormido. Curiosamente, dejó su lámpara de aceite encendida toda la noche al lado de la cama. Quizás temía sus propias historias de fantasmas. Mientras trataba de volver a dormirme, escuché ruidos extraños, como si alguien caminara arriba en la vieja casa de troncos. No pensé mucho en ello y finalmente me fui a dormir.

Al día siguiente, mi tío estaba usando una pala para sacar tierra de una tumba desconocida. Me reí mientras miraba a mi tío sobrealimentado tirando tierra de la tumba y enviándola por los aires como una marmota bebé. Me pregunté si estaría buscando huesos y artefactos.

Oye tío, ¿vas a encontrar algunas cosas en la tumba?

Mi tío dejó de cavar y levanté la vista de la tumba para ver al abuelo caminando hacia mí. Sospechando que estaba en problemas, salí corriendo. Sabía que tenía un buen brazo para lanzar, y recordé cuando me golpeó en la espalda con la cabeza de un pollo. Mirando por encima de mi hombro, vi al abuelo empujando la tierra hacia la tumba con la azada. —Estuvo enojado conmigo por el resto del día.

Más tarde esa noche, en la cama, escuché que alguien bajaba lentamente las escaleras, caminando como si anduviera de puntillas. La cama de plumas de pollo estaba debajo de las escaleras, y pensé que mi tía probablemente iría a la cocina a tomar un trago del balde de agua.

Tal vez quería comer algo de la mesa de la cocina, pero ¿por qué baja las escaleras de puntillas? Me preguntaba.

Mientras escuchaba el ruido en las escaleras, sentí que alguien se acercaba a la cama. Fingí estar dormido mientras experimentaba la creciente sensación de que mi cuerpo estaba en llamas. El calor no me quemaba la piel. El calor me estaba quemando dentro de mi cuerpo.

¿Qué me está pasando? Recé en silencio. Estoy ardiendo por dentro. ¿Qué me está pasando?

Una voz interior me dijo que no abriera los ojos cuando la presencia junto a la cama comenzó a gritar.

Larry, por favor abre los ojos. Soy Sara.

¡No abras los ojos! exhortó la otra voz interior.

¿Quién podría ser? ¿Por qué mi tío y mi hermano menor no escuchan la voz que llora? ¿Por qué no pueden sentir el calor en sus cuerpos? Me preguntaba.

Independientemente de la respuesta, me negué a abrir los ojos para ver quién era.

Larry, tienes algo en la oreja, gimió, y pude sentir algo tocando mi oreja izquierda. Reflexivamente levanté la mano para tocarme la oreja. Inmediatamente me arrepentí de ese acto instintivo, sabiendo que quienquiera o lo que sea sabría que estaba despierto.

Podía sentirlo inclinado sobre mí, su cara junto a la mía. Larry, esta es Sara; por favor, despierta.

El calor siguió creciendo dentro de mí y sentí más caliente que el sol, pero no me quemaba la piel. Creía firmemente que lo que sea que estaba al lado de mi cama era un espíritu maligno llamado Sara. No quiero abrir los ojos. No quiero ver el espíritu maligno; —Pensé mientras oraba en silencio.

El calor estaba empeorando, y la voz llorando me rogaba que abriera los ojos. Con la bendición de Dios, no los abrí.

De repente escuché el despertador del abuelo despertándolo para ir al establo de leche. La presencia se alejó rápidamente, corriendo escaleras arriba. Ya no sentía el calor abrasador y me caí de la cama sobre mis pies. Corrí a la habitación de mis abuelos y traté de contarles lo que acababa de pasar. Para mi sorpresa, no parecían interesados y no querían escucharlo.

Tengo que levantarme. Tengo que ir a ordeñar esas vacas, —dijo el abuelo.

La abuela fue a la cocina para empezar a preparar el desayuno. Fui a ayudar al abuelo a limpiar la caca del piso del granero, pero me sentí mal. Me preguntaba si me sentía así por lo que había pasado esa noche. También sentí un inquebrantable ganas de caminar hasta el cementerio detrás del granero de leche.

Después del desayuno, fui a la tumba. La azada estaba en el suelo donde mi tío la había dejado el día anterior. Algo me dijo que recogiera la lápida de mármol blanco junto a la azada, la idea de recoger la lápida me asustó. ¿Qué voy a ver al otro lado de la lápida? —Pensé.

Dejando a un lado mi miedo, luché por levantar la lápida en posición vertical. Pude ver la vaga insinuación de un nombre y comencé a frotar la suciedad de las palabras cinceladas. Lentamente, el nombre se reveló: Sara Robinson.

El nombre me llenó de miedo. ¿Fue Sara Robinson la presencia que me dijo que abriera los ojos anoche? No. Fue el diablo. Estaba aterrorizado y dejé caer la lápida de mármol al suelo, regresando a la vieja granja. Pensé, por eso mi tío dejó la lámpara de aceite encendida toda la noche. Le pasó a él. Escuchó al diablo. —Nunca más me quedé toda la noche en casa del abuelo.

"Así fue lanzado fuera el gran dragón, la serpiente en la antigüedad, llamado Diablo y Satanás, que engaña al mundo entero; fue arrojado a la tierra, y sus ángeles estaban fuera con él."

(Apocalipsis 12:9, versión King James)

Capítulo 18

Sáname, oh Señor, y seré sano

Dejé la escuela secundaria en mi último año, solo tres meses antes de graduarme. Hubo momentos en los que me encontraba sentado en una roca plana cerca de la orilla de un arroyo y me preguntaba por qué dejé la escuela cuando estaba tan cerca de graduarme. Lamenté mi decisión y me pregunté si había cometido un gran error al no obtener mi diploma de escuela secundaria.

Un caluroso día de agosto, estaba cortando tabaco para un granjero. El día se volvió caluroso y húmedo mientras varias abejas negras grandes daban vueltas alrededor de mi cabeza. Pensando en ellas como abejas inofensivas, saqué mi cuchillo bacco (cuchillo de supervivencia) y las golpeé.

Larry Ray. Son abejorros. No son abejas de madera, —me advirtió papá.

Las abejas comenzaron a picarme en los brazos mientras continuaba balanceando mi cuchillo hacia ellas, pero cuanto más peleaba con ellas, más me siguieron picando.

¡Chico! Deja de pelear con las abejas. Será mejor que te alejes de ellas, te dije que dejaras de golpearlas con tu cuchillo bacco. ¡Ay! Grité ante el creciente dolor de las picaduras. ¿Por qué me siguen picando las abejas, papá?

Tengo que correr. Tengo que alejarme de ellas. Salí corriendo del campo de tabaco tan rápido como un perro tras un conejo. Mirando por encima de mis hombros, vi que las abejas se acercaban a mí. Seguí gritando de dolor mientras las abejas enfocaban sus picaduras en mi espalda, trasero, cabeza y piernas. Corriendo tan rápido como un ciervo salvaje persiguiendo a una cierva, finalmente, llegué a la casa de papá y mamá con las abejas persiguiéndome. —Mamá se sobresaltó cuando salí corriendo por la puerta trasera.

Me asustaste. ¿Qué te pasa, Lawrence Raymond? exclamó.

Me picaron abejorros negros. Pensé que eran abejas de madera, —respondí, luchando por respirar.

Mi cuerpo comenzó a picar, y me rasqué la creciente irritación como un perro mapache con pulgas. Mamá me miró con preocupación.

Lawrence Raymond. Tienes ronchas rojas e hinchadas en la piel.

Tienes manchas rojas en los brazos, la cara y las piernas. No puedo dejar de rascarme y apenas puedo respirar. ¿Crees que me estoy secando?

Sube al auto ahora, insistió mamá. Tienes que ver al médico. Nos subimos al auto y mamá corrió hacia la ciudad. No tomó tiempo cubrir las diez millas hasta la consulta del doctor.

Mamá. ¿Estás bien? Nunca antes te había visto conducir tan rápido. No te detuviste en la única señal de alto en la calle. ¿Viste al anciano cruzando la calle? Mamá me hizo pasar a la consulta del médico, y pronto me vio el doctor.

Su hijo es alérgico a las picaduras de abejas. Necesito darle una inyección en el trasero ahora, —nos informó mientras completaba su examen.

Bájate los pantalones hasta los tobillos. Inclínate y tócate los dedos de los pies, —me ordenó.

Esto no te va a hacer daño. Hice lo que dijo, luego miré alrededor para ver qué estaba a punto de hacer el viejo doctor. Sostenía una aguja larga que de repente clavó en mi nalga derecha. ¡Ay! exclamé. Sentía como si me hubieran picado de nuevo. —El médico habló con mamá mientras me subía los pantalones cortos.

Tu hijo es alérgico a las picaduras de abejas, —dijo, también a la penicilina—. Sin la inyección, lo habrías perdido en unos minutos más. —¿Qué es la penicilina? Le pregunté a mamá mientras regresábamos a casa.

"Sáname, oh Señor, y seré sano; sálvame, y seré salvo, porque tú eres mi alabanza."

(Jeremías 17:14, versión King James)

Capítulo 19

Su miedo a la muerte

Después de llegar al hospital, le pregunté a la enfermera de la sala de emergencias si podía ver a mi hermanito. Entré solo en la habitación blanca y estéril. Acostado en medio de la sala de examen, vi la cara de mi hermano. Estaba notaba frío y sin vida. Más temprano esa mañana, papá encontró a mi hermano tirado en el suelo del garaje. Se había colgado accidentalmente dentro del garaje.

Una sábana de lino blanco cubría su cuerpo sin vida mientras yacía sobre una mesa de metal plateado. Me incliné sobre su rostro y le susurré al oído: Lo siento, nunca te dije que te amo.

Se veía tan pacífico, tan hermoso, acostado sobre la mesa. —Creo que me escuchó.

Hablé con mamá en la sala de emergencias y, entre lágrimas, me contó lo que experimentó mientras viajaba con su bebé en la ambulancia.

Seguí mirando el rostro de mi pequeño, orando a Dios para que lo salvara, dijo mamá. La voz de Dios susurró en mi corazón, diciendo que ÉL dio a su único hijo.

Varios años después, papá y yo estábamos pescando en uno de los estanques de la granja. Papá mencionó cómo nuestro hermanito disfrutaba pescando con él en este estanque.

Después de que murió, lloré mucho, —dijo papá. Lo extrañé mucho—. Seguía preguntando a Dios: ¿Dónde está?

Un día, continuó, estaba en el dormitorio, solo, llorando tanto por cómo se quitó la vida accidentalmente. De repente, escuché a papá gritarme desde afuera de la ventana sobre los árboles de arce acuático: Junior, ¿Por qué preguntas dónde está tu hijo?

Podía ver a papá por encima de los árboles, pero su voz se oía tan clara desde allí. Papá dijo de nuevo: Junior, ¿por qué le preguntas a él dónde está? Pero papá no podía verlo.

De repente, escuché la voz de papá tan fuerte y clara de nuevo cuando se acercó a la ventana exterior del dormitorio, diciendo: está allí con Ima (abuela).

Miré detrás de la voz de papá para ver si él y mamá estaban allí. Podía oírlos reír, pero no podía verlos. Papá me dijo: Deja de preguntar. Él está bien.

Entonces papá dijo: Nunca más le pregunté a Dios: ¿Dónde está?

Mamá y papá lloraron por el resto de sus vidas por cómo murió. —Después de varios años, mamá y papá finalmente, se unieron a su bebé en el cielo.

"Puesto que los hijos tienen carne y sangre, él también participó de la humanidad de ellos, para destruir por su muerte al que tiene el poder de la muerte, es decir, al diablo, y liberar a los que durante toda su vida estaban sujetos a servidumbre. por su miedo a la muerte."

(Hebreos 2:14-15, versión King James)

Capítulo 20

Sé fuerte y valiente

¿Por qué tu mamá tiene un arma en la mano? ¿Por qué me está apuntando con un arma? ¿Qué hice? Le dije a la chica en el asiento del pasajero.

Más temprano ese día, estaba conduciendo por el parque con Bubba. Estábamos bebiendo unas cervezas y vi a una niña sentada sola en una mesa de picnic. ¡Sus pechos eran enormes, como dos bocinas de vaca! Era un poco gruesa alrededor de la cintura y no exactamente hermosa, pero me encontré tentado.

¿Quieres unirte a nosotros? Solo estamos dando vueltas bebiendo cerveza, grité hacia donde ella estaba sentada.

¡Seguro! —Dijo ella, sonriendo.

Bubba abrió la puerta del pasajero delantero y subió silenciosamente al asiento trasero.

Vamos, entra, le dije.

Me giré para mirarla mientras tomaba asiento en el auto, y parecía como si hubiera estado llorando.

¿Por qué estás sentada sola en el parque? Le pregunté. ¿Caminaste al parque? ¿Has estado llorando?

Pasamos el rato y bebimos unas cervezas, y el día continuó.

Me voy a casa, —le dije. ¿Quieres que te lleve a tu casa?

Aceptó mi oferta de llevarla a casa y comenzamos a conducir por la carretera. Parecía nerviosa e incómoda, como si algo la molestara. No quiero ir a casa, —dijo finalmente—. Quiero quedarme contigo. Tengo que irme a casa, —respondí de mala gana.

No, tenemos que llevarla a casa ahora, —intervino Bubba.

Aunque ya lo había decidido, y pronto nos detuvimos frente a la casa de la chica. Sus padres estaban parados en el camino de entrada. La mamá de la niña medía alrededor de 4 pies de altura y era delgada, y el papá de la niña parecía el gigante gordo de Jack en el tallo de frijoles. Nunca había visto a nadie tan grande antes.

La mamá flaca me apuntaba con lo que parecía una pistola. Todo sobre la situación se presentía mal, y quería irme lo más rápido que pudiera. La niña comenzó a llorar.

No quiero quedarme aquí, suplicó. Quiero ir contigo. Le tengo miedo.

¿Qué hay de tu papá? ¿Por qué es tan grande? ¿También le tienes miedo? —pregunté, esperando que se diera prisa y saliera del auto.

Se quedó allí sentada, reacia a dejar la seguridad del coche. ¡Puedes salir del auto ahora! Insistí educadamente. Tu mamá me va a disparar. Tu papá me tirará al suelo si ella no me dispara primero.

No. Quiero quedarme contigo,— continuó suplicando.

Traté de irme, pero la flaca mamá saltó frente al auto gritando.

¡Alto! ¡Sal del auto, muchacho! —exigió.

Quería poner el auto en reversa, pero su papá se había parado detrás de él, bloqueándome el paso. Mi corazón estaba acelerado y me estaba desesperando.

Tu mamá está frente al auto gritando, tu papá está detrás del auto. No puedo avanzar ni retroceder. Sal del auto, —le supliqué.

Tu mamá tiene un arma y es peligrosa. ¿Por qué tu papá está tan enojado conmigo?

Me volví hacia Bubba, con la esperanza de que pudiera convencerla de que dejara el auto.

Bubba, dile a la chica que salga del auto. ¿Por qué tienes miedo de decir algo?

Bubba se sentó allí como un ciervo ante los faros, sin decir una palabra. Temía por mi vida, y me estaba enojando cada vez más. La chica no se bajaba del coche y Bubba no decía nada.

¿Qué te pasa? ¿Por qué tu mamá quiere dispararme?exigí. ¿Te escapaste de casa? ¿Cuántos años tienes?

—Tengo 13 años, —admitió.

No puedes tener 13 años, gruñí. Parecía mucho mayor cuando la habíamos visto en el parque, y nunca se me había ocurrido que fuera tan joven. ¿Sus padres pensaron que tuve sexo con ella?

Tu mamá flaca tiene un arma en la mano. ¡Me va a disparar en la cabeza! Sal del auto, —exigí.

Mamá flaca gritó más fuerte mientras agitaba el arma sobre su cabeza.

Chico, sal de ese auto ahora. ¡Te mataré si no sales del auto!

¡Tu mamá flaca me va a disparar en la cabeza! grité.

El eco atronador de un disparo resonó en el aire. ¡No me disparen! Me bajo del auto, grité.

¡Por favor, no me dispares!

Lentamente abrí la puerta del auto y levanté las manos lo más que pude. Gran jefe dio la vuelta a la parte trasera del auto y caminó rápidamente hacia mí. Él era varios pies más alto que yo y debe haber pesado una tonelada. El tipo parecía un gorila deforme. Lancé las llaves del auto al suelo, con la esperanza de que eso lo persuadiría de no golpearme con sus enormes puños.

¡Chico! ¡Entra en la casa ahora! —exigió con impaciencia mamá flaca.

¿La escuchaste, punk? Entra a la casa ahora.

No huyas de mí, chico. Te agarraré por tu pelo largo, repitió gran jefe con su voz atronadora.

Creo que está realmente molesto Le dije a Bubba. Gran jefe comenzó a alcanzar mi cabello largo y corrí como un perro salvaje al que le habían disparado varias veces en el trasero con una pistola de aire comprimido. Saltando sobre los escalones, aterrizando en el porche delantero y entrando por la puerta principal, entré lentamente a la sala de estar. De alguna manera, Bubba había llegado a la casa antes que yo y estaba sentado solo en un sofá, sin decir una palabra. Ni siquiera lo había visto salir del auto, y mucho menos entrar en la casa. Me sorprendió lo rápido que era, pero aun así no era tan rápido como el perro Pimiento.

Siéntate en el sofá ahora antes de que te dispare por la espalda, —exigió la flaca mamá.

Sentí una terrible sensación de pavor, como si acabara de caer en una trampa mortal. Lo último que quería hacer era sentarme en ese carruaje. Quería huir, pero gran jefe estaba parado en la puerta principal, y mama flaca todavía tenía el arma apuntándome a la cara. Me pregunté si podría salir por la gran ventana de la sala de estar que había visto detrás del carruaje. De mala gana me senté.

Satisfecha de que no me iba a ninguna parte, mamá flaca se apartó de mí y se acercó a su hija. De repente, echó hacia atrás el brazo y golpeó la cabeza de su hija con la culata de la pistola. Su hija gritó de dolor cuando mamá flaca la golpeó repetidamente con la pistola.

Cada músculo de mi cuerpo se tensó mientras contemplaba correr hacia él. Si parece que me disparará en la cara, intentaré saltar sobre la espalda de gran jefe. Tal vez Bubba salte a su espalda también, —pensé. Podríamos tener la oportunidad de salir corriendo por la puerta principal. Si no, podemos saltar por la ventana de la sala.

Mamá Flaca de repente se giró para mirarme como si pudiera leer mis pensamientos y me apuntó con el arma.

¡Chico! ¿La violaste? Solo tiene 13 años, —preguntó la mamá flaca en tono acusador.

Violar ¿a quién? pregunté. —La pregunta solo sirvió para enfurecerlos.

¿Mi niña? —No te hagas el tonto, gritó gran jefe.

Había escupido saliendo de su boca mientras decía las palabras, y los ojos de la madre estaban rojos de ira. Esta gente está loca, pensé. Pero por qué yo. ¿Por qué creen que la había violado en el coche?

Chico, sé que violaste a mi niña. Eres uno de esos chicos de los gritos. ¡Sé que la violaste, Chico!

No, señor. ¡Yo no la toqué! Insistí. Ni siquiera besé a tu hermosa y dulce hija.

¿Qué había hecho para que pensaran que había hecho algo tan terrible? Los enormes puños de gran jefe se apretaron con ira como si estuviera listo para lanzarme a otro mundo. Esta madre flaca es malvada, pensé. Ella y gran jefe van a matar a alguien esta noche, y no voy a ser yo. Miré a Bubba, que estaba sentado encogido en el sofá sin decir nada. ¿Por qué no podía simplemente decirles que no tuve sexo con su hija?

Las rodillas de Bubba estaban dobladas, sus piernas estaban tensas y sus pies estaban firmemente plantados en el suelo. Parecía que se estaba preparando para saltar del sofá como una rana toro. Pero, ¿cómo va a correr alrededor de gran jefe? Me preguntaba. ¿Cómo va a esquivar las balas cuando la madre loca y malvada comience a disparar?

¡Chico, vas a morir esta noche! —Te voy a pegar un tiro en los huevos de ardilla por lo que le hiciste a mi niña, gritó la mamá flaca.

Señora, se lo juro. Su hija no tuvo sexo conmigo. Yo no lo haría. —Es demasiado joven, supliqué.

La pistola de la Mamá Flaca seguía apuntándome a la cara. Parecía una pequeña automática calibre 22, y de niño había aprendido, cazando conejos y ardillas, que una bala de pequeño calibre puede rebotar en cualquier cosa. Incluso en el almohadón rojo del sofá sobre mis piernas y eso podría protegerme. Con eso en mente, levanté lentamente la almohada del sofá frente a mi pecho y recé para que me salvara si la madre loca comenzaba a disparar.

Mamá flaca decidió que no estaba interesada en Bubba y decidió concentrarse en mí.

—Fuera de aquí, ahora, —le dijo.

En su prisa por irse, saltó del sofá tres pies en el aire. Rebotó en el sofá cuando aterrizó y casi tropezó consigo mismo cuando salió corriendo por la puerta principal. Huyó como un pollo asustado a punto de recibir un disparo sin ni siquiera despedirse.

Con Bubba fuera del camino, mama flaca se centró en mí y pronunció su juicio.

Toma a este niño de aspecto tonto, desagradable y sucio por su pelo largo afuera. Quiero que le des una paliza por violar a nuestra pequeña niña, exigió.

Estaba feliz de que ella no hubiera decidido dispararme.

Sí, señor, le dije a gran jefe. Estoy listo para que me des una paliza. Ven, vamos afuera y terminémoslo.

Sin embargo, no tenía intención de recibir una paliza. Esta era una oportunidad para huir. Una vez que estuviera afuera, podría escapar y dejar atrás a gran jefe. Ya sabía que Bubba no iba a ser de alguna ayuda si me metía en problemas. ¡Diablos! —Probablemente estaba escondido detrás de un arbusto o corriendo a casa.

Papá podría tirarme al suelo en cualquier momento, pero estaba seguro de que podía dejarlo atrás. Salí corriendo por la puerta de mi auto y me deslicé en el asiento del conductor.

Busqué en mi bolsillo las llaves del auto y de repente me di cuenta de que gran jefe había tomado las llaves. La alegría que había sentido, después de haber escapado de una paliza, se derrumbó en la agonía de la derrota. Esperé a que gran jefe me diera un puñetazo en la cabeza. Echó los brazos hacia atrás y arrojó las llaves de mi auto al suelo.

Sal de aquí, chico, antes de que te pise la cabeza contra el suelo, —gritó.

No perdí el tiempo, y agarré las llaves del camino de entrada como agarrar a los rastreadores nocturnos y salté de nuevo al auto. —Podía escuchar a gran jefe gritando mientras aceleraba.

Chico, lárgate de aquí. Nunca vuelvas aquí. ¿Oyes, chico? Deja en paz a mi hijita.

Sacando mi mano por la ventana, le mostré a gran jefe el desagradable dedo medio.

Yo no hice nada a tu niña gorda y fea con granos en la cara.

Toma eso y arrójalo donde el sol no brille, le grité de vuelta. Me sentí tan orgulloso de mí mismo y me pregunté si vio mi dedo medio agitándolo. ¿Escuchó lo que dije sobre su niña? Fue una tontería de mi parte decir sobre su pequeña, y probablemente me mataría si alguna vez me volviera a ver.

De repente escuché algo arrastrándose en el asiento trasero de mi auto y me imaginé lo peor. Me asustó mirar por encima del hombro al asiento trasero. Por favor, no puede ser esa chica que huye de su madre loca y gran jefe, pensé. Rezando por no encontrar a la chica, miré hacia el asiento trasero, Bubba estaba tendido sobre su vientre como una serpiente, escondiéndose en el suelo.

Sé que no la besaste en la boca, te estaba mirando. La mamá y el papá de esa chica están locos, —dijo tímidamente.

Me sentí bendecido de estar vivo mientras conducía a casa. Gran jefe casi me pisotea hasta la muerte, y mamá flaca casi me dispara en las bolas. Mis oraciones fueron particularmente sinceras mientras me preparaba para irme a la cama esa noche.

Gracias, Dios, por salvarme de nuevo

"¿No te lo he mandado yo? ¡Sé fuerte y valiente! No temas ni desmayes, porque el Señor tu Dios estará contigo dondequiera que vayas."

(Josué 1:9, versión King James)

Capítulo 21

Tiempo de nacer y tiempo de morir

De repente sentí que algo me pinchaba en la espalda. Antes de que pudiera darme la vuelta, una voz amenazadora me susurró al oído: No te muevas o te mataré, maldita madre.

Varias semanas antes, comencé una carrera bombeando gasolina (gas), cambiando aceite, reparando llantas y limpiando parabrisas de clientes. Llevaba un uniforme verde con una gran estrella roja en la parte delantera de mi camisa. Hasta el día de hoy, recuerdo el lema de la gasolinera: —Confía en el hombre que lleva la estrella roja.

La gasolinera puede ser un lugar sórdido a veces. No era raro que un cliente ofreciera marihuana o sexo a cambio de gasolina gratis. Muchas chicas más jóvenes me ofrecieron sexo a mí o a mis compañeros de trabajo a cambio de gasolina gratis. Algunas de las jóvenes estaban casadas e incluso tenían niños pequeños, pero estaban dispuestas a tener sexo dentro del automóvil. Algunas mujeres mayores casadas solo querían sexo en la gasolinera o en el motel detrás de la gasolinera.

Le pregunté a papá cómo un chico podía tener sexo con una mujer casada. Esto era algo que había resuelto que nunca haría. Tal vez fue mi cabello largo y mi sonrisa lo que atrajo a las mujeres, o tal vez fue la gasolina gratis. Las enfermeras que volvían a casa después de un largo día de trabajo también pasaban por la estación para llenar sus autos con gasolina. Algunas enfermeras solteras me preguntaban si quería ir a verlas después del trabajo. Diablos, tenía hombres homosexuales tratando de recogerme para obtener gasolina gratis. Pero me mantuve alejado de ellos.

Un día, uno de mis compañeros de gasolinera perforó un agujero del tamaño de un centavo en el techo del baño de mujeres. Le gustaba mirar a las mujeres a través de la mirilla mientras se sentaban en el inodoro para limpiarse el trasero. —Encontré su comportamiento enfermizo y repulsivo.

Después de unos días de ponerle gasolina a los autos, comencé a trabajar solo en el turno de noche por primera vez. Antes de que el gerente se fuera a casa esa noche, me dio algunos consejos que recordaría en los próximos días.

Si alguien trata de robarte esta noche o cualquier otra noche, no entres a la oficina trasera. Si lo haces, el ladrón te matará. Quédate en el área abierta donde están las bombas de gasolina para que otros clientes puedan verte. O si la policía está conduciendo por la estación. El ladrón no te disparará a la intemperie.

Una calurosa noche de verano, estaba ocupado bombeando gasolina para muchos clientes. Además de cargar gasolina, tenía que terminar de reparar un neumático para un cliente dentro del garaje. Se estaba haciendo tarde y necesitaba reparar el pinchazo del cliente antes de cerrar. No tuve tiempo de guardar el dinero en efectivo en la caja fuerte de la oficina, así que lo enrollé y lo puse en el bolsillo de mi pantalón. De repente, una voz interior me dijo que sacara el dinero de mi bolsillo y lo escondiera en mi calcetín. Puse el dinero en efectivo en mi calcetín izquierdo sin pensar más en ello.

Unos minutos más tarde, un coche mercury gris de cuatro puertas con dos jóvenes se detuvo junto a la bomba de gasolina. Caminé hacia el vehículo y observé como el conductor y el pasajero salían del auto y miraban alrededor con nerviosismo. El conductor pasó junto a mí y entró en la oficina principal sin decir una palabra. Cuando vio que no había nadie, entró en el garaje y vio al cliente de pie junto a la rueda pinchada. Por la expresión de su rostro, pude ver que el cliente con el neumático pinchado estaba tan confundido como yo. Estaba a punto de acercarme y ver qué quería cuando el pasajero de repente me golpeó en la cara.

¿Qué estás haciendo? —protesté.

¡Solo cállate! —Ordenó mientras me empujaba con fuerza en el pecho y retiraba su otra mano para abofetearme fuerte en la cara.

Quería devolverle el golpe mientras me tambaleaba por la bofetada, pero sabía que ahora no era el momento. Buscó en los bolsillos de mis pantalones, moviendo sus manos rápidamente por mis piernas. Por fin, llegó a mis calcetines y encontró el dinero escondido dentro de mi calcetín izquierdo. Me sorprendió que lo encontrara y me pregunté qué le había dado la idea de buscar en mis calcetines.

Metiendo el dinero en el bolsillo, me abofeteó de nuevo con un golpe resonante. El conductor salió del garaje y se acercó a mí. Juntos me agarraron de la cintura y los brazos.

Vamos, exigieron mientras trataban de obligarme a entrar con ellos a la oficina.

Recordé lo que mi jefe me había dicho antes, —te matarán una vez que estés en la oficina trasera.

¡No! Hay policías conduciendo por todas partes por aquí, insistí. Como si fuera una señal, un coche patrulla pasó por delante de la estación.

¡Mira! Hay un policía conduciendo por la estación ahora, dije, señalando el vehículo. ¡Hombre! La policía y los clientes podrían verlos robándome.

El conductor soltó a regañadientes mi brazo y volví al auto. El pasajero se negó a soltarme y me miró a los ojos con odio.

Te voy a disparar, madre f-----".

De repente, el tiempo pareció ralentizarse, y fue como si estuviera en un sueño. Podía verme recibiendo un disparo en la espalda, arrastrándome por el suelo, luchando por mi vida, diciendo: No me voy a morir..

Finalmente, el pasajero me soltó el brazo y me empujó a un lado. Vi un pequeño revólver negro en su mano y me pregunté si me dispararía por la espalda. Cuando no lo hizo de inmediato, la ira surgió dentro de mí. Aquí hay una oportunidad de golpear a este tipo antes de que me dispare, pensé. Tal vez podría conseguir el arma. Traté de arremeter contra ese impulso, pero no podía mover mis brazos. Sentía como si una mano invisible se hubiera extendido para detenerme. El pasajero empujó el revólver hacia atrás en la parte delantera de la cintura de sus pantalones y volvió a subir al auto, cerrando la puerta detrás de él.

Podría haber muerto esa noche, pero estaba vivo. El pasajero no me va a disparar por la espalda. Hoy no voy a morir, pensé con alivio. ¿Por qué no me disparó por la espalda? ¿Qué lo detuvo? Los ladrones se dieron a la fuga, dejándome allí con mis pensamientos. ¿Por qué todavía estaba vivo? ¿Qué había impedido que el pasajero me hiciera un agujero en la espalda? Vi cómo se desvanecieron en la distancia, buscando otra gasolinera en el camino.

¡Oye! ¿Estás bien? gritó el cliente desde el interior del garaje de gas.

Sí, estoy bien. Gracias, —respondí—. Estaba muy agradecido de estar vivo, y la pregunta resonaba en mis pensamientos, ¿por qué?

Inmediatamente corrí a la oficina y llamé a la policía. Les conté todo lo que había pasado, mientras escuchaban con interés. En cuestión de minutos, dos policías estatales llegaron a la gasolinera.

¿Quién es el hombre que está dentro del garaje? preguntó uno de los policías.

Es un cliente con un neumático pinchado, —respondí.

Uno de los policías se alejó y se acercó al cliente para obtener su versión del incidente. El otro policía me pidió una descripción de los ladrones y su auto.

Yo describí los ladrones y su vehículo con tanto detalle como pude recordar. Luego expliqué como uno de los ladrones me apuntó a la espalda con un pequeño revólver negro y amenazó con matarme.

Pensé que me iba a disparar por la espalda, —le dije.

Estos son los mismos ladrones que violaron a una mujer dentro de su auto esta noche en el centro comercial donde trabajaba, me informó. Esos tipos robaron el auto de la mujer. Vinieron aquí a la gasolinera para robarte. ¡Ella tiene suerte de estar viva! ¡Y tú también!

El coche del cliente salió marcha atrás del garaje mientras yo hablaba con el policía estatal. Salió a la calle y se fue sin molestarse en pagar la reparación de su neumático. Miré al cliente mientras se alejaba. Al menos podrías haber dicho adiós,— pensé.

¿El cliente le dio una descripción de lo que pasó? Le pregunté al policía. No. El cliente no vio nada, —respondió.

No pasó mucho tiempo antes de que los policías se fueran y mi jefe llegó.

Me alegro de que no hayas entrado en la oficina con los ladrones. Pero Larry, ¿por qué pusiste el dinero en tu calcetín, no en la caja fuerte de la oficina?

Me hice la misma pregunta. ¿Por qué escondí el dinero en mi calcetín? y no en la caja fuerte de la oficina.

Una vez más, fui verdaderamente bendecido; me podrían haber matado esa noche. ¿Qué voz me aseguró que no iba a morir? ¿Tenía Dios un plan para mí? No pude explicarle al jefe por qué no puse el dinero en la caja fuerte de la oficina, pero estaba seguro de que esa decisión me había salvado la vida. Me ayudó a cerrar la gasolinera.

Necesitaba escuchar y confiar en el Señor.

"Tiempo de nacer, y tiempo de morir."
(Eclesiastés 3:2, versión King James)

Capítulo 22

Huya de la fornicación

Mis compañeros de trabajo fumaban hierba con frecuencia después del trabajo, y no les resultó difícil encontrar parejas sexuales dispuestas entre las enfermeras que pasaban por la gasolinera. El sexo no me molestaba, pero estaba confundido acerca de por qué algunos de mis compañeros de trabajo fumaban hierba después del trabajo.

Eventualmente renuncié a mi trabajo en la gasolinera y encontré trabajo en el hospital como ayudante de cirugía. El hospital estaba lleno de hermosas mujeres. Supe que había tomado la decisión correcta al tomar ese trabajo desde el momento en que entré por la puerta. No tardé mucho en descubrir que algunas de las mujeres que trabajaban allí tenían sexo disponible durante y después del trabajo. Me sentí como un joven toro de granja Charolais francés. ¡Fue una locura!

Disfruté "pasar el rato" con muchas mujeres hermosas durante todo el día y beber cervezas después del trabajo. Muchas de las mujeres no tuvieron tiempo de encontrar al hombre adecuado. Sus carreras en la comunidad médica las mantuvieron ocupadas, trabajando muchas horas.

Tuve cinco enfermeras y auxiliares de enfermería hasta la fecha. Cuando quería una cita, llamaba a una de ellas para averiguar si estaba disponible para ir a bailar o beber cerveza después del trabajo. Cinco era la mayor cantidad de mujeres que podía manejar. Después de tanta fiesta, era imposible ahorrar dinero, pero yo estaba sonriendo como un zorro en un gallinero. No me importaba si eran hermosas, feas, gordas, flacas, altas o bajas. La que tenía una gran personalidad recorría un largo camino.

Una de mis enfermeras favoritas tenía un poco de barriga gorda, pero también tenía una hermosa sonrisa y se reía de todo lo que hablaba. Le encantaba beber jarras de cerveza y comer bagre (pez de agua dulce) frito. No pude evitar preguntarme si la grasa alrededor de su estómago era por beber demasiada cerveza. Después de algunas citas, supe que estaba comprometida para casarse. Pero eso nunca le impidió llamarme cuando su prometido viajaba fuera de la ciudad por negocios.

Después de un par de años trabajando en el hospital, encontré a una chica que se reservaba para el matrimonio.

Me encanta tocar el piano en la iglesia bautista del sur, dijo en nuestro primera fecha. Mis padres son miembros muy activos y quiero que sepas que soy virgen.

Me sorprendió. Trabajando en el hospital, nunca había conocido a una mujer que dijera ser virgen.

Unos días después, estaba sentado en un sofá marrón con ella mientras sus padres estaban en la cocina tomando café. Lentamente se acostó en el sofá y se levantó el vestido por encima de las caderas. No llevaba bragas.

Te amo. —Casémonos, susurró.

Me bajó la cremallera de los pantalones cuando sus padres, que todavía estaban en la cocina, le preguntaron sobre el trabajo en el hospital. Ella les respondió casualmente mientras me acercaba más. Los instintos primitivos se enfurecieron dentro de mí. Sin pensar en sus padres en la cocina, salté sobre ella como un cerdo salvaje en una cueva gigantesca. Estábamos besándonos en el sofá mientras sus padres continuaban tomando café en la cocina. Estaba impresionado; ¿Sus padres sabían lo que estábamos haciendo en el sofá?

Más tarde, mientras pensaba en ello, estaba realmente molesto, ella me había dicho que quería esperar al matrimonio para tener sexo, pero parecía que lo había hecho muchas veces. —Me equivoqué al pensar que era virgen, pero seguí viéndola.

Papá y mamá la conocieron más tarde. —Ella no está lista para el matrimonio, dijeron. Mírala con otros hombres alrededor. —Cuando la dejes en la casa de sus padres, regresa y mira qué sucede.

Me entristecía y me decepcionaba que dijeran eso de ella. Una calurosa noche de verano, mi futura esposa quería irse temprano a casa.

—Estoy enferma, necesito irme a casa,— dijo.

Tuvimos sexo en el estadio detrás de un árbol. Más tarde pasamos el rato en el asiento trasero de mi Chevy blanco. No parecía enferma en absoluto, y parecía extraño que ahora quisiera irse a casa. Sin embargo, la dejé en casa de sus padres.

Había conducido alrededor de una milla cuando comencé a pensar en ello. Ella estaba actuando de manera un poco extraña esta noche, — pensé. Ella no parecía enferma mientras tenía sexo dos veces. Entonces pensé en lo que papá había dicho y de repente di la vuelta al coche. Apagué mis faros justo antes de regresar a la casa de sus padres. Ya estaba oscuro y las luces del porche delantero estaban encendidas. Allí, totalmente visible bajo la reveladora iluminación de las luces, vi a mi futura novia abrazando a un chico en el porche delantero. Podía verlos a ambos claramente. ¡Qué estúpidos eran!

Estaba furioso. Para empeorar las cosas, ese tipo iba a la misma iglesia. ¿Dónde aparcó su coche? Me preguntaba. Debe haber estado esperando dentro de la casa de sus padres cuando la dejé. Me sentí como un tonto. Esta no era la primera vez que me engañaba. Papá y mamá tenían razón, después de todo. Ella no era buena.

Me detuve en el camino de entrada y salí lentamente de mi auto. Mi mano estaba plana y rígida, y mi brazo estaba listo para dar la fuerte bofetada que este tipo tanto se merecía. Mis pies tocaron el primer escalón y ella saltó del porche como una serpiente mortal a mis brazos. Miré sus ojos mentirosos mientras me mordía con fuerza en el pecho. No sentí dolor por su mordedura venenosa. Empujándola, me di la vuelta y caminé de regreso al auto. Qué tonto había sido.

Sin volver a mirar su rostro diabólico, me subí al auto y me alejé. Mis emociones me alcanzaron mientras conducía a casa, y la ira se convirtió en tristeza. Las lágrimas cayeron de mis ojos mientras gritaba en voz alta. Había renunciado a todas mis amigas en el hospital por ella. Había pensado que ella era especial. Juré que nunca dejaría que otra mujer me dejara en ridículo otra vez.

Un profundo sentimiento de tristeza me llenó en los días que siguieron. Yo había estado listo para establecerme y tener una familia. Un día conduje hasta una propiedad en Plum Creek Road que le había comprado a un viejo granjero. Habíamos planeado construir una casa y criar al menos dos hijos. Me senté en mi auto, llorando toda la noche hasta el día siguiente. En ese momento, renuncié a encontrar a alguien con quien casarme y tener hijos. —Si tan solo hubiera escuchado a mis padres—. Nunca la volví a ver, pero le agradecí a Dios que no me casé con la mujer del diablo.

Temprano en la mañana, papá llegó a la propiedad en su camioneta Chevy, buscándome.

Papá, tienes razón sobre ella, le dije mientras salía de la camioneta. Hice el ridículo.

—Vuelve a casa cuando estés listo,— dijo.

¿Qué voy a hacer ahora? — Me preguntaba.

"Huid de la fornicación. Todo pecado que el hombre comete es sin el cuerpo; pero el que comete fornicación peca contra su propio cuerpo."

(1 Corintios 6:18, versión King James)

Capítulo 23

Yo soy la luz del mundo

De repente, los susurros cesaron y me pregunté por qué. Sentí a alguien cerca; el viento soplaba, pero ninguna hoja se movía en los árboles. La hierba alta tampoco se balanceaba suavemente de un lado a otro cómo debería con el viento. Incluso el agua del arroyo era tranquila y carecía de ondas. ¿Por qué no podía entender la voz del viento susurrando en mis oídos?

Solo habían pasado unas pocas semanas desde que vi a mi futura esposa en los brazos de otro hombre. Me puso en ridículo y decidí no volver a verla nunca más. Estaba profundamente avergonzado por lo que había sucedido. Me avergonzaba ver a alguien, especialmente en el trabajo. Como resultado de mi vergüenza, pasé mucho tiempo a solas con mis pensamientos. Una pregunta pesaba mucho en mi mente.

¿De qué se trata la vida?

Me encontré caminando cerca de los arroyos rocosos y estanques de totora (planta común en los pantanos). A veces vagaba por los bosques oscuros y los gritos. Otras veces me encontraba caminando en los campos de heno, mirando las marmotas aparecer en la hierba verde de alfalfa. Con frecuencia miraba hacia el cielo y reflexionaba sobre el propósito de mi vida.

Una noche de verano, tarde, estaba acostado en la hierba azul alta junto al arroyo rocoso. Hacía calor y humedad, pero podía sentir un viento suave que soplaba fresco en mi cara. Miré hacia las estrellas y la luna que proyectaba su suave iluminación sobre el campo. ¿Cuál es mi propósito en la vida? —Me preguntaba.

Necesitaba saber mientras miraba hacia al cielo, noté que el viento no movía las hojas de los robles. Quizás aún más extraño, el alto bluegrass permaneció inmóvil. El agua del arroyo era trasparente como el cristal. Sin embargo, el viento continuaba susurrando en mis oídos.

Unos días después, volví a caminar descalzo por el bosque. Escuché el ruido de la quietud y esperé encontrar las respuestas que buscaba en el susurro del viento. No vinieron, y regresé a casa esa noche, no más cerca de una respuesta significativa que cuando me había ido.

La pregunta siguió pesando en mi mente mientras yacía en la cama esa noche. ¿Qué quería hacer con el resto de mi vida? Sabía con certeza que quería viajar y ver el mundo. Mi hermano pequeño se unió a la Marina a los diecisiete años y viajó mucho. Si me uniera a la Marina, podría viajar por el mundo como mi hermano pequeño.

De repente me encontré solo, subiendo un cerro rocoso desprovisto de vegetación. Parecía que era de día, pero miré hacia arriba y vi que el cielo estaba oscuro. Tuve la terrible sensación de que algo horrible estaba frente a mí. Vi un poste de madera con los pies de alguien clavado mientras miraba hacia arriba. Esto no puede ser real, pensé, debe ser un sueño, un sueño horrible. Los pies tenían varios heridas profundas que dejaban sangre goteando hasta lo dedos. Fue aterrador ver a alguien morir de una muerte tan agonizante.

A la derecha del poste, vi lo que parecían ser tres hombres vestidos con ropas extrañas. Un hombre parecía estar sosteniendo una lanza. Miré a la izquierda y vi a una señora con una expresión triste. Un joven estaba de pie junto a la dama y parecía compartir su dolor. Ninguno de los dos derramaba una lágrima, pero era evidente que estaban preocupados. Tenían la piel morena y me miraban con ojos oscuros que reflejaban su pena. Cada uno vestía túnicas oscuras, y la dama tenía un pañuelo oscuro sobre su cabeza.

Me volví hacia el poste de madera y levanté suavemente la mano hacia los pies clavados. De repente, el hombre de la lanza sacó el arma y la empujó hacia adelante. La vista me asqueó y sentí que algo terrible acababa de suceder. Sentí que algo me salpicaba en la cara. Mirando hacia el poste, vi lo que parecía sangre corriendo por el cuerpo.

—Ayúdalo,— grité.

De repente tuve la sensación de que fue Jesucristo el que murió en el poste. Mis ojos se desviaron hacia arriba. Quería ver el cuerpo en el poste y saber si lo que sentía era cierto. Miré los pies del cuerpo, luego continué mi mirada hacia arriba. Rayas oscuras de sangre seca resaltaban largos cortes en las piernas y el pecho. Este era el cuerpo de un hombre, y yo quería ver su rostro.

Una luz blanca cegadora llenó mis ojos mientras miraban el rostro del hombre. El calor y la intensidad de la luz me hicieron caer de rodillas. Le rogué a alguien que ayudara a este hombre mientras me arrodillaba en el suelo bajo el resplandor de una luz intensa. ¿Cómo podía ser tan brillante esa luz? pensé. El rostro del hombre es más brillante que el sol, tan brillante que no puedo mirarlo.

¡Es Jesús!

Con lágrimas rodando por mi rostro, me arrodillé avergonzado y clamé por misericordia. Eventualmente, encontré la fuerza para levantarme lentamente, pero no podía mirarlo a la cara. Me sentí tan sucio, avergonzado, incapaz de investigar la sagrada luz blanca de su rostro. Ansiaba ver a Jesús, mirar sobre él, pero no pude. La luz de su rostro era tan intensa que me llenó de vergüenza mirarlo.

En mi vergüenza, me giré para alejarme de la luz. Por mucho que deseara hacerlo, no pude volver a mirar a Jesús en el poste de madera.

Aunque no podía soportar mirarlo, podía sentir la luz de Jesús brillando a mi alrededor. Me sentí tan cobarde por no ayudarlo en el poste y di la vuelta para bajar la colina avergonzado. De repente, me llenó la presencia de Jesús y pude escuchar su dulce voz.

—Serás mi discípulo.

Tal era el sentimiento de vergüenza que sentí que no me atrevía a decir las palabras que quería decir, sí, seré tu discípulo. Continué alejándome y no volví a mirar hacia el poste de madera.

—Durante varios días me pregunté; ¿Qué es un discípulo?— .Finalmente, fui a la Iglesia Bautista Plum Creek para contarle al predicador que había visto a Jesucristo vivo en la cruz. El predicador había ayudado a mi familia mientras luchábamos con la muerte de nuestro cuñado y hermanito. Esperaba que pudiera ayudarme con los pensamientos que me inquietaban después de lo que había visto.

Vi a Jesús en la cruz. Su rostro era más brillante que el sol. La luz del rostro de Jesús brilló sobre mí, derribándome al suelo. Una señora y un joven estaban parados cerca de la cruz, le dije.

El predicador me miró con comprensión y compasión. —Tuviste una visión, dijo.

De repente me di cuenta; Jesús está vivo, y ÉL me está ayudando a no caminar por el camino del diablo sino a creer en ÉL. ¿Puedes bautizarme en el arroyo al lado del puente? pregunté.

Un domingo por la tarde me bauticé. Varios de los maravillosos cristianos de la Iglesia Bautista Plum Creek fueron testigos cuando el predicador me sumergió en el agua de Plum Creek. Más tarde supe al leer la Biblia que las mujeres estaban en la cruz con Jesús. Creo que la mujer y el joven que vi junto a la cruz podrían haber sido María, la madre de Jesús, y Juan el Apóstol.

"Yo soy la luz del mundo: el que me sigue no andará en tinieblas, sino que tendrá la luz de la vida."

(Juan 8:12, versión King James)

Capítulo 24

Serán una sola carne

Aquella noche me dolía. El médico militar dijo que necesitaba que me sacaran una muela del juicio. No había dicho nada sobre dos muelas del juicio. No tenía idea de por qué tuvo que sacar dos. ¿Y por qué tuvo que usar tantos puntos? No podría comer durante una semana. Ese problema se resolvió comiendo huevos con papas para el desayuno, el almuerzo y la cena. Me dolía mucho la boca. ¡Infierno! No pude hablar con nadie.

Unos días antes, me había enrolado en la Marina. En el campo de entrenamiento, nos revisaron de pies a cabeza y uno de nuestros primeros controles fue en el consultorio dental.

—Abre bien la boca, ordenó el dentista de la Marina.

Tocó y tocó durante un par de minutos antes de concluir.

Bueno, necesito sacarte las muelas del juicio, —dijo rotundamente—. No pasó mucho tiempo antes de que estuviera haciendo precisamente eso. Una vez que comenzó, pensé que el doctor nunca dejaría de sacarme los dientes.

Después de graduarme del campo de entrenamiento, me asignaron a Navy Seabees (abejas marinas). Aunque tuve muchas asignaciones diferentes en la Armada. Una de las que más me influenció fue ayudar al capellán y protegerlo en tiempos de guerra.

Después de un par de años, me dieron órdenes temporales para una misión de ocho meses en la Base Naval de España. Mientras trabajaba en España, conocí a una mujer con grandes ojos oscuros llenos de pasión por vivir y fe en Dios. Su madre ya había muerto antes de que yo tuviera la oportunidad de conocerla. Me preguntaba si su mamá tenía los mismos ojos, llenos de pasión por la vida, o la dificultad de enfrentar la muerte los dejaba llenos de tristeza.

Nunca nos besamos ni nos tomamos de la mano hasta unos seis meses después. Me encantó su pasión por la vida y me di cuenta de que quería compartir mi vida con ella.

Oye, ¿quieres casarte? —Dije un día mientras hablábamos por teléfono.

Sí, respondió ella con una sonrisa. —¿Qué es tan gracioso? pregunté.

—Me pregunté si incluso entendía mi inglés de Kentucky.

Mientras aún estaba de servicio en España, me uní al Rodeo. Quise montar los toros pero, a veces, los toros me montaban a mí. En un paseo particularmente malo, un toro me empitonó en el trasero. Mi futura esposa estaba cada vez más preocupada y prometí dejar de fingir ser un vaquero de Kentucky. De regreso a casa en Plum Creek Road, era más fácil para mí montar cerdos.

Fui seleccionado para asistir a un entrenamiento de siete semanas con el Cuerpo de Marines en Camp Lejeune. Con los marines, me sentí como si estuviera de vuelta en casa en los gritos, subiendo y bajando las colinas, cruzando los arroyos, acampando toda la noche y cargando mi escopeta. Rápidamente me convertí en un experto fusilero marino. Después de terminar la formación de Infantería de Marina, regresé a España para casarme.

Cuando regresé a España, todavía no conocía al padre de mi futura esposa. Tratando de calmar mis nervios lo mejor que pude, me presenté a él por primera vez a mi regreso. En mi mejor inglés de Kentucky, le hice saber que quería casarme con su hija. Sin embargo, no fui con las manos vacías; Yo había venido con regalos. Entre mis ofertas había un americano jamón de azúcar Hickory ahumado, una caja de cerveza Budweiser americana y un paquete de calzoncillos bóxer.

Después de darle los regalos, le expliqué que quería casarme con su hija. Creo que ya lo entendió por los regalos, pero parecía estar confundido. Más tarde ese día, descubrí que no podía entender nada de inglés. También supe que le dio el jamón a su hija mayor, no bebía cerveza y que la ropa interior le quedaba grande. Me decepcionó como fue nuestra primera reunión. También me preguntaba quién se quedó la cerveza y la ropa interior.

Nos casamos en España un año después en una hermosa iglesia del siglo XVIII. Me quedé allí esperando frente al altar a mi futura esposa mientras el sacerdote me miraba. De repente, sentí una luz cálida tocando mi rostro y miré hacia arriba. Una luz brillaba a través de una pequeña ventana debajo del techo, y escuché un susurro de viento llamándome.

—No serás sacerdote, parecía decir.

Cuando salí de la iglesia con mi novia española, una joven parada junto a la gran puerta de madera me pinchó con una aguja varias veces en el trasero. Los ojos de la chica me miraron mientras golpeaba mi trasero. Me pregunté si estaba expresando su aversión por los estadounidenses, pero sonrió cuando la miré sin dejar de hacer lo que estaba haciendo.

—Duele. ¡Para! —dije escuetamente.

Finalmente, dejó de pegarme en el trasero, pero estaba confundido acerca de por qué lo hizo en primer lugar. ¿No hubiera sido suficiente con pellizcarme el trasero? Más tarde supe que era una tradición española que una chica soltera le diera un puñetazo en el trasero al novio, con la esperanza de encontrar marido pronto. Sin embargo, ¿realmente necesitaba estar tan entusiasmada con eso? Tal vez solo disfrutó el sonido de mí gritando ¡Ay! en mi inglés de Kentucky.

Después de la boda, mi suegro se acercó, me miró a los ojos y sonrió. Hizo movimientos circulares a un lado de su cabeza con el dedo y dijo palabras en español andaluz que no pude entender. Me asustó un poco ser honesto. Sus ojos parecían tan oscuros, y no entendí lo que estaba haciendo con su dedo. Tal vez estaba enojado conmigo por casarme con su hija, pensé. O tal vez estaba molesto por la ropa interior de gran tamaño.

¿Qué está tratando de decir tu abuelo? —Le pregunté al sobrino de mi esposa. Se rió mientras respondía con un perfecto inglés Yanqui.

Mi abuelo te preguntó: ¿Por qué te casarías con su hija loca?

Entonces el padre de mi esposa se acercó mucho, a centímetros de mi cara. Su expresión se volvió muy seria y miró directamente a mis ojos azules con una mirada penetrante que parecía para durar una eternidad incómoda. Lentamente movió su dedo a través de su garganta con un movimiento cortante, y no había rastro de una sonrisa. Le dijo algo más a su sobrino mientras me miraba directamente.

El sobrino se volvió hacia mí, Si alguna vez hieres o maltratas a su hija, se irá a América. Él te encontrará y te cortará la garganta.

Hubo una pausa mientras mi nuevo suegro le decía algo más al sobrino de mi esposa. Esperé pacientemente para escuchar lo que estaba diciendo.

Ahora me pide una caja de cigarros cubanos, respondió el sobrino de mi esposa.

Como no tenía cigarros cubanos, decidí excusarme cortésmente.

Pronto me encontré con las tías de mi esposa, intentaban decirme como tratar a su sobrina en nuestra noche de luna de miel. El sobrino de mi esposa había venido una vez más y tradujo.

Sus tías te dicen que seas amable, que no seas un lobo con su sobrina en tu noche de bodas No la lastimes.

Está bien, dije con una sonrisa, y todas sus tías me devolvieron la sonrisa. —Me preguntaba si me había casado con toda su familia.

Después de un tiempo, descubrí rápidamente que mi esposa podía cocinar una olla de garbanzos mientras bailaba flamenco. Maniobró su cuerpo desollado, golpeando el suelo con ambos pies, agitando su mano izquierda sobre su cabeza y gritando "¡Ole! ¡Ole!" mientras ella cocinaba. Le encantaba la música flamenca e incluso podía voltear una tortilla en una sartén mientras bailaba sin perder un paso. ¡Infierno! Incluso podría remendar un agujero del tamaño de una moneda de plata de medio dólar en mis acciones y ropa interior si fuera necesario, y me preguntaba qué otras cosas asombrosas podría hacer. Había descubierto un alma gemela, una mujer en la que podía confiar. Y ella podía confiar en mí.

Intentamos tener hijos, pero no quedó embarazada. ¿Por qué no puedes quedar embarazada? pregunté.

¿Por qué no puedes dejarme embarazada?—respondió ella.

Más tarde, mamá me dijo: Lawrence Raymond, es posible que no puedas tener hijos. Tuviste paperas cuando eras niño. Las paperas podrían haber afectado tus 'Canicas' (testículos). Hace que tus cosas sean perezosas. Yo no sabía esto, pero tal vez mamá tenía razón sobre las paperas. Más tarde le dije a un médico que no podía dejar embarazada a mi esposa y le expliqué lo que dijo mamá.

¿Qué piensa usted, doctor? —pregunté.

El médico explicó que las paperas podrían afectar el esperma, debilitándolo. El espermatozoide débil no podía viajar hasta el "hogar dulce hogar." El esperma necesitaría ayuda para empujarlo hacia el objetivo y dejar embarazada a mi esposa.

Tienes que empujarlo hacia arriba para dejarla embarazada, —explicó.

Nunca le dije a mi esposa lo que mamá dijo sobre las paperas o lo que dijo el médico hasta años después.

Mi contrato de seis años con la Marina terminó y nuevamente me quedé pensando qué haría con mi vida. Tanto mi esposa como mi mamá me animaron fuertemente a dejar el ejército.

¿Por qué no te conviertes en un predicador? —dijo mamá

¿Por qué no te haces capellán en el ejército? Preguntó mi esposa.

Acepté terminar mi carrera en la Marina. Pero esperaba regresar algún día como Oficial Naval en el Cuerpo de Capellanes.

¡Guau! ¿Tenía Dios otros planes para mi vida?

"Por tanto, dejará el hombre a su padre y a su madre, y se unirá a su mujer, y serán una sola carne."

(Génesis 2:24, versión King James)

Capítulo 25

No complacernos a nosotros mismos

El agente del FBI se sentó frente a mí y comenzó a hacerme una serie de preguntas muy personales.

¿Cuándo fue la última vez que lloraste?

¿Alguna vez abusaste de los animales? ¿Te gustan las chicas? ¿Alguna vez mentiste?

¿Alguna vez robaste?

Unas semanas antes dejar el ejército, me preguntaba si estaba calificado para ser un agente del FBI. Visité una oficina de la Oficina Federal de Investigaciones (FBI) en Yuma, Arizona, para preguntar sobre su proceso de calificación. Cuando llegué a la oficina, me recibió un agente hispano. Llevaba pantalones negros, corbata roja y zapatos de cuero marrón sin cordones.

Bienvenido a la oficina. Soy el único agente aquí, dijo cordialmente. Respondí que estaba interesado en convertirme en agente del FBI.

¿Tienes un título universitario? preguntó.

Sí, señor. También tengo dos maestrías, —le respondí con orgullo.

Está bien. Aprobaste la entrevista del agente. La próxima semana regresa a la oficina para una entrevista previa al examen mental.

Señor. ¿Por qué necesito pasar un examen mental?, —consulté.

Se rió de la ingenuidad de la pregunta. —Porque quieres ser agente—, respondió con una sonrisa.

La semana siguiente, conocí al agente en la oficina del FBI en Yuma. Él amablemente sonrió y dijo: ¿Estás listo para las preguntas del examen mental? Sí, señor.

Las preguntas que procedió a preguntarme me hizo enojar. ¿Qué está pasando aquí? Me preguntaba. Un examen mental. ¿Para qué? ¿Pensó que podría estar loco por mi servicio militar en la Marina? Tal vez creía que los rigores de la vida en la Marina, viviendo con un montón de tipos con muy pocas mujeres alrededor, me habían vuelto loco. Mantuve a raya mi ira y respondí las preguntas lo mejor que pude.

Lloré cuando mi hermano pequeño murió a los 11 años.

Maté varias gallinas y cerdos en la granja.

Golpeé a mis hermanos y hermanas mientras crecía.¡Diablos! Nunca dejaron de gustarme las novias de mi hermano.

Respondí todas las preguntas honestamente, pero cada vez me frustraba más con cada una.

¿Alguna vez mentiste o robaste? —preguntó.

¿Y tú? ¿Alguna vez has mentido y robado?

Te estoy preguntando a ti, respondió el agente con frialdad. Me calmé y continué respondiendo a sus preguntas indiscretas.

¡Diablos! La primera vez que mentí fue cuando una camioneta me golpeó en la pierna derecha. Le dije a papá que me caí en la escuela. A los 7 años, tomé un caramelo "Mosquetero." en una tienda de campo sin pagarlo, lo escondí en mi bolsillo y más tarde me lo comí. Estuvo bien. —Le respondí al agente.

Me preguntaba. ¿Por qué estaba haciendo tantas preguntas raras? ¿Realmente podría fallar el examen mental por no gustarle las chicas?

Señor. ¿Hablas en serio sobre la cuestión de que no me gusten las chicas? Estoy casado con una mujer. El agente no dijo una palabra, pero estaba seguro de que podía oler el alcohol en el aliento podrido del agente.

La entrevista fue después del almuerzo. Pensé que tal vez se había tomado una cerveza o dos mientras comía. O tal vez era un chico gay en el armario. La idea me hizo estallar en carcajadas.

¿Qué es tan gracioso? —preguntó—. Cortésmente descarté la risa. Bueno, aprobaste el examen mental, continuó. ¡Felicitaciones! La oficina principal del FBI en Washington D.C. lo llamará pronto para un examen físico.

Entre las preguntas locas y el olor a alcohol en su aliento, me pregunté si este tipo era realmente un agente del FBI. Mas tarde, estaba hablando con un oficial de policía de un pueblo de la zona.

Hola Larry, el agente del FBI que te entrevistó es un poco loco. —Es alcohólico—, me informó el oficial.

"Entonces, los que somos fuertes: debemos soportar las enfermedades de los débiles, y no agradarnos a nosotros mismos."
(Romanos 15:1, versión King James)

Capítulo 26

Estoy contigo: no te desanimes

Tengo una entrevista con el FBI. Creen que soy una minoría, un indio Cherokee de Kentucky, grité emocionado.

Una de las agencias federales a las que consideré postularme después de dejar el ejército fue el Servicio Secreto. Llamé a su oficina en San Diego para ver si estaban contratando. Me llamaron para reunirme con un agente en su oficina del Edificio Federal de San Diego. Le conté al agente sobre mi educación, el servicio militar y mi matrimonio con una mujer española.

¿Está su esposa buscando trabajo en el Gobierno Federal? preguntó.

¿Por qué, mi esposa? —Respondí.

El Congreso quiere que el Servicio Secreto y otras agencias federales contraten a minorías. Debe cambiar su apellido por el nombre español de su esposa. Sin duda, su educación y experiencia militar lo califican para el trabajo del Servicio Secreto. Pero todas las agencias de aplicación de la ley están en busca de solicitantes de minorías.

La declaración me desconcertó. ¿Estás diciendo que debo cambiar mi apellido a español para conseguir un trabajo con el Servicio Secreto y en el Gobierno Federal? Ella no es estadounidense de nacimiento. Pero yo lo soy.

Me sentí decepcionado cuando dejé la oficina del Servicio Secreto. Parecía injusto que el Congreso de los EE. UU. desee hacer eso.

Pasé por sede de la Oficina Federal de Investigaciones (FBI). Había un aviso en la puerta de entrada que anunciaba que el FBI estaba contratando. Mi decepción con el Servicio Secreto todavía estaba fresca en mi mente, pero recordé algo que mamá había dicho. Ella nos contó historias sobre su tatarabuelo, que era un cherokee de pura sangre de Kentucky. Mi tatarabuelo era nativo americano. Lo pensé y decidí que eso me convertía en una minoría.

Entré en la oficina del FBI sintiéndome seguro de mi herencia familiar como un indio Cherokee. Había una señorita en la recepción, y, cortésmente, le pedí una solicitud de empleo. Como era de esperar, la aplicación quería saber mi raza y color. Marqué la casilla que decía blanco y encontré una línea en la solicitud donde podía reconocer mi herencia Cherokee. En dos semanas, recibí una carta del FBI para presentarme a una entrevista de trabajo.

Varios días después, regresé a la oficina del FBI a la hora señalada. Lucía con orgullo una chaqueta gris de $5 con pinturas oscuras que había comprado del Ejército de Salvación.

¿Puedo ayudarle? —preguntó la recepcionista.

Estoy aquí para una entrevista de trabajo. Aquí está la carta, —le dije con orgullo.

Ve a esa sala y espera las instrucciones. Me sentí fuera de lugar cuando entré en la sala de espera.

Los otros candidatos provenían de minorías y me preguntaba si tener un tatarabuelo Cherokee sería suficiente para que me consideraran.

Llegaron dos hombres con trajes oscuros.

Esos tipos son agentes del FBI, dijo la chica sentada a mi lado.

Uno de los agentes se me acercó,¿Cómo te llamas?

Larry Ray Hardin. Marcó nativo americano en la solicitud. ¿De qué afiliación tribal es usted?

"Cherokee," respondí con confianza. Estaba feliz de que mi herencia Cherokee me hubiera conseguido una entrevista con el FBI.

¿Tiene documentos tribales indios con usted?

¿Qué son los papeles tribales? —pregunté.

¿Puedes hablar español?

Me preguntaba qué tenía que ver hablar español con ser Cherokee. Mi esposa era de España, pero no era nativa americana. Afortunadamente, aprendí algo de español durante mi estancia en España.

Sí, señor, puedo hablar español.

Puedes seguirme. Vas a tomar un examen de español.

Otro examen, pensé, mientras caminábamos hacia la sala de examen. Esperaba no tener que tomar otro de esos locos exámenes mentales como cuando apliqué al FBI. La sala de examen era diminuta, con paredes blancas y sin ventanas. Una sola puerta y pequeñas mesas de metal alineadas a lo largo de la habitación. Cuando llegué, un joven hispano ya estaba sentado solo en una mesa.

Tienes que escuchar la grabadora sobre la mesa. Después de escuchar la cinta, escriba las respuestas en español en los papeles que le estoy dando. Tienes una hora para el examen, dijo el agente antes de salir de la habitación.

Empecé a escuchar la grabación en español en la cinta y casi no podía entender nada. El hombre a mi lado vio que estaba teniendo problemas con el examen, mientras susurraba en voz baja mi frustración.

Hombre, esto es difícil, dijo. Yo tampoco puedo entender algunas de estas palabras en la grabadora.

¿De dónde eres? —pregunté.

De TJ. ¿Tijuana, México? —Le pregunté.

Después de aproximadamente una hora, la puerta se abrió y el agente entró en la habitación.

El examen de español ha terminado. Dentro de dos semanas, recibirá una respuesta del FBI con los resultados de su examen de español. Al cabo de dos semanas, recibí una carta del FBI. La carta decía que no pasé el examen de español. ¡Qué sorpresa!

"Miedo tú no, porque yo estoy contigo: no desmayes, porque yo soy ellos Dios: yo te fortaleceré; sí, te ayudaré; Te sostendré con la diestra de mi justicia."

(Isaías 41:10, version King James)

Capítulo 27

Tu desnudez será descubierta

Entonces, ¿quieres ser un agente de la DEA? dijo el reclutador de la DEA. Bueno, a mi me dispararon en el cuello y la cadera, me hirieron y casi me matan durante un caso de narcóticos encubierto.

Varios días después de perder interés en convertirme en agente del FBI, decidí averiguar de qué se trataba la Administración para el Control de Drogas (DEA). Hasta hace poco, nunca había oído hablar de la DEA y no tenía ni idea de lo que hacían. Eso no me impidió llamar a la oficina de la DEA para buscar trabajo.

Está bien. Te transferiré a la oficina del reclutador, respondió cortésmente la recepcionista a mi llamada. Esperé pacientemente mientras transfirió mi llamada.

¿Hola puedo ayudarte? —preguntó otra voz—. Me gustaría ser agente de la DEA.

Consideré lo que dijo el reclutador sobre ser herido y casi asesinado. Si él estaba tratando de disuadirme, no funcionó. A pesar de mi corta edad, ya había pasado por mucho, y sus historias no me asustaban.

¿Crees que puedo ser un agente de la DEA?

¿Tienes una educación universitaria? —preguntó.

Tengo dos maestrías y acabo de salir del ejército.

Acordamos una cita para encontrarnos y, unos días después, me reuní con el reclutador en su oficina. El reclutador era un hombre hispano mayor que vestía jeans ajustados Levi's azules. Faltaba por completo la rígida formalidad del FBI y los reclutadores del Servicio Secreto. Llevaba una gran hebilla de cinturón de color dorado con un largo cuerno plateado y una cara de toro, botas de punta de cuero marrón, un gran sombrero beige y una camisa vaquera de manga larga con botones de marfil. Parecía un vaquero de la vieja serie de televisión del oeste Gunsmoke. Sin embargo, sus pantalones parecían ajustados y me pregunté cómo podía agacharse para ponerse las botas de cuero sin lastimar sus "joyas familiares." —Mi primera impresión fue positiva y me sentí como en casa allí.

Este era un auténtico vaquero mexicano que trabajaba como agente de la DEA. Otros agentes caminando alrededor de la oficina parecía que estaban en casa o en las calles con ropa y zapatos gastados. El tipo de chicos astutos que podrían mezclarse con una multitud de personas sin hogar.

La apariencia de los agentes me hizo pensar que yo podría ser uno de ellos. Sentí la emoción en mi estómago que había experimentado cuando era niño mientras comía una bolsa de maní salado o bebía un refresco rojo grande. Podría trabajar en las calles como vaquero de la DEA, vagabundo o granjero de Kentucky. Este era mi tipo de trabajo. Fue una vista increíble, con agentes que portaban diferentes tipos de armas en sus hombros, cinturas y tobillos. Solo se necesita un arma para dispararle a alguien, pensé. En casa, solo usé una escopeta de un solo cañón para matar un conejo y una ardilla. Aún así, sentía que ese era mi tipo de trabajo.

Déjame mostrarte la oficina. Quiero que conozcas a algunos de los agentes que trabajan en un caso en el que un cártel mexicano secuestró y torturó hasta la muerte a uno de los nuestros, dijo el agente. ¿Qué pasó con el agente? — pregunté.

El agente y su informante fueron secuestrados en México. El informante fue asesinado de inmediato. Un médico del cártel le dio drogas al agente para mantenerlo con vida y que los secuestradores pudieran torturarlo por más tiempo. Eventualmente, el agente fue desollado vivo. Me entristeció y me enojó escuchar como murió el agente.

Después de conocer a los agentes en la oficina, me impresionó mucho lo informal pero funcional que vestían, cómo portaban sus armas y cómo yo quería ser un agente. Pensé, si vas a hacer un trabajo policial en las calles, esto es de lo que se trata.

—De repente sentí una voz interior que me decía que esto era lo que haría.

Revisa algunos documentos de reclutamiento para comprender la misión de la DEA, dijo el reclutador.

Me llamó de nuevo a la oficina de la DEA una semana después. No había ningún examen mental previo como el FBI. El reclutador nunca me preguntó si mentía. Me gustaban las chicas, robaba o si alguna vez abusaba de los animales. Sin embargo, me dio un examen escrito.

El examen escrito de la DEA era un ensayo de dos páginas sobre mi vida. y experiencia. Escribí sobre mi familia en casa, mi esposa y mi experiencia en el ejército. Era fácil escribir sobre todos en casa. ¡Infierno! —Podría escribir un libro sobre ellos—. Más tarde, me hizo tomar un examen de aptitud física de precalificación.

El examen evaluó cuántas flexiones y dominadas podía hacer sin desgarrarme un músculo y qué tan rápido podía correr una milla sin desmayarme. También puso a prueba habilidades prácticas, como cuántas veces podía apretar el gatillo de un revólver calibre 38. Por supuesto, no me dieron balas reales para disparar.

Me sentí como si estuviera de vuelta en los gritos mientras apretaba el gatillo del revólver. No fue como apretar el gatillo de mi escopeta de un solo cañón calibre 20 en casa, pero me recordó a mi hogar. El revólver disparó seis balas. ¡Infierno! Con un revólver en el bosque, hubiera tenido seis balas para disparar a las serpientes.

Pasaron varias semanas y no recibí noticias de la DEA. Decidí llamar al reclutador para averiguar el estado de mi solicitud, el reclutador parecía preocupado por mi solicitud cuando atendió mi llamada, pero no quiso decir mucho por teléfono.

¿Puede reunirse conmigo mañana en mi oficina? Necesito discutir si usted o alguien más en su familia ha sido arrestado alguna vez.

Al día siguiente estaba en su oficina para la entrevista solicitada.

¿Usted o alguien de su familia ha sido arrestado alguna vez? —preguntó—. Sí, señor. Fui arrestado una vez.

Pero solo estuve en la cárcel por unas pocas horas. ¿Qué pasó?

Estaba en el juego de softball con mi novia, viendo a mis hermanas jugar softball. Decidí correr desnudo por el campo de pelota. Mi novia no quería desnudarse conmigo porque su padre era policía de la ciudad de Taylorsville. Ella dijo que no Su papá la habría matado. Tenía muchas ganas de verla correr desnuda.

El reclutador se rió entre dientes y continué con el resto de la historia. Había visto a un tipo alto y flaco con un bigote que le caía sobre las comisuras de los labios y pelo rubio hasta los hombros de pie junto a mí.

¿Qué estás mirando amigo?, —le pregunté.

Estoy viendo a tu hermana jugar softbol.

Realmente no quería correr desnudo por el estadio de béisbol solo, y se me ocurrió que este tipo podría estar preparado para ese tipo.

Oye, ¿quieres desnudarte y correr por el estadio de béisbol conmigo? Se rió y dijo:

¡Sí! Hagámoslo.

Dos días después, llamaron a la puerta. Era el padre de mi novia y otro policía. Se dirigieron cortésmente a mamá, que había abierto la puerta.

Su hijo necesita venir con nosotros. Su chico está siendo arrestado por correr desnudo en un juego de softbol femenino de la iglesia. El juez lo está acusando de comportamiento indecente.

¿Estás seguro de que no es mi otro hijo? —preguntó mamá, sorprendida.

No, dijeron los policías Estamos seguros.

Siendo arrestado. Mi primer arresto fue por correr desnudo en un juego de softball femenino. Parecía una broma inofensiva en ese momento.

Más tarde ese día, papá habló con el juez de la ciudad sobre mi arresto.

Junior, le dijo a Papá. No sabía que era tu hijo. Ve a sacar a tu hijo de la cárcel.

Unos días después, tuve que presentarme en el juzgado del condado y enfrentar al juez. Hardin, ¿por qué corriste desnudo en el juego de softball de la iglesia de chicas? —preguntó.

Lo siento, juez. No sabía que era un juego de sóftbol de la iglesia. Solo quería ver a mi novia desnuda y pensé que podría hacerlo si yo lo hacía.

El juez negó con la cabeza mientras se obligaba a no reírse. Retiró el cargo por comportamiento indecente y me multó con $60. Pagué en efectivo.

El chico que corrió desnudo conmigo luego se casó con mi hermana. Lamentablemente, murió unos años después, a los 23 años, en un accidente de trabajo. Papá estaba con él en el trabajo cuando ocurrió el accidente. Mi hermana se quedó sola para criar a sus dos hijas.

El reclutador escuchó atentamente lo que le había dicho y se detuvo para considerar su respuesta.

Voy a llamar a tu mamá sobre lo que pasó en el juego de softball de la iglesia. No le digas nada mientras estoy hablando por teléfono. Marcó el número y esperé en silencio. ¿Hola? le oí decir mientras mamá contestaba al teléfono.

El reclutador se presentó cortésmente y explicó que estaba llamando por mi pasado incidente con la ley.

Larry Ray es un buen hijo, le dijo mamá. Su papá y yo nunca tuvimos ningún problema con él. Estamos orgullosos de Larry Ray. Mi otro hijo es el que tiene problemas con la policía del pueblo. Lo arrestaron por cultivar marihuana y estuvo unos días en la cárcel.

El reclutador le dio las gracias a mamá por su tiempo y colgó el teléfono.

¿Algo más? preguntó. ¡Sí, señor! tuve un par de multas de tránsito. Los policías dijeron que conducía demasiado rápido por la ciudad. Pagué la multa en efectivo y no pasé ningún tiempo en la cárcel. Respondí. Una vez, un policía de la ciudad me detuvo y registró mi auto. Encontró un litro de whisky casero debajo de mi asiento. Se lo llevó sin cobrarme.

¿Alguien arrestado en la familia de tu mamá? preguntó. —Encontré interesante que estaba preguntando específicamente sobre la familia de mamá.

Mi mamá dijo que los oficiales de ingresos arrestaron a su padre. Estaba haciendo whisky casero dentro de una cueva en algún lugar de Kentucky. Necesitaba ganar algo de dinero para comprar comida y ropa para los hermanos y hermanas de mamá. Mamá dijo que su papá fue a prisión por cinco años por hacer whisky. Mamá dijo que su hermano fue a prisión por portar un arma cuando robaba a alguien.

Ella dijo que su hermano menor nunca había robado un banco. Sus amigos robaron el banco. Él sólo conducía el coche. Cumplió cinco años de prisión por el robo a un banco que ella dijo que nunca cometió, reconocí sinceramente.

¿Hay alguien más que fue arrestado y fue a la cárcel del lado de la familia de tu madre?

No. No lo creo.

Está bien, continuó. Qué hay de la familia de tu papá. ¿Ha estado tu papá alguna vez en la cárcel?

Mi papá fue a la cárcel varias veces cuando era un niño por pelear en la vía pública y conducir mientras bebía alcohol.

¿Y los hermanos y hermanas de tu papá?

No. Si mis tíos y tías hacían algo mal, la policía nunca los atrapaba.

Hemos terminado con esta entrevista, —dijo.

Más tarde esa noche, llamé a mamá para hablar con ella sobre la llamada telefónica que había recibido del reclutador de la DEA.

Estaba tan nerviosa, —dijo. Me preguntaba por qué quería hablarme de ti, no de tu hermano.

Mamá, lo hiciste bien, pero ¿por qué mencionaste a mi hermano?

Es la verdad, Lawrence Raymond, —afirmó sin disculparse.

Le conté a mi esposa sobre la entrevista con el reclutador. Nunca obtendrás un trabajo con la DEA debido a tu pasado criminal y el de tu familia, dijo.

No, me avergüenzo de eso, —respondí.

Me reuní con el reclutador de la DEA durante los siguientes meses y nos hicimos buenos amigos.

"Tu desnudez será descubierta, sí, tu vergüenza será vista; tomaré venganza, y no te encontraré como un hombre."

(Isaías 47:3, versión King James)

Capítulo 28

No entraréis en el Reino de los Cielos

¿Qué les sucede realmente a las mujeres y los niños antes de cruzar a los Estados Unidos desde México? Lo que sucede a la mayoría de los niños cuando se quedan dispersos, solos y con miedo en los Estados Unidos. Sin duda, los niños serían explotados sexualmente y depredados por pedófilos.

El proceso de contratación de la DEA fue extenso y llevó bastante tiempo. Mientras esperaba que la DEA me contratara, tuve la suerte de encontrar un trabajo en la Oficina Federal de Prisiones de California como Oficial Correccional (Guardia de la Prisión).

En la prisión federal, con frecuencia escuché a otros oficiales correccionales decir que la mayoría de los presos ingresaron ilegalmente a los Estados Unidos desde la frontera suroeste de México. Dijeron que muchos presos estaban traficando con drogas (heroína, cocaína, metanfetamina, fentanilo), mujeres y niños a los EE. UU.

Me molestó saber que los narcotraficantes estaban explotando a mujeres y niños. Me preguntaba por qué traían mujeres y niños a los Estados Unidos. ¿Fue por dinero y sexo?

Un día decidí preguntarle al supervisor de guardia. ¿Por qué estos narcotraficantes traen niños sin sus padres a nosotros? ¿Crees que las mujeres y los niños son abusados sexualmente por los contrabandistas en México y los Estados Unidos?

Sí,—respondió—. "Drogas, dinero y sexo."

Me sorprendió que estos niños viajaran solos. Me preguntaba si los contrabandistas encontraron que el tráfico de mujeres y niños era tan rentable como el contrabando de drogas.

"De cierto os digo que si no os convertís y os volvéis como niños, no entraréis en el reino de los cielos."

(Mateo 18:3, versión King James)

Capítulo 29

No os dejéis engañar; Nadie se Burla de Dios

Una vez dentro de la prisión, los inmigrantes ilegales comían tres comidas saludables al día, se les entregaba ropa limpia excedente militar y se les hacían chequeos médicos y dentales. La prisión también les permitía aprender inglés si querían. Parecían alegres y afortunados de estar en los Estados Unidos de América, aunque estuvieran en prisión.

Mientras trabajaba en la prisión federal como oficial correccional, vi a muchos inmigrantes ilegales con problemas de salud. Eran principalmente hombres y mujeres jóvenes de México, América Central y América del Sur golpeados por la pobreza. Su higiene era deficiente y muchos de ellos tenían problemas dentales. Noté que algunos prisioneros no se encontraban bien y tenían muchas formas de enfermedad.

A los inmigrantes ilegales dentro de la prisión federal se les hizo un examen médico completo como parte de su procesamiento. Fueron vistos por médicos, dentistas y enfermeras para evaluar si tenían lesiones físicas, infecciones o enfermedades. Muchos tenían tos, llagas en sus rostros o les faltaban dientes.

Después de la evaluación física, los inmigrantes ilegales fueron trasladados a sus celdas de detención temporal. Las celdas les permitieron relajarse después de un largo y peligroso viaje. Estaban a salvo y, al menos temporalmente, libres de los contrabandistas. La prisión no era la situación ideal para vivir, pero les proporcionaba atención médica, una ducha caliente, comida en el estómago y camas limpias para dormir. Era una vida triste para ellos. Me preguntaba cuántos inmigrantes ilegales alguna vez tenían tres comidas al día mientras vivían en sus países de origen.

A los inmigrantes ilegales eventualmente se les daría una audiencia ante un juez federal de inmigración. Se les brindó asesoría legal de defensores públicos con interpretes españoles, cortesía de contribuyentes estadounidenses. La mayoría de los defensores públicos instruyeron a los presos sobre cómo negar los cargos penales federales presentados contra ellos.

Si el inmigrante preso quería trabajar mientras esperaba su debido proceso legal, recibía puntos de premio. Éstas eran dados para tareas tales como hacer sus camas, limpiar los baños, sacar la basura, tomar sus duchas, etc. Podrían usar los puntos para comprar comida o bocadillos en la tienda de la prisión.

La difícil situación de los inmigrantes fue trágica. Aún así, fue desgarrador ver cómo los contribuyentes estadounidenses soportaron la carga económica de los inmigrantes ilegales y los traficantes de drogas en prisión. Mientras estaban en prisión, los inmigrantes aprendieron cómo aprovechar el "debido proceso" en nuestro sistema de justicia legal de los defensores públicos y muchas iglesias que visitaron la prisión. Usaron lo que aprendieron para convertirse en residentes legales y ciudadanos de los Estados Unidos, y sentí que estaban siendo recompensados por ingresar ilegalmente a los Estados Unidos. Fue desalentador ver cómo nuestros sistemas judiciales federales y estatales estaban siendo utilizados por abogados corruptos que abusaban de la "Balanza de la Justicia."

Muchos "coyotes" y contrabandistas continuaron con sus actividades de tráfico de personas y tráfico de drogas a lo largo de la frontera suroeste con México. Eventualmente, la mayoría de los inmigrantes prisioneros fueron liberados en comunidades de los Estados Unidos en espera de una audiencia de deportación. A los otros prisioneros se les dio un respiro temporal de sus tristes vidas. Por el momento, al menos, estaban a salvo en Estados Unidos, lejos del terror de los cárteles mexicanos, traficantes de personas, pandillas, policías y políticos corruptos.

Después de algunas semanas, dejé el trabajo en la prisión federal para aceptar otro trabajo federal en el Servicio de Inmigración y Naturalización (INS). Trabajé como adjudicador, y era mi trabajo adjudicar el estatus legal de un inmigrante para vivir en los Estados Unidos.

Durante mi tiempo con el INS, entrevisté a muchos inmigrantes ilegales. La mayoría de ellos eran de América Central y del Sur y querían vivir en los Estados Unidos. La mayoría de ellos procedían de malas condiciones y sin atención médica adecuada. Querían una vida mejor que la que les esperaba en sus países de origen. Desde la infancia, no habían conocido nada excepto las dificultades, y ahora estaban viviendo el sueño americano, tener una casa, automóvil, atención médica gratuita, asistencia social, educación gratuita y otros beneficios. Me preguntaba quién estaba pagando por todos estos beneficios gratuitos, particularmente cómo afectaba esa carga a los contribuyentes de clase media.

"No os dejéis engañar; Dios no puede ser burlado: porque todo lo que el hombre sembrare, eso también segará."

(Gálatas 6-7, version King James)

Capítulo 30

Pero quien ofenda a uno de estos pequeños

Los agentes de vigilancia de la DEA mataron a dos de los pandilleros asiáticos. Un tercer hombre recibió varios disparos de los agentes, dijo el instructor. Hizo una pausa para dejar que las implicaciones de esa declaración asimilaran.

¿Te das cuenta de lo peligroso que es este trabajo? preguntó.

Finalmente me contrataron para trabajar para la DEA y estaba en mi quinta semana de entrenamiento en la Academia DEA. El instructor parecía extrañamente molesto cuando entró al salón de clases.

Hoy, dos agentes fueron asesinados en Los Ángeles. Un agente resultó gravemente herido. Los agentes estaban negociando para comprar heroína blanca de pandilleros asiáticos, era una emboscada para estafar el "comprar dinero" y matar a los agentes.

Me enfureció escuchar cuán cruelmente habían matado a los agentes. Después de 13 semanas, completé el entrenamiento en la Academia de la DEA en Quántico, Virginia. Era oficialmente un agente de la DEA, listo para impartir justicia y ganar la guerra contra las drogas.

Regresé a California como agente especial de la DEA. Después de dos días de presentarme para mi asignación ya estaba trabajando en las calles. Fue emocionante y estaba listo para salir a las calles corriendo, desarrollar mi primer informante y comprar cocaína, heroína y metanfetamina. Estaba preparado para iniciar "la guerra contra las drogas".

Antes de salir corriendo por la puerta en busca de drogas, el supervisor me llamó a su oficina.

Cierra la puerta, —dijo cuando entré—. Bueno, Hardin, ahora estás en el mundo real. Los malos no siguen las reglas en las calles cuando lo intentan para matarte, mira y aprende de los muchachos que han estado en el trabajo durante varios años. Hay algunos malos agentes, pero también hay muchos buenos agentes con integridad que hacen bien el trabajo.

Ahora escucha con atención,—continuó—, especialmente a los informantes.

Me decepcionó que el supervisor hablara tanto sobre las mujeres y la bebida. La academia de la DEA no sintió la necesidad de hablar sobre eso. Quería concentrarme en el trabajo.

Después de la primera semana en el trabajo, el supervisor me pidió que llevara su Chevrolet nuevo, emitido por el gobierno, para su lavado semanal de autos.

Oye, Hardin, aquí están las llaves, dijo. Mi auto necesita gasolina. Asegúrate de que las llantas estén bien. Luego arrojó las llaves del auto sobre mi viejo escritorio de metal.

La solicitud me dejó sintiéndome desinflado, y me desplomé en mi silla rota. Soy un agente de la DEA, enfurecí en silencio, pero No puedo pelear la guerra contra las drogas porque debo lavar el auto de mi jefe. ¡Diablos! ¿Por qué soy su mandado personal cuando hay otros agentes en la oficina? ¿Es porque soy un nuevo agente? Era vergonzoso, pensé. ¿Sabían los contribuyentes cuánto dinero me pagaban por lavar el auto de mi patrón?

Eventualmente, me encontré con más responsabilidades. Estaba ayudando a otros agentes y policías con el trabajo rutinario de hacer cumplir la ley, como esposar a los delincuentes que contrabandeaban drogas y grandes cantidades de dinero en efectivo a través de la frontera con México.

Después de trabajar en las calles durante varias semanas, me di cuenta de que la DEA me había confiado mucho poder. Mi trabajo se centró principalmente en los traficantes de narcóticos, pero podía detener y arrestar a cualquiera por casi cualquier cosa: drogas, robo a un banco, escupir en una acera pública. Comprendí que los amplios poderes y la autoridad que me habían dado también venían con una gran responsabilidad, lo cual era un pensamiento intimidante. ¡Guau! Finalmente estaba trabajando en las calles como agente federal de narcóticos.

Cada día que trabajé en las calles fue una educación, y cada día me volvía más inteligente en las calles. Estaba aprendiendo de los agentes, policías de narcóticos, fuentes, informantes e incluso de los traficantes de drogas. Los traficantes de drogas eran increíblemente ingeniosos y usaban automóviles, camiones, botes, aviones y cualquier otra cosa para transportar drogas (marihuana, cocaína, heroína y metanfetamina) a los Estados Unidos desde la frontera suroeste con México. Sus actividades generaron mucho dinero sucio, que tuvieron que lavar y pasar de contrabando a México y América del sur.

Además del contrabando de drogas, los drogadictos también traficaban con mujeres y niños a quienes usaban como "mulas" para cruzar la frontera con las drogas. Primero, escondieron pequeñas cantidades de drogas en globos de fiesta o bolsas de plástico transparente. Luego, las drogas preenvasadas se ingerían o se insertaban en las cavidades corporales de mujeres, niños y otros contrabandistas.

Me sorprendió que las mujeres y los niños metieran la droga y las pastillas en las grietas del cuerpo, como la vagina o el ano. Aprendí que los cárteles de la droga sabían que a los policías estadounidenses no les gusta registrar el cuerpo de mujeres y niños por temor a ser acusados en una demanda por acoso sexual. Los drogadictos también sabían que los policías deben obtener una orden de allanamiento federal o estatal para que un médico o una enfermera echen un vistazo dentro de las "partes privadas" de una mujer o un niño. Con un contrabandista de drogas masculino, un agente puede simplemente decirle que se incline y abra sus "mejillas" para ver si algo sobresale del ano.

Recuerdo el arresto de una mujer hispana en la frontera con México. Un médico extrajo una libra de heroína de alquitrán negro mexicano de su vagina. La heroína estaba enrollada en aproximadamente el mismo tamaño y forma que un pene. Esa libra de heroína valía más de $70.000 dólares en las calles.

Además de drogas como cocaína, heroína, metanfetaminas y marihuana, los traficantes también transportaban analgésicos narcóticos. Como un nuevo agente que trabaja a lo largo y a lo ancho, día y noche, para detener a los traficantes, me preguntaba si los traficantes traían las píldoras para uso personal. ¿Estarían enfermos? me pregunté. Haber esnifado cocaína e inyectado heroína en sus cuerpos tenia un costo doloroso. Me sorprendió la gran cantidad de drogas, píldoras y precursores químicos que les estaba quitando a los malos. Los precursores químicos se usaron en la fabricación de metanfetaminas. Se pueden encontrar en cualquier lugar, casas, automóviles, barcos, negocios e incluso dentro de la comunidad médica. La academia de la DEA en Quantico nunca me enseñó por qué se abusaba de estas drogas.

Registrábamos minuciosamente a los traficantes y sus propiedades en busca de droga adicional para usarla como evidencia. Encontraría bolsitas de plástico transparente y frascos de plástico para medicamentos dentro de la ropa, los automóviles, las casas, las unidades de almacenamiento, los barcos, los aviones del traficante y sobre o dentro de su persona. A veces encontraba paquetes que contenían cientos de tabletas (píldoras) y cápsulas narcóticas. Los narcotraficantes me decían con frecuencia que las pastillas eran vitaminas. A veces decían que un médico las recetó para el dolor.

¿Dónde está la receta del médico? ¿Cuál es el nombre de su médico? —Les preguntaba.

Dudaba que tuvieran tantos analgésicos narcóticos sin una receta escrita de un médico. Dependiendo de la cantidad de pastillas y de la situación, podría devolver las pastillas para el dolor, desecharlas o confiscarlas. Me preguntaba si los médicos sabían que algunos de sus pacientes podrían ser traficantes o si sabían cuántas píldoras habían llegado a las manos de alguien. Me enteré por el laboratorio de la DEA que los drogadictos traficaban con éxtasis, percocet, oxicodona, vicodina y muchos otros tipos de tabletas y cápsulas narcóticas; las llamadas drogas para "sentirse bien."

Parecía que algunos médicos estaban presionando a sus pacientes con medicamentos para el dolor sin un examen físico. Eso me pareció muy decepcionante. ¿Cómo conseguían los drogadictos las píldoras narcóticas sin receta médica?

"Pero cualquiera que escandalizare a alguno de estos pequeños que creen en mí, mejor le fuera que se le colgase al cuello una piedra de molino de molino, y que se le hundiese en lo profundo del mar."

(Mateo 18:6, versión King James)

Capítulo 31

Sé fuerte y valiente; no tengas miedo, ni te desanimes

Mirando por encima del hombro de la mujer, pude ver los recipientes de vidrio cocinando. La información que me había dado el informante sobre la metanfetamina que se cocinaba en la casa rodante era cierta. Rápidamente agarré la Sig de 9 mm de mi cintura y apunté a la cara de la mujer.

Soy policía. Un agente de la DEA. No te muevas. No grites. Te dispararé aquí mismo, entre los ojos.

Finalmente había tenido mi primera oportunidad de trabajar con un informante. La informante me dijo que una enfermera y su novio estaban "cocinando" metanfetamina en la autocaravana de su padre.

Interrogué cuidadosamente al informante, no solo para averiguar qué sabían, sino también cuáles podrían ser sus intenciones y motivaciones.

¿Por qué me hablas de esta enfermera y el novio?

¿Cuál es la ubicación de la autocaravana?

¿Cómo sabes que están cocinando metanfetamina?

¿Estás usando metanfetamina?

Noté las manos sucias y agrietadas del informante, un signo revelador.

¿Cuándo fue la última vez que cocinaste metanfetamina? ¿Tú mismo?

La pregunta tomó al informante con la guardia baja, y comenzó a moverse nerviosamente.

Ya no soporto esa mierda. Dejé de cocinar esa mierda, —tartamudeó.

Me preguntaba cuándo fue la última vez que este informante drogadicto se había bañado o cepillado los dientes. Su cuerpo olía como el cadáver de un animal. Cuando abrió la boca, podía oler huevos podridos. Su rostro estaba cubierto de llagas. Parecía un hombre muerto que había caminado sobre pipas de metanfetaminas rotas con zapatos gastados. ¿Qué le pasó a este ser humano que Dios había creado? Satanás estaba destruyendo el cuerpo y el alma de este hombre.

¿No estas cocinando metanfetaminas en este momento?, —reiteré,— mirando directamente a sus ojos rojos inyectados en sangre.

No en este momento, —dijo—, bajando la cabeza.

¿Quién es la enfermera? ¿Cómo sabes que es enfermera?

Es una enfermera que trabaja en un hospital. Solía trabajar con ella,—admitió—. Al recordar quién había sido una vez, tuve la sensación de que el hombre estaba avergonzado de en lo que se había convertido.

Dame la ubicación de la autocaravana.

Después de hablar con el informante, otros dos agentes y yo nos dirigimos a donde estaba estacionado la autocaravana. Estaba justo donde el informante dijo que estaría. Llamé a la puerta de la autocaravana.

¿Quién es? —gritó una mujer desde el interior.

La autocaravana se está quemando afuera, mentí. Hay humo cerca del motor. Necesitaba que la mujer abriera la puerta y decirle quiénes éramos realmente en ese momento le habría permitido huir o armarse con un arma.

Lentamente, la puerta se abrió y el rostro de una mujer se asomó y me miró. Miré a través de la rendija de la puerta abierta y vi varias piezas de cristalería de laboratorio usadas para hacer metanfetaminas cerca de la estufa y el fregadero.

Inmediatamente saqué mi arma y me abrí paso dentro de la autocaravana.

¿Donde está tu novio? —Pregunté mientras le ponía las esposas.

Señor, está durmiendo en el dormitorio, —dijo nerviosa,— pero respondió cortésmente.

Rápidamente fui de puntillas al dormitorio, sin decir una palabra. Lentamente abrí la puerta y esperé que nuestra entrada no lo hubiera alertado. Un hombre estaba acostado boca arriba en un cama pequeña. Sin dudarlo, lo saqué de la cama por las piernas y lo tiré al suelo. Lo primero que vio cuando abrió los ojos fue el cañón de mi pistola apuntando a su cabeza.

¡No muevas las manos! Ni siquiera muevas los pies. Si escupes, te volaré los sesos corruptos de las orejas. Ahora lentamente dame una mano a la vez.

El hombre obedeció y rápidamente lo esposé. Con la mujer y su novio esposados, investigamos la escena del crimen e interrogamos a los sospechosos.

¿Quién está cocinando la metanfetaminas? pregunté.

¿De verdad eres policía? ¿Alguien te dijo que estamos aquí? —preguntó la mujer.

Soy un agente federal de la DEA. ¿Alguna vez has oído hablar de la DEA?

Sí, señor. Mi tío es un agente de la DEA, —respondió con orgullo.

¿Eres enfermera? —pregunté.

¿Quién te dijo que soy enfermera? gritó ella. —La pregunta y lo que decía sobre cuánto sabíamos claramente la molestó.

¿Dónde vives? ¿En qué hospital estás trabajando? ¿De quién es la autocaravana?—Le pregunté a la enfermera.

Vivo con mis padres. La autocaravana es de mi papá. ¿Quién te dijo que soy enfermera? —exigió.

Me decepcionó que una enfermera usuaria de metanfetaminas les estuviera dando a los pacientes sus medicamentos narcóticos, extrayéndoles sangre y poniendo inyecciones. ¿Cuántos pacientes habían tomado una sobredosis de su propia medicina o habían muerto mientras estaba drogada y fuera de sí? me preguntaba. ¿Y dijo que su tío era un agente de la DEA?

¿Puedes decirme quién está cocinando metanfetaminas? ¿No crees que es extraño que ambos vivan en la autocaravana pero no pueden decirme por qué el material de vidrio del laboratorio está aquí? —pregunté.

Miré directamente a los ojos inyectados en sangre de la enfermera, ¿Dónde están los productos químicos? pregunté.

¿Qué productos químicos? ¿Ve algún producto químico aquí? —respondió con una sonrisa desafiante.

No tenemos que decirle nada. El novio siguió negando que el material de vidrio del laboratorio dentro de la autocaravana fuera suyo.

Anteriormente arrestamos a la enfermera y a su novio. Después de llevarlos a la cárcel, regresé a la oficina e informé a mi supervisor. Le expliqué cuidadosamente los eventos relacionados con el arresto, le describí la cristalería que habíamos encontrado para cocinar metanfetaminas y le dije que el tío de la enfermera era un agente de la DEA.

Cuando le dije que el tío de la enfermera era agente de la DEA, el supervisor pareció muy preocupado. Larry, necesitas averiguar quién es el tío. ¡Hazlo ahora!

Otro agente y yo fuimos a la casa de los padres de la enfermera para hablar con ellos. Principalmente queríamos saber si lo que nos había dicho sobre su tío era cierto. Cuando llegamos al hogar, fuimos recibidos cortésmente por dos personas mayores que reconocieron que eran los padres de la enfermera. —Me identifiqué como agente federal de la DEA

Su hija fue arrestada hoy con su novio dentro de su vehículo recreativo, les informé. Encontré cristalería de laboratorio para hacer metanfetaminas, pero no productos químicos. Necesito averiguar dónde ha escondido su hija los productos químicos antes de que un niño los encuentre y se lastime.

La madre estaba empezando a llorar. Mi hija llamó para decirnos que está en la cárcel. Dijo que no era su cristalería. No son sus productos químicos. Los productos químicos son de su novio. Las cosas están afuera.

Miré al padre de la enfermera. ¿Eres dueño de la autocaravana? ¿Tienes un pariente que trabaja para la DEA? —pregunté. Sí, esa es mi autocaravana. Tengo un hermano que trabaja para la DEA en Washington D.C. El cooperó y nos proporcionó el nombre y número de teléfono de su hermano.

Terminamos la entrevista agradeciéndoles su cooperación y haciéndoles saber que no teníamos más preguntas. Mientras nos alejábamos de la casa, me pregunté si ellos o alguien más sabía que la hija estaba usando metanfetaminas mientras trabajaba con pacientes en un hospital. La idea me molestó, ¿sus compañeros de trabajo sospecharon que podría haber estado drogada con la desagradable metanfetaminas? O peor aún, ¿sabía el tío que ella consumía metanfetaminas y cocinaba?

A la mañana siguiente, llamé a la sede de la DEA en Washington, D.C. y pregunté por el tío de la enfermera. Contestó al teléfono para saber por qué estaba llamando. Le expliqué que su sobrina había sido arrestada por fabricar metanfetaminas.

No tengo nada que ver con mi sobrina. Mi hermano ya me contó lo que le pasó, dijo en voz baja. —El incidente fue obviamente vergonzoso para él y no quería que afectara a su carrera como agente.

Señor, necesito encontrar los productos químicos, continué. Sabes que los químicos son extremadamente peligrosos y necesito encontrarlos antes de que alguien salga lastimado, tal vez un niño. ¿Puedes pedirle a tu hermano que me ayude a encontrar los químicos?

Le preguntaré sobre los productos químicos.

Gracias, señor, por su ayuda.

Esperaba que el padre de la enfermera pudiera convencerla de que me dijera dónde estaban los químicos. Llamó más tarde.

Mi hija fue liberada de la cárcel. Ella les mostrará dónde se esconden los químicos.

Un día después, la enfermera llamó y accedió a mostrarme dónde escondía su novio los químicos que se usaban para "cocinar" la metanfetaminas. Le dije que me encontrara cerca del sitio de la autocaravana.

Al día siguiente conduje hasta la autocaravana al lugar y a la hora señalada.

Se suponía que otro agente me encontraría en el lugar y esperé pacientemente en mi automóvil del gobierno. Recibí una llamada de él en la radio del auto.

Está lloviendo. El tráfico es un desastre. Estaré allí pronto.

Ya llegábamos tarde, y estaba frustrado por la demora. Sabes que no puedo estar a solas con una mujer, especialmente con una mujer acusada. ¡Date prisa! —lo insté.

La enfermera se detuvo en su auto, salió a la lluvia y se acercó a mi auto.

Estoy esperando al otro agente, —le informé. Señor. No quiero mojarme con la lluvia. ¿Puedo sentarme en el asiento del pasajero? preguntó ella.

Claro, siéntate, —respondí de mala gana.

Cuando saltó al asiento del pasajero, noté que llevaba una falda extremadamente corta que dejaba poco a la imaginación. De igual manera, los botones superiores de su blusa estaban desabrochados, dejando al descubierto un amplio escote. Se hizo dolorosamente obvio que me había puesto en una mala situación al permitirle sentarse a mi lado sin que otro agente estuviera presente.

Las lecciones que había recibido en la academia de la DEA volvieron rápidamente como una luz intermitente advirtiendo del peligro que se avecinaba. Recordé las conferencias que habíamos recibido de abogados e instructores.

Nunca te quedes a solas con una mujer, una mujer que haya sido arrestada o una informante. Ella le dirá a su abogado que le pusiste las manos encima mientras le decías algo desagradable.

Mis palmas comenzaron a sudar mientras miraba alrededor nerviosamente. ¿Dónde estaba el otro agente de la DEA? —Cada vez tenía más miedo de que me estuvieran engañando.

Como para confirmar mis peores temores, la enfermera me lanzó una sonrisa seductora. Jugueteó con su falda, y lentamente se hizo más corta. Traté de racionalizar mis crecientes temores y convencerme de que eran infundados. De repente vi el destello de los faros en el espejo retrovisor y miré para ver otro auto deteniéndose detrás de mí. ¡Gracias a Dios! El otro agente finalmente había llegado.

De repente se enderezó, ajustando la falda en toda su longitud y rápidamente se movió para abrir la puerta del pasajero. Antes al abrirlo, se detuvo como una actriz que se mete en el personaje de una escena. De repente pareció llorar cuando salió por la puerta y volvió a la lluvia. El otro agente se acercó a ella.

No me siento bien. Me voy a casa, —le dijo.

Salté del auto, confundido por lo que estaba pasando.

¿Qué pasa? le grité a la enfermera mientras se alejaba. ¿Por qué lloras? ¿Me mostrarás donde escondió tu novio los químicos de metanfetaminas?

La enfermera no dijo nada más ni al agente ni a mí cuando llegó. Se montó en su coche y se fue sin decir una palabra. Me pregunté si alguna vez tuvo la intención de mostrarnos dónde estaban escondidos los productos químicos. Sentí que me habían mentido y estaba enojado.

¿Por qué llegas tan tarde? —Le espeté al otro agente.

¡Guau! ¿Por qué la enfermera lleva ese vestido si está buscando sustancias químicas de metanfetaminas? preguntó el otro agente, ignorando mi pregunta. Ella no puede buscar químicos con ese vestido puesto. Si se agacha, nos va a mostrar el trasero. ¿Por qué se va? ¿tanta prisa tiene? ¿Qué pasó? ¿Estaba llorando? ¿Sabes que se supone que no debes estar en el auto a solas con ella?

¿Qué estás diciendo? —Protesté,— sin intentar ocultar mi enojo y frustración—. No pasó nada. Está lloviendo. De todos modos, su tío es supervisor de la DEA en Washington, y ella es enfermera en el hospital. Ingenuamente traté de convencerme de que esos hechos significaban que no había caído en la trampa que temía tener.

Dejó de llover, vamos a comer algo y tomar una cerveza, —dije.

El incidente estaba lejos de terminar, como me daría cuenta cuando fuera a la oficina al día siguiente. El supervisor me estaba esperando. Al oírme entrar, se asomó a la puerta de su oficina con una mirada de enojo.

Hardin entra en mi oficina ahora, —exigió.

Me preguntaba por qué estaba tan molesto, y descarté la idea de que tenía algo que ver con lo que había sucedido el día anterior. rasguñó el auto del jefe mientras lo lavaba hace unos días.

Cierra la puerta, —exigió el jefe cuando entré a su oficina—. Esa enfermera se queja de que trataste de violarla en tu auto del gobierno. Le dijo a su abogado defensor público que tus manos estaban sobre sus piernas. El abogado de la enfermera tiene reputación en la corte. No le gustan los hombres, especialmente los policías. ¿Por qué? ¿La dejaste sentarse en tu auto sin otro agente?

Me sorprendió porque no me esperaba la acusación. Me pregunté si el otro agente había hablado con el supervisor y, de ser así, qué le había dicho. ¿Le había dicho al supervisor que la enfermera estaba vestida de manera extraña, dado el propósito de la reunión? ¿Le había asegurado que nunca me vio actuar de manera inapropiada hacia ella cuando estuvo allí? ¿O había dicho que saltó de mi coche, se bajó el vestido y lloró? Hijo de puta, estaba en problemas otra vez.

Empecé a hablar para poder contarle mi versión de la historia, pero me detuvo abruptamente y continuó. Te dije que no debes estar a solas con ninguna mujer que sea informante o acusada. La enfermera de metanfetaminas te tendió una trampa. Es tu palabra, contra su palabra. Ella es una mujer. Eres un agente. Estás en California con jurados liberales que no confían en los policías masculinos.

Traté de hablar, pero me interrumpió de nuevo en voz alta. Hardin, no te atrevas a decirme nada. La enfermera va a caminar. Nadie va a presentar cargos contra ella. ¿Por qué? Dice que intentaste violarla. Tendrás suerte si su abogado no te persigue. Su novio es el único acusado por hacer metanfetaminas.

El supervisor se puso de pie y se inclinó sobre su escritorio, mirándome a los ojos. Nadie en la oficina del fiscal federal cree lo que dice la enfermera acerca de que intentaste tener sexo con ella. Pero Hardin, le hiciste el juego al abogado de la enfermera. ¡Sal de mi oficina ahora, Hardin! No vuelvas a cometer ese error nunca más.

Unos días después, hablé con el informante sin hogar que me había proporcionado la información sobre la enfermera.

La enfermera sigue trabajando en el hospital tratando a los pacientes, dijo. Probablemente esté locamente drogada usando metanfetaminas y robando narcóticos a sus pacientes. Ella y su abogado se están riendo de ti.

Me molestaba que la enfermera siguiera trabajando en el hospital, poniendo en peligro a sus pacientes. Hablé con uno de los investigadores de desvío de la DEA encargado de investigar el desvío ilegal de medicamentos farmacéuticos.

Sabes que la enfermera de metanfetaminas es un peligro para los pacientes del hospital, le dije. ¿Por qué no puede decirle al hospital que la enfermera estaba en un laboratorio de metanfetaminas con su novio? La DEA arrestó a la enfermera y a su novio por cocinar metanfetaminas. Dígale al hospital que el novio de la enfermera se declaró culpable de fabricar metanfetaminas. Probablemente irá a prisión durante cinco a diez años.

Larry, DEA no puede comunicarse con el lugar de trabajo de la enfermera. La enfermera no fue acusada de un delito grave, respondió el investigador.

Me molestó que nunca acusaran a la enfermera, en parte por mi descuido de novato. No pasó mucho tiempo antes de que mi informante sin hogar me diera el nombre de otra enfermera que fabricaba y usaba metanfetaminas. Era adicta a las cosas desagradables. Dentro de un año en el trabajo, arresté a tres enfermeras y sus novios por fabricar metanfetaminas en sus casas.

Cuando me convertí en agente, nunca esperé investigar a médicos y enfermeras corruptos que vestían batas blancas de laboratorio y usaban estetoscopios. Siempre los había visto irreprochables y nunca esperé que proporcionaran píldoras ilegalmente o fabricaran metanfetaminas. ¿Qué pasó con el Juramento Hipocrático y el noble ideal de "No hacer daño?" Fui entrenado para concentrarme en buscar drogas ilegales como marihuana, metanfetaminas, cocaína y heroína, no analgésicos recetados. Me preguntaba quién más en el sistema hospitalario estaba usando metanfetaminas, analgésicos narcóticos y otras drogas peligrosas.

"¿No te lo he mandado yo? Sé fuerte y valiente; no temas ni desmayes, porque Jehová tu Dios estará contigo en dondequiera que vayas."

(Josué 1:9, versión King James)

Capítulo 32

Porque Él Tendrá Juicio Sin Misericordia

Me sorprendió lo andrajosa y desgastada que se veía la chica. Probablemente solo tenía 13 o 14 años, pero parecía que había pasado por mucho. Era muy delgada y subdesarrollada, y las llagas cubrían su joven rostro. Peor aún, era la cadena de lo que parecían ser marcas de agujas en sus brazos magullados.

Había observado a la joven parada al lado de una parada de autobús pero sin ir a ninguna parte. Se quedó allí, mirando nerviosamente a su alrededor, y me di cuenta de que algo no estaba bien. Me acerqué a ella, saqué mi placa y me identifiqué como agente de la DEA.

¿Por qué estás parada en la esquina? ¿Estás esperando un autobús? ¿No estás vendiendo sexo, drogas o pastillas, —le pregunté.

La chica se rio como si fuera una broma. ¿Vas a arrestarme por pararme en la esquina? —me preguntó.

¿Por qué? ¿Debería arrestarte? ¿Estás vendiendo sexo o droga? ¿Cuántos años tienes?

Tengo dieciocho años.

¿Tienes alguna identificación? ¡No! —Respondió ella con un tono ligeramente desafiante.

Muéstrame tu brazos, —insistí—. ¿Estás drogada o con pastillas. En realidad no, —respondió ella de manera poco convincente.

Dame las pastillas. Metió la mano en su bolsillo trasero, sacando dos pastillas verdes.

Está bien. ¿Qué tipo de píldoras son?

Creo que las píldoras son metanfetaminas. Pero no estoy segura. Por favor, no me arresten. —Su desafío sutil se estaba convirtiendo en preocupación.

¿Dónde conseguiste la metanfetaminas?

Empezó a llorar cuando se dio cuenta de que podría estar en problemas. Conseguí las pastillas en esa vieja casa de estuco gris, dijo, señalando una casa al otro lado de la calle.

No voy a arrestarte, le aseguré. Este es mi número de teléfono personal en caso de que necesites hablar. Me sentí mal por ella; era demasiado joven para estar en la calle. Saqué cinco dólares de mi bolsillo. Tómalo, —le dije. Ve a comprar algo de comer.

Yo estaba con ella y señalé la casa de estuco gris donde supuestamente había conseguido la metanfetaminas. Cruzamos la calle y caminamos hasta la puerta.

¿Qué deseas? —gritó alguien desde dentro.

Necesito algo que me haga sentir bien, —respondí.

A los pocos minutos, un anciano calvo abrió la puerta. Sus ojos estaban caídos y rojos, las llagas cubrían el rostro del anciano y le faltaban la mayoría de los dientes. Parecía claro que no solo estaba vendiendo metanfetaminas sino que también la estaba usando.

Oye, amigo, quiero comprar algunas de tus pastillas, —le dije mientras él se quedaba mirándonos con sospecha.

¿Qué? No te conozco. ¿Quiénes son los otros chicos que están contigo? ¿Por qué me pides pastillas?

El viejo no estaba convencido de que estábamos allí para comprar drogas. Se volvió para cerrar la puerta, pero saqué mi placa y la sostuve a centímetros de su rostro dolorido.

Soy un agente de narcóticos.

Miró la insignia y tartamudeó. ¿Qué? ¿Eres un policía antidrogas?

Se movió nerviosamente y se tensó como si fuera a correr. Usando mi mano derecha, saqué mi arma de la cintura delantera debajo de mi camisa y apunté entre los ojos del anciano.

¡No corras! ¡No muevas tu manos. No me escupas, le dije cortésmente. Te dispararé justo entre los ojos.

Antes de que pudiera terminar de hablar, el anciano se dio la vuelta con una velocidad que desafió sus años y volvió a entrar en la casa.

No me dispares por la espalda, gritó, corriendo por el pasillo como un perro enfermo de dos patas. Desapareciendo en la oscuridad al final del pasillo, —gritó como si hubiera visto al diablo.

Ve a buscar, son azules, dijo uno de los oficiales en voz baja mientras yo entraba corriendo en la casa.

Nadie sabía en qué parte de la casa había ido el anciano. Por lo que sabíamos, podría estar sacando un arma o tirando pastillas en el inodoro. Entramos con cuidado en la casa con nuestras armas desenfundadas, mirando hacia adelante y hacia los lados mientras avanzábamos con cautela.

Nos acercamos a una puerta lateral en la mitad del pasillo. Los otros oficiales observaron el pasillo cuando abrí la puerta y evaluaron que era seguro entrar Me quedé atónito al ver a una niña tendida en un viejo colchón andrajoso en el medio de la habitación, desnuda como un jaybird (Pájaro de la familia de los arrendajos).

Ella yacía allí inmóvil, ajena a todo lo que sucedía a su alrededor. No había ni siquiera una manta para cubrir su desnudez y, por un momento, me pregunté si estaría muerta.

De repente se movió y me vio de pie en la penumbra con mi arma desenfundada. Gritando, pateó con las piernas y agitó los brazos salvajemente mientras intentaba levantarse de la cama. Solo puedo imaginar qué miedos entraron en su joven mente cuando se despertó y encontró a un hombre extraño con un arma en su habitación. Sus gritos desgarradores de terror resonaron por toda la estancia. El anciano podría estar en cualquier parte, ¿y quién más podría estar en la casa? ¿Por qué tenía que gritar tan fuerte?

Rápidamente la contuve, ahuecando una mano sobre su boca y apuntando la pistola a su cabeza con la otra mano.

Escúchame. Soy un agente de narcóticos. Deja de gritar. Deja de patearme. ¿Dónde se esconde el viejo? ¿Dónde están las pastillas? ¿Tienes un arma en la cama contigo? ¿Dónde está el arma?

Sus manos se movieron a su entrepierna, y temí que ella estuviera intentando alcanzar un arma. La agarré rápidamente por la muñeca y le toqué la frente con el frio metal del cañón de mi arma.

No muevas las manos, o te mato. ¿Tienes un arma y pastillas ahí abajo?

Está debajo de mi culo, —gritó.

Solté su muñeca y pasé mi mano libre debajo de ella, recuperando una botella de plástico transparente con pastillas blancas. Su olor era nauseabundo. Después de tres días, apestaba peor que un atropellado muerto tirado en la carretera. Me preguntaba por qué guardaba las pastillas debajo de su trasero y si estaban allí para poder esconderlas fácilmente dentro de sí misma. Sentí la rabia hervir dentro de mí y el impulso de arremeter. Sus temerosos ojos marrones se abrieron de par en par, y sus labios temblaron de miedo. Podía ver la ira en su rostro. Tomando una respiración profunda, puse mis emociones bajo control.

Los otros oficiales registraron otras habitaciones de la casa mientras yo sujetaba a la niña y confiscaba las pastillas.

Encontré al viejo escondido en el armario del pasillo, oí gritar a uno de ellos.

Me giré hacia la chica, Ponte tu ropa, —le ordené.

¿Cuántos años tienes? Tengo más de 18 años, dijo, pero estaba seguro de que estaba mintiendo.

¿Dónde está tu ID (identificación)? —pregunté.

No tengo una identificación, —respondió ella.

Nada en la chica hacía pensar que pudiera tener 18 años, 12, o tal vez 14 años como mucho, pensé. Estaba seguro de que era menor de edad. Los otros oficiales estuvieron de acuerdo, pero no tuve tiempo de demostrar que era menor de edad.

¿Estás teniendo sexo con el viejo?— Pregunté.

—aunque ya estaba seguro de la respuesta ¿Cuánto te pagó?

Me dio pastillas, —admitió.

¿Te escapaste de casa? Dime la verdad. No te arrestaré. ¿De dónde saca las pastillas de metanfetamina el viejo? Le pregunté.

Lo juro por Dios, no lo sé. No puedo ayudarte. Por favor, no me arrestes.

Te dejaré ir a casa si prometes no drogarte y tener sexo con nadie más, le prometí.

—Era al pedófilo traficante de drogas al que quería encerrar.

Ella comenzó a sollozar. No lo volveré a hacer. Lo prometo. Lo juro por Dios.

Tomé suavemente sus manos temblorosas y miré profundamente sus ojos llorosos.

Si empiezas a consumir drogas y a vender tu cuerpo por sexo, te voy a meter en la cárcel por mucho tiempo, le dije muy serio. ¿Me entiendes? Esperaba que las palabras la asustaran y la alejaran del camino oscuro que había comenzado a recorrer.

Después del trabajo, fui a tomar una cerveza con los otros oficiales de narcóticos.

Se rieron de cómo había entrado corriendo a la casa para perseguir al anciano lisiado y contuve a la niña que gritaba.

—azul— me apodaron.

"Porque tendrá juicio sin misericordia, el que no tuvo misericordia; y la misericordia se regocija contra el juicio."

(Santiago 2:13, versión King James)

Capítulo 33

Dios juzgará a los justos y a los malvados

Agarré el .38 especial que había apodado Sweet-Pea, de la funda del tobillo y salté de la camioneta.

No te muevas! Manos arriba ahora. Si mueves las manos hasta la cintura, les dispararé a ambos con un tiro entre sus ojos locos. Manos en el suelo, no en tus rodillas. Te quiero sobre tu vientre. Estira las manos como si estuvieras tratando de nadar en una bañera. Si no te bajas ahora, voy a disparar. ¡Besa el suelo ahora!" —exigí.

—Un oficial de narcóticos me había pedido que lo ayudara con un caso.

Oye, Blue, —dijo, refiriéndose a mi nuevo apodo. Acompáñame a conocer a un informante. Tiene información sobre alguien que vende narcóticos y heroína. Después de que la veamos, podemos tomar algo para comer.

Agarré mis cosas y nos subimos a su vieja camioneta blanca encubierta. Condujimos hasta un callejón donde estaba programada la reunión y estacionamos la camioneta. Mientras esperábamos al informante, el oficial de narcóticos escuchó su escáner policial. Dos personas acababan de robar un banco cerca de donde estábamos estacionados. Escuchamos con interés mientras describían a dos sospechosos, una mujer y un hombre, que fueron vistos saliendo del banco.

Oye, el banco está justo frente a nosotros, dijo el oficial. Miramos hacia arriba y vimos a los dos sospechosos salir del banco. ¡Guau! ¡Mira Blue! Aquí vienen los dos ladrones caminando desde el banco. Detenlos Blue.

Fue entonces cuando me agaché y saqué mi revólver .38 de 5 disparos, "guisante de olor," de mi pistolera del tobillo derecho y salté a la acción. Los dos ladrones no me esperaban y prácticamente tropezaron con ellos mismos para obedecer mis órdenes.

Después de arrestar a la niña y al niño, busqué armas. No encontré armas ni dinero, pero sí encontré una botella de pastillas.

¿Dónde está el dinero del banco? —pregunté.

¿Qué dinero? —dijeron al unísono—. La señora del banco no nos quiso dar el dinero. Ella lo guardó.

¿Qué son esas pastillas que encontré en sus bolsillos? —pregunté.

Vitaminas, —insistieron.

Exigieron el efectivo, pero el cajero se había negado rotundamente a entregárselo. Fue una aventura emocionante. Un agente de la DEA y su fiel revólver, "guisante de olor," frustrando un atraco a un banco.

"Dije en mi corazón: Dios juzgar el justos y malvados: porque allí hay un tiempo para cada propósito y para cada obra."

(Eclesiastés 3:17, versión King James)

Capítulo 34

Porque si vivís conforme a la carne, moriréis

Estaba trabajando en la oficina cuando sonó el teléfono.

Tengo información sobre una enfermera que compra cristalería para su novio, dijo una voz de mujer.

¿Qué tipo de cristalería? ¿Están haciendo metanfetaminas? pregunté. Apenas podía creer que estaba recibiendo otro consejo sobre una enfermera que cocinaba metanfetaminas.

¿Puedo verte en algún lugar? —pregunté—. No me gusta hablar por teléfono.

Le dije que estaría bien. Ella sugirió un bar donde pudiéramos encontrarnos para almorzar al día siguiente y describió brevemente como la reconocería. Cabello largo rojizo, delgada, con piel clara.

Casi declino la reunión. Esto se parecía demasiado a la situación con la enfermera cuyo tío era un agente de la DEA. Una cosa era segura: no cometería el mismo error estando solo con una mujer sospechosa o informante. Mi jefe seguramente me mataría si volvía a cometer ese error. Probablemente perdería mi trabajo. Entonces mi esposa también me mataría.

Al día siguiente, mi pareja y yo manejamos la reunión. Fue en un bar local donde muchos de los clientes eran policías fuera de servicio. Vi a una mujer atractiva que coincidía con la descripción que me había dado el informante que esperaba afuera. Su largo cabello rojo brillaba a la luz del sol y me recordaba a un zorro de cola roja que estaba matando y comiendo las gallinas de la abuela.

Me presenté y me aseguré de que esta era la mujer que estaba aquí para conocer. Soy el tipo al que llamaste por una enfermera que cocinaba metanfetaminas, dije una vez que me sentí seguro de que esta era la mujer.

¿Quién es este tipo que está contigo? —preguntó con cautela.

Es mi pareja. No puedo estar solo reuniéndome con una mujer, —le expliqué—. Vamos a sentarnos fuera y tomar una cerveza.

Explicarme me recordó de nuevo mi estúpido error al permitirme sentarme a solas con la enfermera de metanfetaminas. Aprendí la lección y no volvería a cometer ese error. Mi pareja y yo nos sentábamos juntos como un par de palomas solitarias mientras hablábamos con la atractiva pelirroja sobre la enfermera.

Entonces, ¿por qué crees que la enfermera compra cristalería para cocinar metanfetaminas? ¿Es amiga tuya? —pregunté.

Solía ser amiga mía, explicó la pelirroja con un dejo de tristeza.

¿Por qué crees que tu antigua amiga está haciendo metanfetaminas?

Los novios son los que hacen metanfetaminas, —me corrigió.

¿Cómo sabes que están haciendo metanfetaminas con la cristalería? Dijiste que la mujer es enfermera. ¿Cómo sabes que es enfermera?

Es adicta a la metanfetaminas. Una vez me dijo que no le gustaba trabajar en el hospital.

¿Sabes dónde vive? —pregunté.

Sí. Tengo su dirección. Creo que podría estar viviendo con los dos novios, explicó la pelirroja.

La pista parecía prometedora, pero necesitaba verificar lo que me habían dicho. Unos días después, conduje hasta la dirección que me había dado la informante pelirroja. Cuando Llegué, encontré una vieja casa de madera de un piso rodeada de autos destrozados y viejos árboles sin hojas, estaba en un área alejada de la ciudad donde los sospechosos podían evitar las miradas indiscretas mientras cocinaban metanfetaminas. seguro de que la información que había recibido era buena, pero necesitaba más información.

Encontré a un informante que había sido un ex usuario de metanfetaminas. Estuvo de acuerdo en ir a la vieja casa de madera para ver si era una casa de metanfetaminas.

Quiero que compres un gramo de metanfetaminas, le instruí. Si pudiera comprar la metanfetaminas, tendría la confirmación que necesitaba.

Al día siguiente, el informante llamó. "Hola Larry, fui a la casa. En la casa, una mujer de mediana edad me dijo que volviera más tarde. Dijo que su novio tiene algo de metanfetaminas que me puede vender."

¿Viste cristalería y productos químicos?

¡Sí! —Respondió con seguridad.

Está bien. Buen trabajo. Te llamaré en unos días.

Basándome en la información que reuní, obtuve una orden federal para registrar la vieja casa en busca de metanfetaminas y cristalería de laboratorio. Volví a llamar al informante y le pedí ayuda en la siguiente fase de la operación.

Quiero que vuelvas a la casa, le dije. Pregúntales si tienen algo de metanfetaminas.

No tuve que esperar mucho. La informante me devolvió la llamada la misma tarde.

Entré en la casa y le pedí a uno de los muchachos algo de metanfetaminas, explicó. Vi a otro tipo cortando el cañón de una escopeta de dos cañones. El hombre también llevaba una pistola automática negra en la cintura.

¿Viste algo más? —pregunté.

Escuché a una mujer gritar en el dormitorio para que uno de los muchachos la viera. Luego vi a un perro sucio, hambriento y sin pelo acostado junto a algunos productos químicos.

¿Viste los químicos?" Le pedí que confirmara. ¿Crees que están haciendo metanfetaminas?

El informante confirmó mis sospechas, pero me preocupaba que dos tipos estuvieran en la casa con armas. Solicité a los oficiales SWAT (armas y tácticas especiales) que ingresaran primero a la casa y arrestaran a las personas que estaban dentro. Razoné que traer al equipo SWAT ayudaría a evitar un tiroteo entre los sospechosos con agentes de la DEA y oficiales de narcóticos. También quería evitar lastimar o matar al perro.

La operación fue como un reloj. Cuatro miembros del equipo SWAT lanzaron una granada de destello a la casa para aturdir a la enfermera y a los dos hombres. El resto del equipo SWAT entró rápidamente en la casa, aprovechando el elemento sorpresa que habían obtenido con la granada de destello. Seguí al equipo SWAT tan pronto como estuvo claro hacerlo.

Entré con cautela en la casa y encontré a la enfermera ya dos hombres acostados con el vientre en el suelo y las manos esposadas a la espalda. Los dos hombres se veían sucios y sin camisa, y la enfermera tenía la apariencia demacrada de un adicto a la metanfetaminas. Su vestido negro rasgado se le había subido por la espalda, no llevaba ropa interior y su desnudez estaba expuesta. El equipo SWAT no había perdido el tiempo reteniendo a los sospechosos. Hice un gesto para que una mujer policía se acercara y ayudara.

¿Puedes bajarle el vestido por la cintura y cubrirla? le pregunté.

La mujer oficial felizmente cumplió, y me arrodillé y me giré para mirar a la enfermera una vez que estuvo cubierta.

Me dijeron que eres enfermera, —le dije.

¿Quién dijo que? —Exigió.

Entonces, eres enfermera. ¿Trabajas en un hospital?

No estoy trabajando en el hospital. Pero yo era enfermera,— admitió.

Señora, ¿quiénes son sus novios? —pregunté—, señalando a los dos hombres.

Ambos viven aquí conmigo, respondió con un toque de veneno en su voz. Miré a los dos sucios tipos desdentados tirados en el suelo. Me levanté y di un paso atrás para dirigirme a los tres sospechosos.

Encontré algo de metanfetaminas, productos químicos, cristalería de laboratorio y armas de fuego en la casa, dije, haciendo una pausa para dejar que las ramificaciones de esa declaración acabaran. Está bien, ¿quién quiere hablar primero?

La mujer me miró fijamente desde su rostro cubierto de dolor y prácticamente me gruñó con sus dientes manchados de amarillo. No, ella no iba a hablar, —Pensé para mis adentros.

Olía mal, como una mofeta muerta, y no estaba seguro de cuál olía peor si ella o el perro. La metanfetaminas la había vuelto loca, haciendo que abandonara la higiene personal y exponiendo sus intimidades al viento. Ella no parecía tener ningún problema para caminar por la casa sin ropa interior, aunque era ocupado por dos hombres. Esa desagradable mujer probablemente los mataría a todos en un ataque de ira. La persona más probable en este grupo con quien hablar sería el perro desdentado, y eso no iba a suceder.

Esperé a que alguien rompiera y chillara como una sucia rata de alcantarilla. Quienquiera que gritara primero obtendría el mejor trato y pasaría menos tiempo en la cárcel. Los tres sospechosos permanecieron en un silencio desafiante. ¿Por qué no hablaba la enfermera? —me pregunté—. Le expliqué a la desagradable enfermera y a los dos vagabundos que iban a la cárcel.

Había estado en el trabajo de la DEA durante dos años. Durante ese tiempo arresté a dos enfermeras por fabricar metanfetaminas. ¿Por qué estaban cocinando metanfetaminas? ¿Por qué estaban usando las cosas desagradables? Las enfermeras estaban trabajando con pacientes en los hospitales. ¿Por qué no podían beber cerveza o vino después del trabajo para relajarse o conseguir lo que quisieran? Aproximadamente una semana después del arresto, recibí una llamada de un fiscal federal auxiliar (AUSA).

Larry, tienes un problema con la enfermera que arrestaste por fabricar metanfetaminas Su abogado afirma que alguien del equipo SWAT le lastimó el pecho. Entonces alguien agarró su vagina y la apretó.

Me frustró escuchar que esta mujer estaba diciendo que un miembro del equipo SWAT se había sobrepasado. La forma en que se veía y olía; ni siquiera podía imaginar quién querría tocarla. Yo no fui quien la había registrado en busca de drogas y armas, así que estaba 100% seguro de que no fui yo.

No, otra vez. ¿Estás bromeando? —Pregunté—. Esa enfermera es un peligro para la policía y el público. Eventualmente matará a alguien. Los muchachos del equipo SWAT hicieron su trabajo buscando armas y drogas en el cuerpo de la enfermera. ¿Cómo sabemos que está diciendo la verdad?

Lo averiguaremos la próxima semana con el juez. El juez quiere saber qué pasó cuando se ejecutó la orden de registro en la casa de la enfermera. El juez quiere saber cómo se registró el cuerpo de la mujer. ¿Quién le agarró la vagina y luego le lastimó el seno? dijo la AUSA.

No podía creer que esto estuviera sucediendo nuevamente. ¿Tenía ella el mismo defensor público que la enfermera de metanfetaminas que me acusó de intentar violarla en mi auto?

Varios días después, nos presentamos ante el juez en un tribunal federal.

Agente especial Hardin, ¿buscó drogas y armas ilegales en el cuerpo de la acusada? —preguntó la jueza.

No, su señoría. Pero, su señoría, buscaría debajo de la cintura si tuviera que buscar a un sospechoso peligroso, mujer u hombre.

¿Habrías agarrado el pecho de una mujer? ¿Entonces le apretarías la vagina? —preguntó la jueza secamente.

Vi al defensor público sentado en una mesa de madera al lado de una mujer que parecía la desagradable enfermera de metanfetaminas. Era difícil de creer que la misma mujer oliera como un zorrillo muerto en la casa de metanfetaminas. Se veía diferente después de lavarse. Su cara estaba limpia y libre de suciedad, se había vestido muy bien y sus dientes parecían mucho más blancos. Apenas podía creer que fuera la misma persona.

Agente especial Hardin, dijo la jueza, interrumpiendo mis cavilaciones. La acusada aquí en la corte no puede identificar el miembro SWAT que le lastimó el pecho y le apretó la vagina debido a la máscara y el protector ocular.

Su señoría, el equipo SWAT usa máscaras y equipo protector ocular para ocultar sus rostros y ojos de los objetos peligrosos que les arrojan los malos, le expliqué. Lo siento, su señoría. No puedo identificar a la persona del equipo SWAT que registró a la enfermera.

No insultaría a los miembros profesionales y trabajadores del equipo SWAT. De ninguna manera le preguntaría al equipo SWAT que había registrado a la desagradable enfermera en busca de armas. Estos tipos estaban haciendo su trabajo, y eso es todo. Habían hecho lo que tenían que hacer para protegerse y asegurarse de que los sospechosos no estuvieran armados.

La AUSA me llamó después de la audiencia. Parecía decepcionado, y tuve la sensación de que no estaba llamando con buenas noticias.

Debo retirar los cargos de drogas de la enfermera por fabricar metanfetaminas y poseer armas. El abogado de la enfermera aceptará la libertad condicional durante cinco años por posesión de metanfetaminas. La enfermera y sus dos novios se declararán culpables de fabricar metanfetaminas y poseer armas.

Entonces, ¿la enfermera no está acusada de fabricar metanfetaminas debido a los comentarios sexuales que hizo contra el equipo SWAT? Es la casa de la enfermera. Hay productos químicos, cristalería, metanfetaminas y armas dentro de la casa, dije.

Es correcto, Larry. No encontraremos un jurado para condenar a la enfermera después de escuchar que un oficial de policía abusó de ella, retorciendo su seno y apretando su vagina. El caso está cerrado.

Me frustró que otro criminal hubiera evitado ser acusado por hacer acusaciones sin fundamento. No siempre serían mujeres, tampoco. De esto, estaba seguro.

Un día, un hombre peligroso emplearía las mismas tácticas, diciendo que un policía le había apretado el pene y los testículos, alegando que era una agresión sexual. Cuando eso sucediera, quién sabe qué crímenes cometería o a quién podría lastimar o matar mientras caminaba libre.

"Porque si vivís conforme a la carne moriréis, pero si por el Espíritu hacéis morir las obras del cuerpo, viviréis."

(Romanos 8:13, versión King James)

Capítulo 35

Bienaventurados los que tienen hambre

Una automática Sig Sauer de 9 mm estaba escondida dentro de mis pantalones en el lado derecho de mi cintura. Aprendí este truco viendo a los miembros de las pandillas callejeras meter sus armas dentro de sus cinturones.

Mientras trabajaba en las calles, decidí probarlo por mí mismo. Empujé lentamente la Sig Sauer en el interior derecho de mi cintura. Mantener el 9 mm cerca de mi mano derecha y debajo de mi cinturón me hizo sentir genial. Como no llevaba ropa interior, podía sentir la Sig Sauer sobre mi piel desnuda.

Otro día un oficial de narcóticos y yo esperábamos que un informante nos diera información sobre traficantes de heroína y pastillas. Decidí ponerme la Sig Sauer 9 mm a la espalda mientras esperaba pacientemente en el asiento del conductor. De repente escuchamos a alguien gritando fuerte desde el estacionamiento.

¡Oye, detente! ¡detente! —Ayúdame, gritó la voz.

Vi a un hombrecito blanco gordo con pantalones oscuros, un bajo camisa de manga blanca y una pequeña corbata negra que colgaba justo por encima de su abultado vientre. Nos vio sentados en el auto y corrió hacia nosotros, resoplando y resoplando por el esfuerzo de la corta carrera.

Detenlo,— suplicó.

No tenía idea de quién estaba hablando. ¿Detener a quién? pregunté. Entre los autos estacionados, vi a un hombre hispano de baja estatura y aspecto delgado saltar directamente frente a nuestro auto.

El ya está aquí, —dijo mi compañero.

¿Quién está aquí? Pregunté, tratando de dar sentido a la confusión.

El informante.

Mientras tanto, el hombrecito gordo seguía gritando. ¡Ayuda, ayuda.!

El pequeño hispano pasaba corriendo junto al coche camuflado. Miré a mi compañero, al hombrecillo gordo que gritaba fuera de nuestra ventana y al otro tipo que huía de nuestro coche.

Atrápalo Blue,— gritó mi compañero.

Agarré la manija de la puerta y dudé. La informante se acercaba al auto y no quería dejar a la oficial sola con ella. También pude ver que el hombre que huía estaba ganando distancia rápidamente.

Por instinto, salté del auto encubierto como un pájaro en sus alas y volé tras el sospechoso. Pude ver que sostenía algo con fuerza en su mano derecha mientras lo perseguía. El tipo corría como un perro bluetick coonhound —usados para la caza del mapache—, muerto de miedo de recibir una paliza de un viejo granjero enojado. Corrí lo más rápido posible y me acerqué a él, tratando de agarrarlo por la nuca.

Me preocupaba lo que podría estar sosteniendo en su mano. Fácilmente podría ser una pistola pequeña o tal vez un cuchillo. Me pregunté qué había hecho. ¿Hizo daño a alguien en el estacionamiento? ¿Violó a una mujer? De todos modos, si no se detenía, lo atropellaría como al perro coonhound del abuelo, el viejo Blue.

¡Detente! ¡Detente! Te dispararé por la espalda. Te dispararé en la cabeza si no dejas de correr. —Te mataré seguro, amenacé al hombre que huía.

Seguí al sospechoso fuera del estacionamiento y en un parque bordeado de madera como una liebre en dos pies. Estaba casi lo suficientemente cerca como para agarrarlo por la parte de atrás de su cabello por un segundo. Me agaché para sacar la hermosa Sig Sauer de mi cintura trasera. No estaba allí, y sentí una sensación de pánico cuando me di cuenta de que estaba persiguiendo a un sospechoso potencialmente armado sin mi arma. Disminuí la velocidad mientras mi mente corría en mil direcciones pero no interrumpí la persecución. ¿Había dejado el arma en el asiento del coche? ¿Se me cayó cuando salté del asiento del conductor? ¿Estaba tirada en el suelo? Con suerte, el oficial la encontraría antes que el informante si eso sucediera. Él se encargará de ello, esperaba. Pero, ¿cómo podría detener a este tipo si no tengo un arma?

De repente vi al oficial de narcóticos corriendo entre los árboles con su arma en la mano derecha. Salió disparado de los árboles a un lado del sospechoso que huía y derribó al hombrecito al suelo. En cuestión de segundos estaba sobre la espalda del tipo, obligándolo a meterse en la tierra. El sospechoso se agitó salvajemente, intentando tirar al oficial de su espalda.

No te muevas, —ordenó el oficial. Te haré daño si no dejas de luchar.

Agotado por correr, me dejé caer encima del sospechoso que luchaba junto al otro oficial. Siguió resistiendo. Golpeé al tipo en la cabeza con mis puños para someterlo. ¡Blue!, gritó el otro oficial. Me estás golpeando en la cabeza. Deja de golpearme. Blue, me estás lastimando.

Finalmente, el oficial de narcóticos esposó al pequeño moreno. Me entregó la Sig Sauer que dejé en el asiento del auto mientras recuperamos el aliento. Recogí una pequeña bolsa marrón de la mano del tipo que se había caído al suelo. Me pregunté si contenía dinero que le había quitado al hombre gordo en el estacionamiento.

Llevamos al sospechoso de regreso al auto encubierto esposado.

Tengo hambre,— gritó en español.

¿Qué está diciendo? —Le pregunté al oficial de narcóticos.

No sé, Blue, —no hablo español.

El hombrecillo gordo nos esperaba en el auto encubierto cuando regresamos. No vi a la informante y me pregunté qué le había pasado.

¿Qué hizo este chico mexicano? pregunté. —Aquí esta la bolsa marrón que el tipo tenía en la mano.

Ese mexicano robó una bolsa de camarones de la tienda de comestibles, respondió el hombrecito gordo indignado.

¡Qué!, exclamé incrédulo. ¿Le dispararon por robar una bolsa de camarones?

Miré al otro oficial, asqueado por lo que acababa de pasar. Este pobre tipo tiene sangre en la cabeza. Acabamos de sacarle los 'mocos' a este pequeño por una bolsa de camarones, dije, señalando al hambriento hombre hispano esposado.

¿Por qué te robó los camarones? ¿Entiendes español? —le pregunté, todavía incrédulo.

Sí, un poco. El mexicano dijo que tenía hambre. No tiene dinero para pagarlo. La incredulidad se convirtió en ira ante esa admisión.

¡Qué! No voy a arrestar a ese tipo por una bolsa de camarones, grité. —Voy a dejar ir al pequeño—. Miré al hombre gordo a los ojos con enojo. Toma, toma tu bolsa de camarones, dije, lanzándola bruscamente hacia él.

Cuando llegué a casa, mi esposa noto sangre de mi piernas en los pantalones. ¿Qué te pasó? Tienes algo de sangre en las perniles de los pantalones. ¿Te lastimaste? Preguntó ella con preocupación.

¿Qué sangre? Respondí, —mirando hacia donde ella señalaba.

No me atrevía a contarle lo que realmente sucedió. Hola, cariño. Me peleé hoy con un asesino pandillero tatuado de México. El oficial de narcóticos con el que estaba casi le dispara al asesino en la cabeza. Lo golpeamos fuerte por resistirse al arresto. El asesino seguía gritando: Yo los voy a matar, punks. Tiene suerte de estar vivo, mentí.

Una pequeña mentira piadosa no le hará daño a nadie, pensé. Me sentí avergonzado, y sabía que me preguntaría por qué no le compraba algo de comer al pequeño. —Lo pensaría si supiera que tenía hambre.

"Bienaventurados los que tienen hambre y sed de justicia, porque ellos será llenado."

(Mateo 5:6, versión King James)

Capítulo 36

Pero todo hombre es tentado cuando es atraído por su propia lujuria

Recibí una llamada telefónica de un agente de la Patrulla Fronteriza que parecía muy agitado. Habíamos trabajado con el agente en un caso de punto de control unos días antes.

Detuvimos a ese narcotraficante mexicano con metanfetaminas, dijo, recapitulando los eventos del arresto. Incautamos mucho dinero en efectivo escondido dentro del auto del mexicano. Conté $75,000 frente al oficial de narcóticos contigo. Detuviste al drogadicto y tu compañero tomó el dinero. Leí su informe, y de acuerdo con su informe, solo me quitó la custodia de la mitad de esa cantidad. Eso no es cierto. Mi informe muestra cuánto dinero incautamos. El agente de la patrulla fronteriza hizo una denuncia grave contra el oficial de narcóticos por hacer algo mal.

Espera. Detente ahora, —le dije. Necesitas hablar con el oficial de narcóticos sobre el dinero. Probablemente sea un error. Pero escúchame. No es mi problema. Esto es entre tú y el oficial. Tú y el oficial contasteis el dinero. ¿Lo entiendes? Llevé al malo a la cárcel. Sabía que había hecho mi trabajo honestamente. No había forma de saber con certeza qué sucedió después de que me fui con el sospechoso, y no quería involucrarme en hacer acusaciones infundadas contra el oficial.

Más tarde ese año, el día de acción de gracias, el mismo oficial de narcóticos involucrado en el incidente de la patrulla fronteriza me llamó para que lo ayudara en otro caso.

Blue, necesito tu ayuda. Un fugitivo de la DEA buscado por violaciones de narcotráfico está recogiendo algo de dinero en una casa de escondite. Tengo un informante vigilando donde está el fugitivo

El oficial quería que fuera con él para arrestar al fugitivo de la DEA. Fui con el oficial a donde se suponía que el fugitivo debía recoger el dinero de la droga. Su automóvil estaba donde el informante dijo que estaría. El oficial se puso en contacto con el departamento de policía local para ayudar a detener el automóvil del fugitivo por una infracción de tránsito.

En cuestión de minutos, una unidad marcada del departamento de policía llegó y detuvo el auto del fugitivo. El fugitivo salió de su automóvil siguiendo las instrucciones del oficial de policía. Cuando me acerqué a él con mi pistola apuntándole al pecho, el fugitivo parecía sorprendido.

No te muevas. Si intentas correr, te dispararé por la espalda. Estás bajo arresto, grité.

El fugitivo obedeció sin cuestionar, y rápidamente nos movimos para esposarlo.

¿Tienes armas o dinero dentro del auto? —pregunté.

No tengo armas, pero tengo dinero en el maletero, afirmó.

El oficial de narcóticos buscó dentro del automóvil armas, drogas y dinero en efectivo. Rápidamente recorrió el interior del auto y abrió el maletero.

¡Guau! exclamó mientras lo abría. Blue, mira todo ese dinero.

Me sorprendió ver cuánto dinero tenía el fugitivo en el coche.

Por qué tienes una gran cantidad de dinero tirado en tu maletero? pregunté. ¿Cuánto dinero tienes ahí dentro?

—Alrededor de $245,000, respondió.

Lleva al fugitivo de regreso al departamento de policía. Regresaré con el auto del fugitivo y contaré el dinero, se apresuró a decir el oficial de narcóticos.

Al día siguiente tomé el periódico local y lo ojeé rápidamente para ver si había algo sobre el arresto y la incautación. Rápidamente encontré el artículo que estaba buscando y comencé a leer. De repente dejé de leer cuando llegué a una línea que me sorprendió y me enojó.

—El auto del fugitivo fue incautado con $37,000 en él, decía el artículo.

Esa no es la cantidad que el fugitivo dijo que tenía en su maletero, pensé. Recordé el incidente anterior cuando el agente de la Patrulla Fronteriza había hecho acusaciones similares contra el mismo oficial de narcóticos. Esto no parecía una coincidencia.

Luché por decirle a mi supervisor o a alguien más en la cadena de mando lo que había sucedido. Mientras trabajaba con oficiales de narcóticos, aprendí rápidamente a nunca cuestionar la integridad de otro oficial. Decir algo a su supervisor sobre la integridad de otro oficial podría resultar contraproducente muy pronto. La norma para que los oficiales de narcóticos manejen dinero es no contarlo frente a otros testigos (usualmente otros oficiales o agentes de la DEA). La mayoría de ellos eran muy cuidadosos y éticos en el manejo del dinero. Desafortunadamente, había excepciones, y no se podía confiar en todos ellos.

Era difícil ignorar que algunos oficiales de narcóticos podrían estar robando a los drogadictos. Sacudió mi creencia fundamental de que los que trabajaban en la aplicación de la ley eran buenos cuando descubrí que algunos podrían ser los malos.

Escuché a otros agentes e informantes sobre policías corruptos de vez en cuando. Siempre hubo historias sobre drogas y dinero que fueron confiscados y desaparecidos o nunca denunciados. Nunca me involucré con los rumores sobre policías corruptos. Si pensaba que otro agente u oficial de narcóticos era corrupto, los evitaba. Me negué a trabajar con ellos.

"Sino que cada uno es tentado, cuando de su propia concupiscencia es atraído y seducido. Luego, cuando la concupiscencia ha concebido, da a luz el pecado y el pecado, cuando es consumado, da a luz la muerte."

(Santiago 1:14-15, versión King James).

Capítulo 37

Porque el que siembra para su carne, de la carne segará corrupción

Me senté en el asiento del conductor, hablando con una de las mujeres. El oficial estaba en el asiento trasero con otra mujer, tratando de convencerla de tener sexo con él. Por mucho que quisiera desconectarme, no pude evitar escuchar lo que estaba sucediendo allí atrás.

El oficial de narcóticos me acompañó a la corte del condado ese mismo día. Mientras estuvo allí, comenzó a coquetear con dos jóvenes asistentes legales casados. Sin consultarme, los invitó a almorzar con nosotros. No había ninguna razón relacionada con el trabajo para que él hiciera eso, y me frustró que les estuviera pidiendo a estas mujeres casadas que almorzaran con nosotros.

Mientras conducíamos de regreso para dejarlos en el juzgado después del almuerzo, me quedé callado a pesar de mi creciente ira y no dije nada.

¿Cómo puedes arrastrarte como una serpiente venenosa en el asiento trasero con una mujer casada, tratando de tener sexo? Rompí por fin una vez estábamos solos.

"Blue," dijo, —riéndose como si mi ira fuera una broma— ¿Por qué no trataste de conseguir algo de ella?

Estoy casado. La mujer está casada. Conozco a tu familia. Tienes una hermosa esposa y dos niños pequeños, le dije.

Se encogió de hombros con una carcajada y volvimos al auto. Me decepcionó el comportamiento del oficial. Algunos oficiales de narcóticos se aprovechan de su posición para liarse con mujeres. Me negué a participar en cualquier desventura sexual. Las mujeres en las calles, en los tribunales, las fuentes femeninas, las informantes femeninas, las acusadas o las abogadas con las que trabajé estaban fuera de los límites en lo que a mí respecta.

Algunos agentes y oficiales se emborrachaban después del trabajo para desahogarse. Yo también lo hice. Una noche pasé por el bar de policías después de un largo día de trabajo en las calles. Bebí varias cervezas y comí salchichas con chile y queso con otros oficiales. Miré mi reloj, noté que se estaba haciendo tarde y decidí irme a casa.

He bebido demasiado y no debería estar conduciendo. Cuando me dirigía a la autopista interestatal, casi choco contra un automóvil con niños dentro. Fue una decisión tonta, y me consideré afortunado de no lastimar ni matar a nadie. Le agradecí a Dios que no lastimé a nadie y llegué a casa a salvo. Esa fue la última vez que conduje borracho.

Recordé otra ocasión en la que estaba bebiendo con otros agentes y oficiales en un bar después del trabajo. Una joven bien vestida se sentó a mi lado y empezamos a hablar.

¿Qué tipo de trabajo hace usted? —pregunté.

Soy maestra de escuela, —respondió ella.

Uno de los oficiales de narcóticos le susurró algo al oído a la mujer. Supuse que él debía conocerla. Se echó hacia atrás y empezó a subirse el vestido. No tenía bragas y expuso su vagina para que cualquiera la viera.

¿Está loca? Grité mientras saltaba de la silla. —Ella me está mostrando su cosa sin pelo.

El otro oficial de narcóticos de repente estalló en carcajadas mientras yo estaba allí en estado de shock.

No, ella no es maestra. Es una prostituta, exclamé como un comediante de pie dando un remate. Rápidamente me alejé de ella mientras los otros oficiales se unían a la risa.

Yo creo que una vez que un agente o un oficial se involucraba con el sexo, las drogas o el dinero negro, pasaban a la "oscura batalla" de la corrupción. El autocontrol y la oración son la única forma de evitarlo. El sexo y el dinero sucio siempre estuvieron disponibles para cualquier agente u oficial que quisiera explotarlo.

Todos tenemos fallos, y vi muchas cosas locas trabajando en narcóticos. Dependía de mí decir "No." Nunca tuve la tentación de tener sexo con otras mujeres o de tomar el dinero de un tipo malo. Hice todo lo posible para mantenerme alejado de cualquier tipo de corrupción. Unos meses después del incidente con la maestra de escuela, estaba en el campo de tiro. Uno de los oficiales de narcóticos se me acercó.

Oye dijo. Ese oficial que te presentó a la maestra de escuela se disparó accidentalmente asimismo en el trasero hace unos años mientras estaba en el campo de tiro.

¿Cómo puede alguien pegarse un tiro en el trasero? pregunté con una risa. —Especialmente, su trasero grande y ancho.

El oficial en cuestión estaba parado en la línea de fuego y rápidamente comenzó a sacar su arma de la funda.

Oye, Blue, no te pares junto a él. ¡Podría dispararte en el trasero! —gritó alguien.

Miré al oficial que estaba a mi lado. ¿Vas a ponerme una bala en el trasero sin querer? —le pregunté.

Después de disparar en el campo de tiro con otros oficiales y agentes, regresé a la oficina. El oficial que se había disparado accidentalmente en el trasero estaba limpiando su arma en su escritorio. Había un petardo en mi mesa, y mi mente analizó las posibilidades. Este tipo había incitado a la maestra de escuela a exhibirme en el bar. ¿Por qué no? El incidente y mi reacción seguían siendo objeto de bromas en la oficina, aunque habían pasado meses desde que sucedió. Esta era mi oportunidad de venganza.

Encendí la mecha del petardo y luego lo arrojé rápidamente debajo de la silla del oficial. El petardo explotó con un sonido como de disparos. El ruido resonó por todas partes el edificio. Los secretarios gritaron y los agentes y oficiales saltaron de sus asientos con armas en mano. Todos miraban para ver de dónde venía el disparo. El oficial no se movió. Su amplio trasero estaba congelado en su silla. Todos lo miraban.

Se sentó allí sosteniendo el cañón de su arma en sus manos, con aspecto confundido. Lentamente, levantó la vista de su escritorio y volvió a mirar el cañón del arma.

Hardin arrojó un petardo debajo de su escritorio, gritó alguien al fin.

La vida es un viaje entre el cielo y el infierno

Después de dos años en la unidad de narcóticos, me ofrecí como voluntario para ser transferido a la oficina de la DEA en la frontera suroeste de Arizona.

"Porque el que siembra para su carne, de la carne segará corrupción."

(Gálatas 6:8, *versión King James)*

Capítulo 38

Honra a tu padre y a tu madre

Antes de que mamá pudiera decir algo más, me levanté de un salto, la apunté con el dedo y grité: No te muevas, o te volaré la cabeza. Mamá pareció sorprendida por la exhibición, y continué la explicación en un tono más coloquial.

Mamá, así es como evito que los malos me lastimen. No es como lo que ves en la televisión, dije moviendo las manos.

Me transfirieron de la oficina de San Diego y decidí irme a casa y ver a mi familia en Kentucky. Con un capítulo de mi carrera terminando y otro apenas comenzando, fue un excelente momento para reconectarme con la familia. Pronto continuaría mi trabajo como agente especial en Arizona a lo largo de la frontera suroeste.

Durante mis primeros días de regreso a casa, pasé la mayor parte del tiempo pescando con papá y trabajando en su huerto. Decidí pasar tiempo de calidad con mamá Era tarde en la noche y mamá estaría en la cama antes de que el sol desapareciera detrás de los arces de agua. Yo estaba sentado en el sofá con mamá. Papá estaba recostado en su desgastado sillón reclinable, mascando su última pieza de tabaco del día. Papá aún no se había quitado los "zapatos de azúcar," pero seguiría a mamá a la cama cuando ella lo hiciera.

Estaba escuchando a mamá hablar sobre algunas de sus tías, tíos y primos que mueren de enfermedades renales y cardíacas. Reflexionó en silencio durante unos momentos y me miró.

Lawrence Raymond, la vida nos está pasando muy rápido. Tu trabajo es muy peligroso. ¿Cómo evitas que alguien te lastime?

Fue entonces cuando me levanté, apunté con el dedo a mamá como si apuntara con mi arma a un criminal y le mostré cómo me protegía.

Mamá me miró como si hubiera visto un fantasma sin cabeza. Oh, Dios mío, dijo.

Miré a papá. Se sentó allí estoicamente, sin decir nada, pero ya no masticaba su tabaco. Me pregunté si se habría tragado el tabaco con todo su jugo.

Lawrence Raymond, me asustas. Me voy a la cama, —dijo mamá.

Me levanté para abrazar a mamá y me di cuenta de que mi demostración fue demasiado para ella.

Siento haberte asustado, —le dije. Mamá, es violento y sucio trabajar en las calles. Las calles son muy peligrosas. No puedes ser gentil y amable con los malos. Los malos te lastimarán y matarán si pueden. Es una lucha callejera.

Me voy a la cama, fue la única respuesta de mamá. Mi explicación no había conseguido consolarla. Caminó hacia el dormitorio con la cabeza mirando hacia el suelo. De repente, se detuvo, se dio la vuelta y me miró.

Estamos tan preocupados por ti. ¿Por qué ese trabajo, Lawrence Raymond?

No pude darle una respuesta de por qué había elegido trabajar con narcóticos. Sólo Dios lo sabe, pensé.

Te amo, mamá. Lamento haberte asustado a ti y a papá.

Papá se estaba quitando los zapatos y luego lentamente se quitó los calcetines. Antes de levantarse para seguir a mamá al dormitorio, se giró para mirarme.

Me voy a la cama, dijo. Te amo. Te veré en la mañana.

Más tarde esa noche, entré en su dormitorio y me senté al lado la ventana grande en la mecedora de mamá. Me alegré de verla. ¿Cuántas veces mamá se había sentado en su silla mirando por la ventana mientras oraba por su familia? Miré a mamá y papá durmiendo plácidamente.

Dios, susurré. Tengo que irme pronto para volver a las calles. Dios, por favor, cuídalos.

Lentamente me levanté de la silla y miré con reverencia a mamá y papá. Me incliné y los besé en la frente como lo hacía todas las noches cuando estaba en casa.

"Honra a tu padre y a tu madre, para que tus días se alarguen sobre la tierra que Jehová tu Dios da."

(Éxodo 20:12, versión King James)

Capítulo 39

Disfruta lo bueno de todo su trabajo

Entré a la oficina y rápidamente me di cuenta de que no quería trabajar allí. La oficina estaba a menos de 10 millas de México y los principales cárteles tenían una presencia significativa a lo largo de la frontera. Los malos y los policías corruptos podían hacerme daño rápidamente, y los cárteles mexicanos tenían una reputación violenta. No ayudó que la seguridad fuera y dentro de la oficina fuera horrible. 4.000 libras (1815 Kg aproximadamente) de marihuana confiscada estaban en una oficina lateral, casi olvidadas. —Apenas había llegado, y estaba listo para partir.

Más temprano esa mañana, me presenté en la oficina de la DEA en Yuma, Arizona. La oficina ciertamente era diferente de lo que esperaba cuando tomé el traslado a Yuma. Dos agentes y una secretaria se apretujaron en una habitación del tamaño de una lata de sardinas vacía. La temperatura exterior era de más de 117 °F, y moverse en el calor era miserable. El interior de la oficina no era mucho mejor, y rápidamente me di cuenta de que había cometido un gran error.

¡Hola! ¿Eres el chico nuevo? —preguntó alegremente la secretaria—. Empecé a responder, pero ella me interrumpió. El jefe no está aquí. Adelante, toma el escritorio en la esquina de la oficina.

Fui a la esquina que me había indicado la secretaria y dejé mis cosas sobre un escritorio de metal gris doblado al que le faltaban dos cajones. El sillón estaba roto, y me pregunté de quién sería el asqueroso trasero que ha estado sentado en él. —Pensé que la secretaria debió haber encontrado el escritorio y la silla en un contenedor de basura—. Curiosamente noté que los agentes más jóvenes tenían muebles de oficina más nuevos. No quería estar aquí.

Limpiándome el sudor de la frente, traté de ubicarme. Mis esfuerzos se vieron obstaculizados por el abrumador olor a droga confiscada que impregnaba la oficina.

¡Guau! —exclamé. ¿Por qué huele tan mal en la oficina? no puedo respirar ¿Tienes problemas para respirar?

Bueno, estamos acostumbrados al almacenamiento de marihuana aquí en la oficina, especialmente cuando huele dulce. ¿Tal vez puedas sacarlo de la oficina esta semana? sugirió la secretaria.

¿Cuánta marihuana hay en la otra habitación? pregunté, temiendo cuál sería la respuesta.

Alrededor de 4,000 libras, —respondió ella.

Estuve en la oficina durante aproximadamente una semana cuando la secretaria me pidió que me deshiciera de la fuente del olor nauseabundo.

Larry, tienes que sacar la marihuana de la oficina. Tienes que deshacerte de ella hoy.

Le pregunté a uno de los más jóvenes agentes donde se suponía que debíamos destruir la marihuana.

No lo sé. Creo que puedes deshacerte de ella en el desierto,— respondió con una notable falta de certeza.

Está bien. Mañana por la mañana cargaremos las 4,000 libras en mi SUV encubierto y en tu auto. Encontraré un lugar para quemarla en el desierto, —decidí.

Nos reunimos en la oficina temprano a la mañana siguiente y cargamos las 4,000 libras de marihuana en los vehículos.

Sígueme a la gasolinera, —le indiqué al otro agente. Necesito un poco de gasolina para ayudar a quemar la marihuana.

Llenamos dos recipientes de plástico rojo de cinco galones con gasolina, y me di cuenta de que necesitaríamos fósforos para encenderlos.

¿Puedes ir a buscar fósforos al empleado de la gasolinera? Mientras esté adentro, compré un paquete de 12 cervezas frías para beber y una bolsa grande de chips de tortilla. Dispararemos a las botellas vacías mientras la hierba se está quemando, sugerí. Regresó con la cerveza y los chips de tortilla. ¿Conseguiste los fósforos? Le pregunté, y me aseguró que sí. Entonces vámonos antes de que la cerveza se caliente.

Encontré un lugar en el desierto cerca de la prisión estatal de Arizona, aproximadamente a una milla al norte de la frontera con

México. El otro agente y yo tardamos toda la mañana en abrir los paquetes de marihuana. Los arrojamos en una gran pila sobre la arena del desierto y yo vertí la gasolina sobre la pila.

Está bien, hermano, le pondré gasolina a la hierba. Puedes encenderla. Mientras se quema, podemos inhalar un poco de ese dulce humo, bromeé. Me está entrando sed de una cerveza fría.

¿Qué haremos con las botellas vacías? —preguntó.

Hermano, no te preocupes. Podemos practicar con las botellas de cerveza vacías, respondí mientras tomaba una cerveza bien fría.

Está bien. Enciéndelo, hermano. Vamos a verlo arder, —dije después de vaciar 10 galones de gasolina sobre las 4,000 libras de hierba.

Rebuscó en sus bolsillos mientras esperábamos, dándose cuenta de que no tenía los fósforos.

¡Ups! No puedo encontrar los fósforos en mi bolsillo. —Los perdí en la gasolinera, admitió avergonzado.

No te preocupes, hagámoslo como los actores de las películas. Ya sabes, cuando el actor dispara al tanque de gasolina de un automóvil, explota, ¿verdad? El otro agente asintió con la cabeza.

Está bien, veamos quién es el más rápido en sacar sus armas y disparar al montón de hierba. Rápidamente sacamos nuestras pistolas y abrimos fuego contra la pila de hierba empapada de gasolina. Disparamos y continuamos disparando hasta vaciar nuestros cargadores de balas, pero las llamas esperadas no se materializaron. Miramos la pila con decepción.

¿Qué vamos a hacer con toda esa hierba? —preguntó el agente.

¿Quién más podría estar afuera en la temperatura calurosa del desierto disparando sus armas contra un montón de hierba? Mientras reflexionaba sobre esa pregunta, dos oficiales de la patrulla fronteriza se acercaron para ver quién estaba disparando. Miraron la pila de hierba empapada de gasolina y a nosotros y rápidamente supusieron que éramos agentes de la DEA.

¿Quieren uno frío? pregunté. Tenemos algunos chips de tortilla pero no salsa picante. ¡Oh! ¿Tienen fósforos? No tenían , y nos quedamos para encontrar una solución a nuestro problema.

Bebí otra cerveza mientras trataba de encontrar una solución. De repente se me ocurrió una idea y le sonreí al agente como una zarigüeya que come una vaca muerta. Me acerqué a mi SUV, metí la mano en el asiento trasero y saqué una bengala de emergencia. Funcionó a las mil maravillas.

Vamos a tomar otra cerveza fría, sugerí. Estoy listo para el tiro al blanco. Alinea las botellas en una fila. Soy el primero en disparar.

Las 4,000 libras de hierba mexicana tenían un olor dulce mientras se quemaban, lo cual me pareció agradable. Bebimos la última de nuestras cervezas y terminamos de comer los totopos (tortilla de maíz).

Me preguntaba si los oficiales de la patrulla fronteriza estaban disfrutando del dulce olor de la hierba como yo. Consideré a los prisioneros en la prisión cercana y me reí mientras me preguntaba si estarían disfrutando del dulce olor que soplaba hacia ellos.

Alineamos las botellas de cerveza vacías mientras la pila seguía ardiendo y recargando los cargadores de nuestras armas. Una por una, las botellas de vidrio explotaron mientras les disparábamos bajo el sol abrasador del desierto. El montón de hierba de 4,000 libras terminó de convertirse en cenizas y empezamos a recoger para irnos. El otro agente se ofreció a mostrarme la casa segura de la DEA cerca de la frontera con México antes de que regresáramos a la oficina.

La casa de seguridad generalmente se usaba como un lugar encubierto para que los agentes y oficiales de narcóticos realizaran operaciones de vigilancia durante toda la noche. Su ubicación era ideal para observar las principales operaciones de contrabando de droga que cruzaban a Arizona desde México. Sin embargo, solo algunas de sus funciones eran oficiales. También era un lugar para comer, dormir y jugar al póquer.

"Mirad lo que he visto: bueno y decoroso es que uno coma y beba, y disfrute del bien de todo su trabajo que toma debajo del sol todos los días de su vida que Dios le da; porque es su porción."

(Eclesiastés 5:18, versión King James)

Capítulo 40

Dios juzgará a los justos y a los malvados

¿Hay algún expediente que pueda leer acerca de cómo esos dos agentes casi fueron asesinados en México? Le pregunté a la secretaria.

Ve a la sala de archivos. En la parte inferior del archivador, hay un expediente de los hermanos del cártel mexicano que intentaron matar a dos agentes hace varios años, —respondió ella.

Unos días después de quemar la hierba de olor dulce, jugué al póquer con un agente de la DEA y tres oficiales de narcóticos de la policía local en una casa de seguridad. Estaban esperando noticias de un informante en México y se estaban tomando un tiempo de inactividad mientras esperaban. Uno de los oficiales de narcóticos estaba en la cocina preparando chile jalapeño picante mexicano. Los otros dos agentes estaban tirados en los sofás y en el suelo como viejos perros de presa infestados de pulgas.

El informante tenía noticias sobre un vehículo que ingresaba esta noche desde la frontera con México cargado con cocaína de dos hermanos que pertenecían a una importante familia del cártel. Según el informante, el auto viajaría a una residencia desconocida cerca de la frontera después de cruzarla.

Acabábamos de terminar una mano de póquer cuando el otro agente de la DEA se giró para mirarme.

Larry, eres nuevo aquí. Te voy a explicar quiénes son los hermanos de la familia cártel. La familia está conectada con oficiales de aduana corruptos e inspectores de inmigración en el puerto de entrada (POE), explicó.

El agente continuó explicando que ninguna droga pasó por el puerto de entrada a los EE. UU. desde México sin la aprobación de la familia cártel. Tres hermanos controlaban despiadadamente el negocio de la droga de la familia. Incluso habían ido tan lejos como para intentar matar a dos agentes de la DEA en México varios años antes.

Estaba fascinado por lo que me había dicho el agente y seguí haciendo preguntas mientras jugábamos al póquer. El oficial de narcóticos finalmente recibió la llamada telefónica del informante que había estado esperando. El traficante estaba trasladando la droga a una residencia. Los tres oficiales dejaron de jugar abruptamente y se fueron a investigar. Seguí jugando al póquer con el agente por un tiempo más extenso. Quería quedarme y escuchar más historias sobre cómo los hermanos del cártel intentaron matar a los agentes de la DEA.

Fui a la oficina al día siguiente y comencé a hacerles muchas preguntas a los otros agentes y a la secretaria sobre la familia cártel, especialmente los hermanos. Se me ocurrió que podría obtener mucha información adicional del expediente que la secretaria amablemente me indicó.

Revisé el material con una fascinación creciente durante varias horas. El expediente del caso se leía como el guión de una película de Hollywood. En última instancia, dos agentes habían sido secuestrados, baleados y dados por muertos en las calles de Sonora, México.

Según el expediente, policías mexicanos corruptos habían informado a los hermanos del cártel que dos agentes de la DEA estaban trabajando en su territorio. Los agentes estaban comprando heroína de alquitrán negro de sus mulas y reuniendo información perjudicial sobre las actividades del cártel. Los hermanos querían detener esto e idearon un plan para secuestrar y matar a los dos agentes.

Los hermanos sicarios no perdieron el tiempo secuestrando a los agentes. Los asesinos tomaron desprevenidos a los agentes y los obligaron a caer al suelo de forma repentina e inesperada. Procedieron a patadas brutales y reiteradas en las costillas de los agentes, dejándolos heridos y aturdidos.

Los asesinos rápidamente sacaron a los agentes de la calle y los arrojaron a la parte trasera de la camioneta del agente. En el caos del asalto repentino, los asesinos no habían registrado a fondo a uno de los agentes en busca de armas. El revólver de punta chata Smith & Wesson del agente había evitado ser detectado cuando se le resbaló de la cintura y se le metió en la entrepierna.

La camioneta avanzó dando tumbos, acelerando fuera de la ciudad del desierto hacia el desierto abierto. Un autobús se detuvo repentinamente frente a la camioneta, lo que obligó al conductor a pisar los frenos y detenerse detrás de ella. Los agentes lesionados vieron su oportunidad y saltaron de la camioneta. Otro grupo de sicarios que escoltaba la camioneta vio a los agentes que huían y comenzó a dispararles. Los agentes sufrieron más heridas por impactos de bala al huir entre la cantidad de disparos. A pesar de sus graves heridas, continuaron corriendo. Sabían que de no escapar eso les conduciría a la tortura y la muerte.

Los sicarios continuaron disparando hasta quedarse sin balas. Indefensos y habiendo llamado demasiado la atención, saltaron a su auto y desaparecieron. Los agentes sobrevivieron al brutal ataque de los asesinos, pero sufrieron fuertes dolores durante muchos años.

Un informante no comunicó más tarde: Los hermanos cártel estaban descontentos con que los agentes escaparan con vida. Los hermanos querían matarlos.

Mientras revisaba los archivos, me sorprendió que hubiera tantos casos de narcóticos relacionados con la familia del cártel y los hermanos. Un hijo de uno de los hermanos fue seleccionado y respaldado por un congresista de Arizona para asistir a la academia de la fuerza aérea en Colorado Springs, Colorado. Antes de que el hijo fuera a la academia, fue arrestado y liberado el mismo día por los inspectores de Inmigración en el POE por contrabando de marihuana en Arizona. El hijo nunca asistió a la academia.

Según fuentes e informantes, los hermanos del cártel estaban bien conectados con un congresista de Arizona. El congresista era un mexicoamericano que apoyaba fuertes lazos agrícolas con México. El congresista supuestamente estaba familiarizado con el "negocio agrícola" de los hermanos en México.

Parte de la información en los archivos del caso fue desgarradora. Leí sobre un traficante que tuvo que entregar a su hija a los hermanos del cartel a cambio de la cocaína perdida. La hija del traficante solo tenía 12 años. Fue utilizada por los hermanos para el placer sexual. Un informante le pidió a la DEA que ayudara a la pequeña a escapar de los hermanos. Los agentes que trabajaban con el informante solicitaron asistencia de la oficina del fiscal federal auxiliar (AUSA). Nunca recibieron la ayuda que necesitaban y no pudieron traer a la niña a los EE. UU.

"Dije en mi corazón: Dios juzgará al justo y al impío; porque allí hay un tiempo para cada propósito y por cada trabajo."
(Eclesiastés 3:17, versión King James)

Capítulo 41

El que comete fornicación peca contra su cuerpo

Llegué a la oficina, cansado y con los ojos llorosos después de una sesión de póquer a altas horas de la noche en la casa de seguridad. La secretaria se me acercó cuando entré a la oficina y pude ver que algo la estaba molestando.

Uno de los agentes estaba demasiado cerca de la ayudante estudiantil en la sala de archivos, dijo. Creo que le estaba frotando los senos.

No había lugar para ese tipo de comportamiento en la oficina, y quería asegurarme de que los demás agentes lo entendieran.

Tengan cuidado con lo que hacen en la oficina con esa nueva ayudante estudiantil, les dije. Simplemente se rieron y me di cuenta de que no estaban tomando mis preocupaciones en serio.

La secretaria se me acercó nuevamente unos días después.

Creo que la chica podría estar teniendo sexo con él, me informó con creciente preocupación.

Yo me encargaré de eso,— le aseguré.

El secretario me miró muy serio. Si no le dices que pare, esa chica perderá su trabajo.

Me estaba preparando para irme a dormir y quería pensar en lo que diría. El agente todavía estaba en la oficina y no estaba listo para hablar con él sobre el incidente.

Cierre la oficina y encienda la alarma de seguridad cuando se vaya, dije.

Al salir por la puerta principal, de repente me di cuenta de que había olvidado algunos documentos que necesitaba. Decidí entrar por la puerta trasera de la habitación del archivo, y nadie se dio cuenta cuando regresé a la oficina. Para mi molestia, vi que el agente estaba coqueteando sexualmente con la ayudante estudiantil.

¡Ya basta! —grité enfáticamente.

La chica se sonrojó de vergüenza cuando miró de repente. me miró, desviando la mirada. Pasé junto a los agentes y la ayudante, me dirigí a mi escritorio y recogí los papeles que necesitaba sin decir una palabra más.

Me di la vuelta y me preparé para salir, luego me detuve, sabiendo que necesitaba decir algo más.

Este tipo de actividad me molesta, les dije. ¡No hagan eso en la oficina ¡nunca más!

Poco después de ese incidente, la asistenta estudiantil dejó de trabajar para la DEA. No había nada nuevo acerca de que los agentes tuvieran relaciones sexuales con compañeras de trabajo, abogados, asistentes legales, informantes, mujeres casadas, mujeres que iban a la iglesia o prostitutas. Para algunos agentes y oficiales de narcóticos, actuar así era solo parte de la cultura del lugar de trabajo. Nunca pude entender cómo algunos agentes y oficiales profesaban amar a sus esposas e hijos, pero tendrían relaciones sexuales con cualquier mujer a la que se le bajaran las bragas.

"Huye de la fornicación. el pecado que el hombre comete es fuera del cuerpo, pero el que comete fornicación peca contra su cuerpo."

(1 Corintios 6:18, versión King James)

Capítulo 42

Porque el que siembra para su carne: De la carne segará corrupción

Mientras cruzaba a México, pude ver a los policías corruptos parados debajo de un gran cartel que advertía que era ilegal llevar armas y municiones a México, estaba cruzando a México con mi escopeta y ametralladora automática en el maletero del auto, una Smith 38 y Wesson 5 disparos en un tobillo y un 40 cal Sig Sauer en mi cintura. Y, por supuesto, mi navaja. —El término "enfrentamiento mexicano" me vino a la mente mientras me reía del letrero—.

Los oficiales mexicanos en la frontera y muchos traficantes del cártel sabían que yo era un agente gringo de la DEA. Los malos no tuvieron ningún problema en entrar a Estados Unidos con armas. Pasé el día persiguiéndolos a través del abrasador calor del desierto de Arizona y de regreso a través de la frontera con México. Yo estaba agotado.

Recordé la primera vez que crucé la entrada fronteriza y miré hacia arriba para ver el letrero. Dos oficiales de aduanas mexicanos estaban de pie junto a él, con aspecto aburrido y desinteresado, tal como lo hacen ahora. Viajar a México no fue un problema para los agentes de la DEA, y los funcionarios de la aduana mexicana nunca nos dieron ningún problema. Cuando regresaba a los EE. UU. desde México, siempre me detenían los oficiales de aduanas de los Estados Unidos y los inspectores de inmigración en el PDE. Algunos de ellos nos conocían, y los que no, hacían las típicas preguntas.

¿Quién eres? ¿Cuál es tu propósito en México?

Soy DEA. Fui a México a comer pollo a la parrilla y beber un par de cervezas, respondí casualmente.

Varios meses después, uno de los agentes de habla hispana en la oficina de la DEA me pidió que lo acompañara a cruzar la frontera.

Larry, ¿quieres cruzar conmigo la frontera a México para visitar a un fiscal?

¿Qué está pasando en México? —Le pregunté.

Recibí una llamada del fiscal mexicano. Quiere hablar sobre los hermanos del cártel que intentaron matar a los agentes hace varios años. Él fue el abogado que inició las órdenes de arresto federal contra los hermanos por lo que le hicieron a los agentes.

Mi experiencia al leer los archivos del caso sobre ese incidente varios meses antes se había quedado conmigo. Recordé como los agentes habían sido torturados y dejados medio muertos en el camino del desierto para morir en México.

Absolutamente, dije con entusiasmo. Iré contigo a ver a este fiscal.

Me preguntaba por qué quería hablar después de tantos años, ¿qué información nueva había? ¿Qué tenía el fiscal mexicano sobre los hermanos del cártel que intentaban asesinar a los agentes, qué quería compartir con la DEA?

Esa noche fui con el agente a ver al fiscal mexicano en su oficina en México. Le pregunté al fiscal sobre la familia cártel, los hermanos y su organización de contrabando de drogas.

Hay informes de la DEA y otras agencias de investigaciones criminales de los Estados Unidos sobre la familia del cártel y los hermanos, dijo nervioso en un inglés entrecortado.

El fiscal señaló unas cajas marrones abiertas detrás del archivador en la esquina de su oficina.

Estoy trabajando en varios casos de tráfico de drogas que involucran a los hermanos, explicó.

¿Puedo mirar los documentos criminales en las cajas? pregunté.

Sí. Ve y mira.

Me sorprendió lo que vi en una de las cajas. Nada fue redactado en los informes de investigación. Los nombres de los agentes de la DEA, los agentes del FBI, los agentes de aduanas, los oficiales de inmigración y los agentes de la ley locales involucrados en los casos del cártel eran claramente visibles.

Los informes también incluían información sobre los métodos de los organismos encargados de hacer cumplir la ley para conocer las rutas de tráfico de drogas de los hermanos. Hicieron una lista de "mulas" que las fuerzas del orden de EE. UU. sabían que estaban contrabandeando droga a los EE. UU. para los hermanos. Incluso vi los números de identificación de la DEA para los informantes y los nombres de los testigos en los informes.

¿Cómo conseguiste los informes de investigación?

—Le pregunté.

Los recibí de la embajada de los Estados Unidos en México. Los casos están relacionados con ciudadanos mexicanos arrestados en los Estados Unidos. —Creo que los estadounidenses lo llaman descubrimiento, respondió—

Mis ojos se dirigieron al otro agente. Los hermanos del cártel están leyendo los informes de descubrimiento escritos sobre los acusados mexicanos arrestados en los Estados Unidos.

¿Puedo tomar una de las cajas?

Esas cajas son del gobierno de México, —dijo con firmeza el fiscal.

Tomemos una cerveza y algo de comer antes de cruzar la frontera. Es mucho más barato, —dije mientras salíamos de la oficina.

Reflexioné sobre lo que habíamos visto mientras tomábamos un par de cervezas.

Los hermanos de la familia cártel entienden como opera nuestra agencia, el FBI y otras fuerzas del orden público en los Estados Unidos, México, Colombia y muchos otros países de América central, América del sur, Europa y Asia, le dije al otro agente. Los hermanos de la familia del cártel están utilizando los informes de descubrimiento de los acusados mexicanos para infiltrar sus drogas en los EE. UU. También están aprendiendo a ocultar el dinero que ingresan en México. No es de extrañar que la DEA y la policía no puedan ganar la guerra contra las drogas. Nuestro Departamento de Justicia en Washington D.C. sabe eso. Es un juego entre nuestro gobierno, el gobierno mexicano y los narcotraficantes.

Estaba preocupado por lo que había visto. Los hermanos conocían los nombres de los agentes, policías, informantes y testigos por la publicación de documentos de descubrimiento. No era de extrañar que los delincuentes siempre parecieran estar un paso por delante de nosotros.

Mientras el agente conducía de regreso a la oficina, continué pensando en todo lo que había aprendido. ¿Cómo habían planeado los hermanos su operación contra los dos agentes de la DEA? ¿Leyeron los informes de las cajas? ¿Sabían que la DEA, específicamente esos agentes, los estaban atacando? ¿Así encubrieron los hermanos la emboscada a los dos agentes de la DEA?

Al día siguiente, le conté al supervisor y llamé al Asesor Jurídico Jefe de la DEA en Washington, D.C., sobre las cajas en la oficina del fiscal mexicano en México. Después de escuchar mis preocupaciones, el supervisor me sugirió que me reuniera con el fiscal federal auxiliar (AUSA) sobre lo que había dentro de las cajas de la oficina del fiscal mexicano. El asesor jurídico jefe de la DEA nunca me devolvió la llamada, pero hablé con la AUSA.

Los hermanos cártel están detrás del intento de asesinato de los agentes en México. Incluso el DOJ (Departamento de Justicia) solicitó órdenes de arresto de los hermanos en México para que los hermanos fueran arrestados en Estados Unidos. Sin embargo, los hermanos nunca fueron arrestados por las autoridades mexicanas corruptas, explicó a la AUSA.

Pasé a contarle a la AUSA sobre la reunión con el fiscal federal de México. Durante la reunión, el fiscal me dijo que México estaba muy interesado en reexaminar la participación de los hermanos en el intento de asesinar a los agentes. La AUSA parecía muy interesada en lo que tenía que decir.

Tenemos que seguir con esto de nuevo, Larry, sigamos adelante y reabramos la investigación criminal sobre los hermanos de la familia cártel.

Dijo que la oficina del Fiscal de EE. UU. coordinaría cualquier asunto legal con la oficina del fiscal federal de México con respecto a la extradición de los hermanos a EE. UU. y la publicación de los informes de descubrimiento.

Los informes de descubrimiento se entregan a los acusados mexicanos en los EE. UU. Los informes también se envían a México. Debe comunicarse con el Departamento de Justicia, dije, explicando mi preocupación. El cártel descubrirá lo que estoy haciendo en México y Estados Unidos.

El AUSA sacudió la cabeza con disgusto. Lo investigaré, prometió. '¿Crees que hay corrupción en los puntos de entrada (POE) de estados unidos y México?

Absolutamente, —respondí con total convicción.

Al igual que yo, la AUSA estaba molesta por la probabilidad de que policías corruptos trabajaran en la frontera entre Estados Unidos y México. Estuvimos de acuerdo en que la frontera entre Estados Unidos y México era un lugar muy peligroso para trabajar debido a la corrupción.

Me preocupa más que me dispare un oficial de aduanas o un inspector de inmigración que la policía mexicana o uno de los hermanos del cártel, —admití con tristeza.

"Porque el que siembra para su carne, de la carne segará corrupción; mas el que siembra el Espíritu, del Espíritu segará vida eterna."

(Gálatas 6:8, versión King James)

Capítulo 43

Que rechazan la ganancia de la extorsión y evitan aceptar soborno

¿Puedes resumir el caso? —Le pregunté al agente de estupefacientes de la Aduana.

Mi informante me proporcionó muy buenos datos sobre el cultivo de marihuana en los campos de cítricos y algodón. Uno de los malos era miembro del personal presidencial del expresidente Reagan. —El otro es profesor de la universidad de California en Berkeley, respondió.

Un agente de Aduanas de EE. UU. me había dicho que estaba trabajando en una investigación sobre marihuana de la que quería hablarme. Conocí al agente en su oficina unos días después. Dijo que no quería trabajar con ningún otro agente de la DEA.

¿Por qué? —Pregunté curioso acerca de por qué quería trabajar conmigo específicamente.

Su respuesta fue simple: Puedo confiar en ti.

Oye, mira, estoy muy ocupado con un caso de la familia Cártel que involucra a los hermanos, le dije. El caso que presentó sonaba interesante, pero el otro me mantuvo ocupado. Me di cuenta de que estaba decepcionado.

Bueno, —Le ofrecí sin comprometerme—, reunámonos con tu informante.

A los pocos días de nuestra conversación, me reuní con un agente de aduanas y su informante en un limonero. El informante explicó quiénes eran los cultivadores de marihuana.

Un profesor enseña matemáticas en la Universidad de California en Berkeley. Tiene terrenos en los condados de Mendocino y Humboldt. También tiene una casa en Captain Cook, Hawái. Continuó explicando como funcionaba la operación. El profesor brinda su experiencia en el cultivo de marihuana y su mano de obra desde sus propiedades en los condados de Mendocino y Humboldt. Su mano de obra consiste en viejos 'hippies' que cosechan y recortan la marihuana. El informante dijo que podría identificar a 36 de los asociados del profesor que lo ayudaron a cultivar y distribuir la marihuana.

El informante vio que estábamos interesados y nos habló de un sospechoso particularmente interesante involucrado en el caso. Un exdiplomático del departamento de estado que trabajó para el estado mayor presidencial de Reagan, proporcionó fincas de cítricos, campos de algodón, vehículos y agua de riego para que el profesor cultive la marihuana en los campos de algodón y cítricos. El exdiplomático fue a Amsterdam con el presidente. Trajo semillas de marihuana de Amsterdam. Las semillas se cultivaron dentro de campos de algodón y cítricos.

Una vez que el informante se fue, hablé con el agente de aduanas. —Está bien. Escuché suficiente de tu informante—. Este caso de marihuana es impresionante. Voy a hacer que me asignen para ayudarle.

Un mes después, un oficial de narcóticos del departamento de seguridad de Arizona (DPS) vino a la oficina y se reunió con mi supervisor. Después de unos minutos, el supervisor también me llamó.

El oficial de narcóticos está pidiendo ayuda en su investigación de metanfetaminas, explicó mi supervisor. Necesita ayuda de la DEA. Era evidente que la ayuda de la DEA significaba ayuda mía, Jefe, —respondí.

Estoy muy ocupado con el caso de los hermanos cártel y el caso de la marihuana de la Aduana. No tengo tiempo ni de quitarme los zapatos para acostarme.

Larry, el oficial de narcóticos pregunta por ti. Nadie más en la oficina. Sólo tú.

¿Por qué yo? —pregunté. Ahora hay tres agentes de la DEA en la oficina.

Larry, solo escucha al oficial. Él explicará el caso. Realmente quiero que trabajes con él. También tiene información sobre los hermanos de la familia cártel.

Le pregunté al oficial de narcóticos del DPS por qué quería que yo trabajara con él. Obtuve una respuesta similar a lo que había dicho el agente de aduanas. Puedo confiar en usted. —Hay corrupción en el POE.

¿Qué? respondí sarcásticamente. Está bien. Cuéntame tu caso y por qué quieres la ayuda de la DEA.

El oficial de narcóticos había obtenido información de que un importante distribuidor de metanfetaminas (meth) de Cornbread Mafia estaba traficando en el área cerca de la frontera. El distribuidor de metanfetaminas tenía conexiones con la mafia de Las Vegas y los Hells Angels —Ángeles del infierno es un club de moteros— en California. Su investigación también reveló que los hermanos Cártel estaban involucrados.

El distribuidor de metanfetaminas es sabido por la DEA y el FBI que está recibiendo sustancias químicas ilegales, así como libras de metanfetaminas fabricadas en México, explicó el oficial y la organización de contrabando de drogas.

¿Por qué no le pidió ayuda al FBI? —pregunté. Él sonrió ante la pregunta y respondió con una mirada de disgusto. Le pregunté a un agente del FBI, pero se niega a ayudarme. El agente del FBI dijo que estaba demasiado ocupado.

Concluimos la reunión y el oficial de narcóticos nos dijo que se concentraría en obtener la autorización del estado de Arizona para interceptar las comunicaciones electrónicas en la casa del distribuidor de metanfetaminas.

Me encontré con el agente del FBI. quien inicialmente pidió ayudar con el caso un tiempo después. Tenía curiosidad por qué no había tomado el caso, así que le pregunté. El agente dejó en claro que no quería trabajar con ningún oficial local de narcóticos en el caso por la corrupción.

Me desilusiono que el FBI se negara a trabajar con las agencias policiales locales. ¿Qué sabía el FBI que yo no sabía sobre corrupción? ¿Por qué había rechazado un caso como este? La próxima vez que vi al oficial de narcóticos del DPS, aclaré que estaba allí para ayudarlo.

Como agente federal, era responsable de coordinar y dirigir los equipos de vigilancia de la DEA. Yo era el único agente de la DEA que trabajaba con el oficial de narcóticos local. Varias veces seguí a traficantes de marihuana y metanfetaminas desde Arizona hasta California.

Supervisé las actividades de tráfico de marihuana y metanfetaminas durante tres meses en el PDE (puerto de entrada) y en todo EE. UU. Con la ayuda del oficial de narcóticos del DPS, identifiqué redes criminales que estaban transfiriendo muchas libras de metanfetaminas a sus asociados criminales cada mes. El IRS me ayudó a obtener declaraciones bancarias y de ingresos que detallaban las actividades financieras de los distribuidores de metanfetaminas. Revisé la información cuidadosamente y encontré un rastro financiero que vinculaba a los distribuidores de metanfetaminas con el negocio agrícola del cártel en México. También supe que los hermanos y su cártel en México estaban proporcionando a los distribuidores de metanfetaminas y cocaína para distribuir en los Estados Unidos.

Mientras trabajaba en el caso, los informantes reiteraron que había oficiales de Aduanas e inspectores de Inmigración corruptos en el PDE trabajando para los hermanos. Cuando terminó el caso de metanfetaminas, arresté a 11 de los asociados criminales del distribuidor de metanfetaminas por cargos de narcóticos. El principal sospechoso fue luego liberado de la cárcel con una fianza de $140,000 pagada por los hermanos Cártel.

Me pareció extraño que los hermanos del cártel hubieran escapado de la justicia durante tanto tiempo, y me preguntaba si estaban recibiendo ayuda de elementos de inteligencia dentro del gobierno de los EE. UU. (Spooks).

¿Crees que los hermanos podrían estar conectados con los Spooks? —Le pregunté al oficial de narcóticos del DPS.

Sí, los hermanos están trabajando con los Spooks, afirmó.

Me preocupaba el tener que ocuparme de elementos dentro de mi propio gobierno. Los hermanos eran un cáncer que propagaba la corrupción. Con suerte, arrestaría a los hermanos y terminaría con la corrupción en los puertos de entrada. Me mantuve enfocado en los hermanos y la corrupción en el POE durante mi tiempo en Arizona.

La vida es un viaje entre el cielo y el infierno

"Los que andan en justicia y hablan lo recto, los que rechazan la ganancia de la extorsión y se guardan las manos para no aceptar soborno, los que se tapan los oídos contra las tramas de asesinato y cierran los ojos para no contemplar el mal, 16 ellos son los que habitarán en el alturas, cuyo refugio será la fortaleza del monte; su pan será saciado, y el agua no les faltará."

(Isaías 33:15-16, version King James)

Capítulo 44

Los hombres malvados Entienden, no juzgan

Recuerdo una ocasión cuando decidí tomar un atajo alrededor del PDE (Puerto de entrada) de México a través del desierto abierto. Después de cruzar de regreso a los EE. UU., se desató el infierno. Los coches de los agentes de Aduana y de los inspectores de Inmigración aparecieron de la nada y se me acercaron a toda velocidad con las sirenas y la luces encendidas. Detuve mi auto, y los agentes y oficiales saltaron de sus vehículos, apuntándome con sus pistolas.

Soy DEA, les grité, sorprendido por la respuesta. Algunos de ustedes saben que soy de la DEA. ¿O creen que soy Pancho Villa? —agregué sarcásticamente.

Lentamente saqué mi placa de la DEA y se las mostré. Claramente no estaban contentos con mi atajo. Me pidieron regresar al PDE con ellos, y cumplí.

Varios días antes, mi investigación sobre las operaciones de contrabando de marihuana y metanfetaminas había llegado a su fin. Terminar esas investigaciones me dejó libre para concentrarme en los hermanos del cártel como un perro pájaro comiendo salvajemente su presa. Quería que enfrentaran la justicia por los dos agentes que habían intentado asesinar en México. Una cosa que aprendí al trabajar en las investigaciones de marihuana y metanfetaminas fue en quién podía y en quién no podía confiar en el puerto de entrada de México (POE).

Sabe?, agente Hardin, algo no está bien en ese POE. Los funcionarios de aduanas y los inspectores de inmigración están haciendo preguntas sobre nuestra visita a México, me había dicho uno de mis informantes.

¿Qué tipo de preguntas?

Los oficiales e inspectores preguntaron qué estaba pasando en México. ¿Por qué regresamos a Arizona? Les dije a los oficiales e inspectores que vivimos en Arizona. Les mostramos a los oficiales e inspectores nuestros pasaportes colombianos con las visas. Además, preguntaron si conocíamos a los hermanos. —El informante claramente sospechaba de los motivos detrás de esas preguntas.

Con la ayuda de varias fuentes e informantes, finalmente identifiqué a uno de los inspectores de Inmigración corruptos en el POE. Era sobrino de los hermanos del cártel. Sin duda, había varios oficiales e inspectores corruptos más en la frontera del POE. Debido a la corrupción en la aplicación de la ley en el PDE, me vi obligado a trabajar sin el apoyo de los agentes de aduana.

Al principio confiaba en los agentes de mi oficina. Más tarde me enteré por el oficial de narcóticos del DPS que un agente de la DEA de mi oficina le estaba diciendo a la policía local en la comunidad sobre mi contacto con diversas fuentes e informantes que trabajaron en México. Muchos vivían y trabajaban en México, y me preocupaba porque su situación los exponía. Los hermanos tenían familiares que trabajaban en el POE, y los informantes aclararon que les habían dicho que un agente Hardin de la DEA estaba persiguiendo a los hermanos.

No había muchos agentes u oficiales de narcóticos en los que pudiera confiar o con los que contar para cubrirme las espaldas en las calles. El único en quien podía confiar en mi oficina era la secretaria. Ella me mantuvo al día con mi papeleo, asegurándose de que todo lo que escribí se completara y leyera sin problemas para la oficina de AUSA. Ella me cuidaba como una gallina cuidando a sus pollitos, protegiéndome de los chismes de los agentes sobre por qué trabajaba solo en las calles y en México. Mis fuentes e informantes eran las únicas personas en las que confiaba fuera de la oficina.

A veces, incluso trabajé solo al otro lado de la frontera en México. Realicé controles de vigilancia en las residencias y negocios de los hermanos cártel. Vehículos con placas de EE.UU. Estaban estacionados con frecuencia en esos lugares, y los anoté cuidadosamente. —Muchas de esas placas resultaron estar registradas a nombre de narcotraficantes conocidos en los EE. UU.

Los hermanos tenían un negocio de productos agrícolas y camarones en México. Cuando los empleados salían del trabajo, seguí a algunos de regreso a los EE. UU. Los empleados que vivían en los

EE. UU. tendían a tener hermosas casas en marcado contraste con los que vivían en México que vivían en casas hechas de madera contrachapada. Los empleados que vivían en casas de madera contrachapada no estaban involucrados en el tráfico de drogas.

Supe por las fuentes e informantes que los hermanos y sus familiares estaban detrás de los envíos de drogas que cruzaban la frontera en camiones de productos agrícolas, camarones y muebles a almacenes en algún lugar de los EE. UU. Busqué muchos camiones de productos agrícolas y muebles, la mayoría de ellos camiones de 18 ruedas, cruzando en el PDE (Puerto de Entrada). Cada vez que obtenía información de las fuentes e informantes de que podría haber drogas en un camión, me detenía y lo registraba, quería a los hermanos en México para saber que yo, el agente de la DEA Larry Ray Hardin, les incautaría la droga y los camiones en el PDE. A pesar de todo mi arduo trabajo, los hermanos y sus familiares continuaron ganando millones con su droga.— El daño que estaba causando a sus operaciones no era más que una gota en un balde de orina.

Nunca tuve ningún problema en el POE hasta que comencé a concentrarme en los hermanos cártel y sus actividades ilegales de drogas en los EE. UU. No se podía confiar en los agentes de aduanas y los inspectores de inmigración en el POE. No quería que nadie sospechara siquiera que estaba en México investigando las actividades delictivas de los hermanos. Mis fuentes e informantes dejaron en claro que las actividades estaban siendo rastreadas.

Algunos de los familiares y parientes de los hermanos parecen saber cuando estás en México, me dijeron los informantes en más de una ocasión.

Como "gringo" en México, estoy seguro de que mi rostro se destacó. Tal vez yo era el único "gringo" que andaba cerca de los negocios y residencias de los hermanos y que no hacía negocios con ellos. Más probablemente, sin embargo, los hermanos se estaban enterando cuando cruzaba a México por los policías corruptos en el PDE.

Mi creciente desconfianza hacia el personal que trabaja en el PDE me llevó a tomar un atajo a través del desierto abierto y evitarlo por completo. Mi decisión no había funcionado como esperaba, así que acompañé a los agentes e inspectores de regreso al PDE. Cuando llegué allí, me acompañaron a la oficina de un supervisor de inmigración hispana, quien me miró a través de su escritorio. Exigió saber por qué no había ingresado correctamente a los EE. UU. en el PDE.

Hay algunos funcionarios de aduanas e inspectores de inmigración corruptos trabajando aquí en el PDE. No quería identificarme ante el agente o inspector equivocado. No le gustó mi respuesta. Puedes irte ahora, es todo lo que dijo.

Después de retirarme de la DEA, solicité la tarjeta Global Entry de Aduanas e Inmigración para ingresar a los EE. UU. sin muchos problemas en los puntos de control de la Administración de Seguridad del Transporte (TSA). Después de unas seis semanas, finalmente recibí una carta de los funcionarios de Aduanas indicando que no estaba calificado para la tarjeta TSA global entry. Llamé al número de teléfono de Washington, D.C. proporcionado en la carta y hablé con un supervisor de aduanas.

Señor, según nuestros registros, usted no está calificado para tener la tarjeta TSA global entry, me informó.

¿Por qué? Pregunté, —confundido por qué razón habría por la que se me negaba la tarjeta.

Los registros de aduanas e Inmigración indicaron que usted era un 'Border Jumper' (saltador de fronteras) porque cruzó la frontera ilegalmente de México a los EE. UU.

Le expliqué que estaba trabajando como agente de la DEA en México.

Sí, reconoció ella. —Pero no se identificó ante los funcionarios al ingresar al PD.

Esto dio lugar a una larga conversación sobre por qué no había entrado por el POE. Le conté al supervisor de aduanas en Washington, D.C., sobre la corrupción desenfrenada que había encontrado en el PDE.

Eventualmente recibí la tarjeta TSA global entry.

"Los malos entienden, no el juicio; pero los que buscan a Jehová entienden todas las cosas."
(Proverbios 28:5, versión King James)

Capítulo 45

La violencia cubre la boca de los malvados

El delincuente salió corriendo por la puerta principal hacia su coche, descalzo y sin camisa. El otro agente de la DEA y yo nos paramos al lado de su auto con nuestras armas apuntándolo directamente. Había hecho exactamente lo que anticipamos que haría.

Oye, Pancho Villa, grité. DEA. No te muevas, o te dispararé en la cara.

Un agente novato con menos de un año en el trabajo se había presentado recientemente en nuestra oficina. Habíamos pasado la media mañana en el calor abrasador del desierto siguiendo a miembros de la familia del cártel cerca de la frontera. Terminamos nuestra vigilancia, y había un trabajo del que quería encargarme en México. El nuevo agente conducía, así que le pedí que nos llevara hasta allí.

Mientras estábamos en México, recibí una llamada telefónica del supervisor. Había recibido un aviso sobre un delincuente peligroso y presunto asesino que quería que arrestáramos. La hermana del criminal llamó a la oficina de la DEA, explicó la situación y dijo que su hermano se quedó en la casa de sus padres durante la noche.

El delincuente podría estar armado, nos advirtió el supervisor. Es extremadamente peligroso. Se va temprano mañana por la mañana. Haz que los otros agentes te ayuden. La hermana no quería que los agentes de la DEA fueran a la casa y arrestaran a su hermano porque los padres eran ancianos y estaban enfermos.

En el camino de regreso a la oficina de la DEA desde México, estaba sentado en el asiento del pasajero, mirando por la ventana. Me di cuenta de una docena de ovejas que salían del limonero y cruzaban la calle frente a nosotros. Fueron seguidos por un joven hispano que hizo todo lo posible para mantenerlas juntas.

Esperé a que nuestro auto aminorara la velocidad, pero el nuevo agente no parecía estar prestando atención.

Cálmate, vas a atropellar a las ovejas y al niño, le grité.

Parecía perdido y confundido mientras me miraba. ¡Vas a matar a las ovejas y al niño!

Miró por el parabrisas como si las ovejas se hubieran materializado repentinamente de la nada y patinado repentinamente hacia el rebaño de ovejas que se aproximaba. Fue muy tarde; las ovejas estaban asustadas y saltando por todos lados. Algunos de ellas estaban incluso encima del capó de nuestro coche. El agente hizo sonar la bocina para dispersar a las ovejas, sacando el auto del costado de la carretera y alrededor de las ovejas. Después de viajar a lo largo de un canal de agua y perder varios limoneros, finalmente condujo el automóvil de regreso a la carretera.

No creo que hayas matado ninguna oveja, le dije. Vi al niño agacharse en el canal; está bien. ¡Acelera! Necesito llegar a la oficina ahora, para poder ir a la casa de los padres del delincuente y arrestarlo antes de que decida irse de la ciudad.

Cuando regresé a la ciudad, hice que otros dos agentes me acompañaran a la casa de los padres del delincuente. Llegamos en tres autos sin identificación y establecimos una vigilancia encubierta cerca de la casa. Según el supervisor, la hermana del delincuente se quedó dentro de la casa con sus padres toda la noche. Se comunicaría con la DEA temprano en la mañana cuando su hermano estuviera listo para salir de la casa. Sin duda, esto iba a ser otra larga noche.

Sabía que no podíamos dejar que este delincuente saliera de la casa. Era un asesino armado con una orden federal de arresto de la DEA. Si no arrestáramos a este tipo, podría lastimar o matar a un policía durante una parada de tráfico. Este tipo malo representaba un peligro para la comunidad policial y el público.

Le había pedido al agente novato que se estacionara al lado del otro agente y mío por nuestra seguridad mutua. Habíamos quedado en turnarnos para vigilar la casa para que todos pudiéramos dormir un poco mientras nos sentábamos a esperar durante la larga noche.

No quiero que el delincuente se me acerque sigilosamente mientras duermo, dije con severidad. Si lo hace, te arrepentirás. Quiero que te concentres en la casa del delincuente como un búho tuerto del desierto nocturno esperando su primera rata.

Le dije al agente novato que vigilara la puerta principal de la casa y el auto del delincuente y que no se preocupara. Recibiré una llamada del supervisor si el delincuente sale de la casa.

Vigilaré la casa, y si hay algún movimiento, te despertaré, —me aseguró el novato.

A pesar de sus garantías, me preguntaba si podía confiar en que el agente novato no se quedaría dormido mientras el otro agente y yo dormíamos. Cerré los ojos y me quedé dormido brevemente. Moviéndome incómodamente en el asiento, abrí los ojos y miré la hora. Fue en algún lugar entre las 3:00 y las 4:00 am. Miré por la ventanilla del coche para ver cómo estaba el novato. Podía ver su cabeza en el volante, profundamente dormido. Wow, —después de todo lo que le había dicho, el novato estaba durmiendo.

Salí de mi auto y salté en el asiento del pasajero con el otro agente y lo toqué en el brazo.

¿Qué pasó? preguntó el otro agente con un bostezo.

Ese agente novato está durmiendo, pero no te preocupes, el auto del delincuente todavía está en la residencia de sus padres. No he recibido ninguna información del supervisor sobre cuándo el delincuente dejará la casa de sus padres.

Lentamente bajé la ventanilla del pasajero y saqué mi pequeño revólver .38 especial del interior de mis pantalones.

¿Qué vas a hacer con tu arma? —preguntó nerviosamente el agente.

Mira como salta el agente novato; —llamará a gritos a su mama.

El agente pudo ver que yo estaba apuntando bruscamente hacia el auto del novato. Apunté mi pequeño y dulce .38 por la ventana y lentamente apreté el gatillo, disparando una bala hacia el cielo oscuro. El agente novato saltó de su auto, girando para mirar en la oscuridad con su arma en su mano derecha.

¿Qué pasó? gritó. ¿Qué pasó?

Se supone que debes vigilar la casa, —grité.

Se quedó allí tímidamente sin decir una palabra. La ronda que disparé no había sido tan tranquila. El sonido del disparo del .38 resonó con fuerza en la oscuridad de la madrugada. En cuestión de minutos, la patrulla del alguacil adjunto del condado condujo lentamente por la calle. Su foco barrió la calle, iluminando nuestros vehículos encubiertos. El alguacil adjunto nos reconoció y supo que los agentes de la DEA estaban tramando algo en el vecindario. Apagó su foco y se fue en silencio de la zona.

Poco después de que mi guisante de olor tronara como un trueno en la noche, recibí una llamada de nuestro supervisor. —La hermana había llamado para avisarle que su hermano estaba en movimiento.

Mi hermano y yo escuchamos un disparo, y él vio un coche de policía que pasaba por nuestra casa con el foco encendido, le dijo. Se va de la casa ahora.

Tan pronto como el supervisor llamó, el delincuente salió corriendo de la casa. Casi me atropella, tratando de llegar a su auto. Se congeló cuando nos vio parados allí con nuestras armas apuntándolo. En cuestión de segundos, el agente novato tenía al delincuente en el suelo comiendo tierra y lo esposó. Después de todo, pensé que el novato estaba haciendo un buen trabajo, pero podría hacerlo mucho mejor manteniéndose despierto.

"Bendiciones sobre la cabeza de los justos, pero violencia cubre la boca de los impíos."

(Proverbios 10:6, version King James)

Capítulo 46

Del corazón de los hombres, proceden los malos pensamientos

Encontré 539 libras de cocaína escondidas dentro del asiento trasero del automóvil abandonado. Cuanto antes o más tarde, supuse que el conductor regresaría a su auto abandonado. Se perdería esa cantidad de cocaína, y quería asegurarme de que el conductor informara a los hermanos del cártel en México que la DEA les había quitado la cocaína. También quería que los hermanos cártel supieran que el corrupto inspector de inmigración en el PDE (Puerto de Entrada) que permitió el paso de las drogas me había ayudado sin darse cuenta a encontrar la cocaína. Para mi decepción, el conductor nunca regresó al vehículo y supuse que probablemente regresaron a México a pie.

A lo largo de los seis años que trabajé en el pueblo del desierto, incauté mucha marihuana, cocaína y heroína del cártel y sus mulas. A veces también encontré grandes cantidades de pastillas sin etiquetar en las mulas. La oficina del Fiscal de los Estados Unidos tenía procedimientos bien documentados para tratar el enjuiciamiento de drogas ilegales. Los abogados nunca instruyeron a los agentes de la DEA u otros oficiales de la ley en el área sobre la preparación de casos relacionados con la distribución ilegal de pastillas farmacéuticas.

Mas tarde otra fuente en México me dijo que un coche con cocaína estaría cruzando el PDE ese día.

Conozco el tipo de automóvil que transporta cocaína desde México a través del PDE hacia los EE. UU. El conductor dejará el automóvil en el estacionamiento de una tienda de comestibles. El conductor es una mula para los hermanos, informó la fuente. Hay un mal funcionario en el POE que ayuda a contrabandear la cocaína para los hermanos.

Con la descripción del auto de la fuente y la ayuda del perro detector de narcóticos de un agente fronterizo, incauté 32 kilos de cocaína. Habíamos encontrado el automóvil abandonado estacionado delante de una tienda de comestibles, tal como dijo la fuente. —Me pregunté adónde había ido el conductor.

Tenía la esperanza de hablar con el conductor sobre la cocaína en el auto, le dije más tarde a la fuente. También quería agradecer al oficial malo en el PDE por ayudarme a encontrar el auto con la cocaína. —Nunca tuve la oportunidad.

Aproximadamente un mes después, una mujer desconocida que hablaba un inglés entrecortado llamó con una descripción de una camioneta de contrabando de drogas Al día siguiente, un hombre desconocido que apenas hablaba inglés me llamó con información adicional sobre la misma camioneta. Se suponía que el camión cruzaría el PDE con drogas en los próximos días.

Unos días después, revisé una camioneta abandonada cerca del PDE en un estacionamiento público. La camioneta cumplía con la descripción exacta que me habían dado el hombre y la mujer desconocidos. Un agente de la patrulla fronteriza con un perro detector de narcóticos me ayudó. El perro rápidamente nos alertó sobre las drogas dentro de la camioneta. Decomisé 226 libras de cocaína del interior del camión.

Me pregunté qué había motivado a la mujer no identificada a denunciar la camioneta. ¿Era la novia enojada de uno de los hermanos? Tal vez el hombre desconocido era un funcionario corrupto que pensó que podía equilibrar la balanza de sus ingresos secundarios cal informar de forma anónima sobre los autos que dejaba pasar. Tal vez se sentó en el PDE, mirándome mientras cruzaba.

Días después, recibí otra llamada de la misma mujer desconocida que me había dado la pista. sobre la camioneta. Tenía información sobre otro cargamento de drogas que pasaba por el PDE.

Es el mismo conductor de la camioneta que tenía la cocaína, —dijo—. El conductor trabaja en el almacén del hermano. El automóvil es un Ford blanco con placas de California, oí al conductor decirle a otro empleado que ayer pasó por el PDE sin ningún problema con los oficiales de aduana o los inspectores de inmigración. El automóvil estará estacionado en el mismo estacionamiento público que la última vez. Terminó la llamada abruptamente, como si temiera que alguien pudiera escuchar lo que estaba diciendo.

Llegué al estacionamiento con otro agente de mi oficina. Un agente de la patrulla fronteriza con su perro antinarcóticos ya estaba en el estacionamiento esperándome. Después de que verifiqué la descripción del auto, el perro antinarcóticos de los agentes de la patrulla fronteriza inmediatamente me alertó sobre las drogas dentro del auto. Cuando abrimos las puertas y el maletero del auto, nos asaltó un olor repugnante a algas muertas. el olor nos abrumaba, y apenas podía respirar. Dentro del auto, encontramos 360 libras de marihuana, dividida en paquetitos del tamaño de ladrillos. Paquetes bien envueltos cubrían los asientos delanteros y traseros. Estaba cargado al máximo.

Estaba molesto por la corrupción que permitía que estos vehículos cruzaran la frontera. No podía creer que un oficial de aduanas y un inspector de inmigración en el PDE no se molestaran en revisarlos. La camioneta había cruzado con 226 libras de cocaína; ahora, este auto tenía 360 lbs. de marihuana, —me preguntaba si los hermanos y los funcionarios corruptos de la POE me estaban engañando— ¿Cómo la mujer desconocida en México sabía tanto sobre el conductor del automóvil? ¿Quién era ella?

Un día, mi informante llamó: La mula del hermano dice que puede pasar de contrabando un kilo de cocaína, una libra de heroína o pastillas a través del puerto de entrada sin ningún problema con los oficiales de aduanas e inspectores de inmigración de los Estados Unidos. Escuché mientras continuaba. No me va a cobrar por traer un kilo de cocaína o heroína el POE. Ella puede hacer que cualquier persona o cualquier cosa cruce. Ella dijo que la sobrina y el sobrino del hermano trabajan en el POE. También puede obtener información sobre lo que está haciendo la DEA en el PDE. Ella puede averiguar quién está trabajando para la DEA. ¿Dónde conociste a la mula? pregunté.

Estábamos en la fiesta Oompa del hermano en México, —respondió el informante—. Los hermanos se reían de como algunos de los mexicanos de la policía ataca a las mujeres "gringas" en México. Decían que cuando la policía detiene a una atractiva gringa, la llevan a un lugar privado. Empiezan a tocar a la gringa.

Los hermanos se reían de eso. Dijeron que a veces la "gringa" se asustaba, y otras veces la "gringa" simplemente se quedaba callada mientras los policías se divertían con su cuerpo. Un hermano dijo: Cuando la 'gringa' llora, la policía le dice que no grite o la lastimarán a ella o a los que están con ella. Después de que la policía termina con la gringa, la animan encarecidamente a que no le diga a nadie lo que pasó o ella y su esposo o novio gringo desaparecerán en el desierto. Incluso la pueden acusar de un delito grave en México.

Es solo una forma de vida, continuó el informante citando lo que habían dicho los hermanos. Así es para las mujeres gringas y las jóvenes cuando la policía las detiene. Las mujeres mexicanas son más listas que las gringas. Muchas mujeres mexicanas llevan consigo una botella de vaselina para lubricar sus vaginas. Las mujeres nunca saben si se verán obligadas a tener relaciones sexuales con uno o dos policías malos. Las gringas americanas nunca llevan vaselina. Por eso sangran mucho.

Me impactó escuchar cuán cruelmente los hermanos hablaban sobre el abuso sexual de mujeres en México. El informante había escuchado a uno de los hermanos fanfarronear sobre los agentes de la DEA que intentó matar. Podía sentir la ira ardiendo dentro de mí mientras el informante hablaba de las cosas que los hermanos habían dicho en la fiesta, lo que alimentó mi deseo de llevarlos ante la justicia.

Fue impactante escuchar cuánta influencia ejercieron los hermanos en el lado estadounidense de la frontera. Además de tener familiares trabajando en el POE, el informante me dijo el nombre de otro de sus familiares que trabajaba en estados unidos como maestro de escuela. Supervisó el programa de educación para la resistencia al abuso de drogas (DARE) de la escuela.

"Porque de dentro, del corazón de los hombres, salen los malos pensamientos, los adulterios, las fornicaciones, los homicidios."
(Marcos 7:29, versión King James)

Capítulo 47

Enfréntate a las artimañas del diablo

La DEA estaba al tanto de mi investigación sobre los hermanos y el negocio de drogas de la familia cártel. Me dieron información sobre un acusado de drogas que chillaba como una rata. Estaba proporcionando información a la DEA sobre los hermanos cártel y su organización de traficantes en México con la esperanza de llegar a un acuerdo.

El acusado le dijo a la DEA que los hermanos tenían más de 500 kilos de cocaína esperando para ingresar a los EE. UU. a través del POE. Dijo que podía hacer arreglos para que los agentes encubiertos de la DEA compraran entre 15 y 20 kilos de heroína cada 15 días a los traficantes del hermano. Según el acusado que cooperó, no habría ningún problema para que la cocaína cruzara el puerto de entrada a los EE. UU.

No mucho después de recibir esta información, recibí una llamada del informante.

Los hermanos están listos para venderme 30 kilos de cocaína a $14.500 el kilo. —Los hermanos tienen mucha más y me la pueden vender muy barata—, dijo.

Le dije al informante que podía comprar una muestra de un kilo antes de negociar el precio de los otros 30 kilos con los hermanos. Quería un kilo de cocaína de los hermanos para poder aportar pruebas a la AUSA e iniciar el proceso judicial.

El informante me llamó el día que teníamos programado comprar la muestra de un kilo de cocaína.

No puedo reunirme solo con la mula del hermano. ¿Puedes encontrar a alguien que me ayude a negociar con la mula para comprar el kilo? —preguntó el informante.

No puedo hablar español con fluidez con la mula, le dije. Pero sí tengo a alguien que puede ayudarte a negociar la compra. Ella es de Europa. Sabe cómo negociar el precio del kilo de muestra y los otros 30. Con suerte, los 500 kilos más tarde. Ella tendrá el resto del dinero.

Comprar 30 kilos más si el precio es lo suficientemente bajo como para trasladarlo a Europa.

Llamé a la mujer de Europa más tarde ese día. ¿Puedes ayudarme a comprar un kilo de cocaína y con suerte negociar 30 kilos más con una mula? Después de que compres los 30 kilos, yo quiero que hables con la mula para comprar otros 500 kilos.

Me aseguró que podía negociar la compra e incluso se ofreció a encontrarme con la mula en México, si era necesario. Nos reunimos con el informante al día siguiente en un estacionamiento detrás de una tienda de comestibles.

La mujer no fue fácil con el informante: No seas marica cuando hables con la mula, —insistió—, ¿quieres que hable con él o puedes arreglar la compra del kilo de muestra de cocaína con él?

El informante movía los pies nerviosamente y parecía indeciso. La mujer se irritaba cada vez más con él. ¿No tienes agallas para hacer la compra con la mula? Necesito que configures esto. ¿Puedes controlarlo? ¡Llámalo!

El informante llamó a la mula y le pasó el teléfono a la mujer europea. Esta fijó la hora y el lugar para encontrarse con la mula y comprar la muestra de un kilo. Después de un poco de regateo, convenció a la mula para que se la vendiera a ella por $14,500.

Está bien. Puedo entregar el kilo de cocaína, reconoció. Luego voy a entregar los otros 30 kilos cuando estés listo por el mismo precio.

No, insistió ella. Quiero los otros 30 kilos por menos de $12,000.

La mula se detuvo a pensar en eso. Tengo que hablar con alguien.

Arreglé para que la mula pudiera reunirse con un agente encubierto de la DEA. Al día siguiente, el agente encubierto compró un kilo de muestra por $14,500 de la mula. Más tarde, la mula acordó $12,000 por kilo por los 30 kilos si se comprometía a seguir con una compra para los otros 500 kilos.

Recibí una llamada en la que me decían que el informante había sido detenido por borracho. Él no me servía para nada en la cárcel, y tendría que sacarlo para continuar con la investigación. Varios días después, me encontré con un juez local que podría ayudar a liberar al informante de la cárcel del condado. El juez escuchó mientras le explicaba que necesitaba que el informante me ayudara a comprar 30 kilos de cocaína y luego otros 500 kilos. —Le dije:

Juez, me dirigí a él con respeto. Los hermanos dueños de la cocaína intentaron matar a dos agentes de la DEA. El juez se mostró comprensivo a mi solicitud y accedió a liberar al informante.

Le dije al FBI que le había comprado un kilo de cocaína por $14,500 a una mula que trabajaba para el cártel. Necesitaría mucho dinero para comprar 30 kilos de cocaína. La DEA no pudo proporcionarme todo el efectivo que necesitaba para hacer la compra, por lo que tuve que comunicarme con otras agencias.

El kilo de cocaína es una muestra, —le dije—. Tenemos un trato por 30 kilos mas de cocaína y una venta de seguimiento por 500 kilos. Los hermanos están listos para vender el resto de la cocaína a $12.000 el kilo al informante.

¿Me ayudas a comprar los 30 kilos? pregunté. Necesito $360,000. ¿Puede el FBI ayudar a pagar la mitad?

Tenía la esperanza de que el FBI pudiera ayudarme. Si pudiera hacer esta compra, podría aprender como los hermanos movieron con éxito la cocaína a través de la frontera en el PDE y hacia los EE. UU. Para hacer eso, iba a necesitar ayuda del FBI. Después de comprar los 30 kilos, podría hacer los arreglos para comprar los 500 restantes de los hermanos y seguir con las órdenes de arresto para la mula y los hermanos.

"Vestíos de toda la armadura de Dios, para que podáis estar firmes contra las asechanzas del diablo."

(Efesios 6:11, version King James)

Capítulo 48

Son perros codiciosos que nunca tienen suficiente

Estaba esperando para saber si el FBI pagaría la mitad de los $360,000 por los 30 kilogramos de cocaína. Su cooperación era de vital importancia para hacer avanzar el caso de manera significativa, y sentí que mi investigación se estaba paralizando. Fue entonces cuando recibí la llamada de que el informante se subía a un avión a Los Angeles con uno de los hermanos para hacer negocios en el distrito del barrio chino.

Cuando subieron al vuelo, llamé a la fuerza especial contra pandillas asiáticas para que siguieran al informante y al hermano del cártel hasta el barrio chino. El hermano y el informante fueron recibidos por dos hombres asiáticos en el aeropuerto de Los Angeles (LA) y, tras un breve intercambio de bromas, subieron juntos a un automóvil. Su destino era una empresa china de mariscos en el barrio chino, donde el informante se reunió con un hombre asiático mayor. Se dieron la mano e intercambiaron saludos, luego interrumpieron la reunión abruptamente. Los dos asiáticos se llevaron al hermano y al informante al aeropuerto de Los Angeles.

Más tarde, el informante me dijo que no había pasado nada en el barrio chino. La discusión planeada sobre un arreglo comercial entre el negocio de camarones del informante y una empresa china nunca ocurrió. Los dos hombres asiáticos podrían haber observado al equipo de vigilancia de la DEA siguiendo al informante desde el aeropuerto de Los Angeles hasta el barrio chino. Mi presentimiento era que los asiáticos sabían que el informante podría estar trabajando con el gobierno.

Inicialmente no vi la conexión entre los hermanos y su interés en el barrio chino. No hubo indicios de la comunidad policial de que chinos y mexicanos estuvieran trabajando juntos para transportar drogas de México a Estados Unidos.

Cuando los chinos traficaron heroína blanca, trataron estrictamente con su propio grupo de personas. La idea que los chinos habían conseguido involucrarme con los mexicanos era nuevo para mí.

Los hechos recientes indicaron que el cártel mexicano dio acceso a los chinos a la red de narcotráfico del hermano en Sonora, México. Parecía poco probable que eso pudiera suceder sin el apoyo de funcionarios de alto nivel dentro del gobierno mexicano.

Días después, recibí otra llamada del informante comunicándome que los camarones que contenían heroína blanca estaban siendo enviados a la empresa de mariscos en el barrio chino.

La heroína blanca está en las colas de los camarones tigre, —dijo. —Está dentro del camión—. Lo vi con mis propios ojos.

Le conté a mi supervisor lo que había dicho el informante y describí cómo la heroína blanca estaba escondida en las colas de camarones mexicanos.

Necesito detener el camión camaronero y registrarlo, aseguré con firmeza. Lo haré, encuentra la heroína blanca.

El supervisor hizo una pausa para considerar lo que estaba diciendo. Me di cuenta de que no estaba del todo cómodo con lo que yo quería hacer.

Si no encuentras la heroína, le costará mucho dinero a la DEA. Vas a destruir todos esos camarones, me advirtió mientras aprobaba mi idea de mala gana.

Observé como el camión camaronero del hermano entraba en el PDE desde México. Indudablemente estaba cargado con la heroína blanca de la que me había hablado el informante. La perspectiva de atrapar a los mexicanos y los asiáticos que trabajaban juntos para contrabandear heroína blanca a los EE. UU. me llenaron de la emoción de la cacería. Algunos agentes de mi oficina y yo esperamos pacientemente mientras el camión pasaba por el PDE. No había ido muy lejos cuando lo invadimos con nuestros vehículos , las luces parpadeaban y lo detuvieron.

La patrulla fronteriza proporcionó tres perros antinarcóticos para ayudar con la búsqueda. Rápidamente alertaron de la presencia de drogas mientras buscaban fuera del camión camaronero. Le dije al conductor del camión que me siguiera a una empresa de instalaciones de refrigeración en la ciudad.

En la instalación de refrigeración, hice descargar los camarones del camión. Las cajas de camarones fueron registradas cuidadosamente, pero no pude encontrar la heroína blanca. También buscamos las colas, pero una búsqueda larga y exhaustiva no reveló nada. Me quedé allí mirando la pila de camarones en el suelo con una profunda sensación de decepción y traté de entender qué había salido mal.

Uno de los agentes de la patrulla fronteriza me tocó el hombro. Oye, —dijo—. Queremos los camarones tirados en el suelo. Escuché que los agentes de la patrulla fronteriza tuvieron un buen festín de barbacoa de camarones en sus casas.

Un amigo mío cercano trabajaba en la patrulla fronteriza en la oficina de responsabilidad personal (OPR). Era parte de su responsabilidad investigar las irregularidades de los agentes de la patrulla fronteriza. Más tarde dijo que se sospechaba que dos agentes de la patrulla fronteriza obtenían dinero —por debajo de la mesa— de los narcotraficantes en México. Los agentes de la patrulla fronteriza fueron los dos adiestradores de perros que usé en el camión camaronero.

"Sí, son perros voraces que nunca tienen suficiente, y son pastores que no pueden entender: todos buscan su propio camino, cada uno para su beneficio, desde su barrio."

(Isaías 56:11, versión King James)

Capítulo 49

Un hombre prudente prevé el mal

Después de destruir la carga de camarones tigre del hermano del cártel, me preguntaba por qué nunca presentaron una denuncia ante la DEA por detener su camión. Por lo menos, pensé que querrían presentar una reclamación por los $70,000 o más en daños a su envío de camarones, —en España son langostinos de ahí su valoración económica—. Sin duda, los hermanos sabían la razón por la que registré su camioneta. Estoy seguro de que un policía corrupto en el POE (Puerto de entrada) les informó de todo el incidente.

Anteriormente en la investigación, las fuentes y los informantes me hablaron de una computadora en la maquiladora de muebles en México. Dijeron que la computadora tenía información relacionada con el negocio de drogas del hermano y su conexión con China. Compartí esa información con el FBI, con la esperanza de alentarlos a que me ayudaran a comprar los 30 kilos de cocaína.

Varios días después, un agente del FBI y una mujer no identificada de Washington, D.C., se reunieron conmigo y con mis fuentes poco después de la medianoche en el PDE. Ella se identificó como una Información especialista en tecnología (TI) y solo sonrió cuando le pregunté su nombre. Ella no se comunicaría conmigo. Su falta de comunicación me hizo preguntarme si se podía confiar en ella. ¿Trabajaba para el FBI, alguna otra agencia, o era contratista? Me habría sentido más cómodo sabiendo con quién estaba tratando.

Una fuente y yo nos quedamos cerca del PDE. El agente del FBI, la especialista en TI y otra fuente fueron a Sonora, México, a buscar la computadora en la restauradora de muebles con permiso del gobierno mexicano.

La especialista en TI descargó excelente y abundante información de la computadora sobre la conexión del hermano con los chinos, dijo el agente del FBI cuando regresó a los EE. UU. Ella le proporcionará copias de todo lo que tomó de la computadora.

Varios días después, visité al agente del FBI y le pregunté sobre las copias de los datos recuperados de la computadora.

El especialista en TI tiene las copias, me aseguró. No hay nada allí, y no puedo decirte nada demás. Son solo un montón de números.

Pasó más tiempo mientras esperaba para averiguar si el FBI me ayudaría a financiar mi compra de los 30 kilos. Por fin, el agente vino a verme a nuestra oficina y tenía la esperanza de que se hubieran decidió a ayudarnos a seguir adelante con la operación.

— El FBI ya no quiere estar involucrado en el caso de los hermanos— afirmó.

La fría firmeza de su respuesta me sorprendió. ¿Por qué el cambio repentino? — Me pregunté.

Él se negó a hacer el favor, dígale al FBI que necesito su ayuda para comprar los 30 kilos de los hermanos, supliqué.

Mi jefe dice, NO. —Respondió con firmeza—.

Lo que sucedió en México había cambiado las cosas. La tentativa del FBI el apoyo se había vuelto repentinamente frío, y el caso había cambiado de maneras que no podía entender:

"El hombre prudente prevé el mal y se esconde; pero los simples pasan y son castigados."

(Proverbios 27:12, version King James)

Capítulo 50

El sabio teme y se aparta del mal

Mientras estaba en la comisaría de México, observé a un joven que estaba siendo abofeteado repetidamente por los federales. La sangre goteaba lentamente de su nariz mientras soportaba cada bofetada sin atreverse a hacer un sonido. No podía creer que no le estuviera rogando a la policía que se detuviera. Una mujer joven estaba tratando de no llorar mientras miraba como lo golpeaban, y parecía que estaban juntos. Los federales finalmente la llevaron a otra parte de las instalaciones.

Otro agente de la DEA me había pedido que lo acompañara a reunirse con el comandante federal mexicano en San Luis, México. El comandante había llamado por un avión Cessna estadounidense robado que se estrelló en el desierto, cerca de un pueblo de pescadores.

Según el comandante, la avioneta estaba cargada con cocaína. Sabía por los informantes y fuentes que él era corrupto y trabajaba de cerca con los hermanos. El otro agente, que era hispano y hablaba español con fluidez, dijo que había conocido al comandante antes. Le había regalado varias cajas de municiones calibre 45 y en otra ocasión le había regalado un pastel de manzana a cambio de información sobre narcotraficantes en México. No confiaba en lo que decía el corrupto funcionario mexicano. Sus motivos eran sospechosos en lo que a mí respecta, y no quería estar allí. —Me sorprendió que el otro agente depositara alguna confianza en él.

Cuando llegamos a la comisaría de la policía federal mexicana, el comandante nos recibió con la fingida calidez de un vendedor de autos usados. Nos habló del avión y dijo que nos llevaría al lugar donde se había estrellado cerca del pueblo de pescadores. Esperé en silencio mientras el otro agente intercambiaba una pequeña charla en español con el comandante. Después de un rato, un federal entró en la oficina del comandante y le informó que estábamos listos.

Vamos, —dijo el comandante mientras se ponía de pie y golpeaba el escritorio con las palmas de las manos.

Miré de nuevo al joven mientras nos íbamos. La expresión de su rostro hinchado parecía ser de una derrota sin esperanza. Temí por lo que el joven y la joven estaban a punto de experimentar. Informantes y testigos me había dicho que policías mexicanos corruptos se aprovechaban de una mujer para el placer sexual.

El agente hispano y yo subimos al asiento trasero de la camioneta negra del comandante. Rápidamente dejamos atrás la ciudad y tomamos caminos de tierra. El conductor viajaba muy rápido, y detrás de nosotros salían nubes de polvo. Varias camionetas negras con policías federales vestidos de civil y armados nos seguían de cerca.

Finalmente llegamos a un desierto aislado donde se había estrellado el Cessna robado. —Me di cuenta de que el pequeño avión se quemó hasta el metal.

El avión estadounidense llevaba cocaína, pero alguien debe haberla descargado antes de que llegáramos, se ríe el comandante.

Capté la sonrisa del comandante mientras hablaba de la desaparición de la cocaína del avión. No me sorprendió; Estaba seguro de que el funcionario corrupto sabía exactamente dónde estaba la cocaína y quién la tenía. Me preguntaba por qué realmente nos habían llamado.

El comandante tenía una pequeña cámara negra en la mano y le dijo al otro agente, en español, que quería tomar una foto de mí. Nadie más, insistió, solo yo.

Aquí estaba yo, en el lugar del accidente en el desierto, en medio de la nada, mirando un avión quemado con un funcionario mexicano corrupto. Estaba irritado con el comandante fanfarrón y satisfecho de sí mismo y sus federales egoístas. No podía hablar español con fluidez y la jerga mexicana se me escapaba por completo. ¿Cuán tonto había sido al aceptar esta reunión?

Miré directamente a los saltones ojos negros del comandante mientras consideraba cómo responder a su pedido.

Quiero que el comandante entienda que si quiere una foto mía, entonces sus oficiales, los 12, se van a quitar la camisa y nos vamos a tomar una foto todos juntos, como una gran familia feliz en medio del desierto a 120° F.

El agente tradujo nerviosamente lo que le dije al comandante. Una ola de carcajadas brotó del mexicano y el comandante sonrió. Ordenó a sus oficiales que se quitaran las camisas e indicó que el otro agente y yo deberíamos hacer lo mismo. Los oficiales obedecieron alegremente. A regañadientes me quité mi propio polo rojo y me uní a ellos. Mi piel clara brillaba como un faro en un mar de color marrón dorado.

El comandante se echó a reír mientras se ponía la cámara en la cara y apuntaba hacia el grupo. Se concentró principalmente en mí, de pie junto al avión robado que se estrelló.

Ahí estaba yo en medio del desierto, rodeado de federales armados y sin camisa. Después de tomarme varias fotos, el comandante nos invitó a almorzar en un bar cantina en el pueblo de pescadores, el único restaurante en el pequeño pueblo. Por mucho que me hubiera gustado rechazar su invitación, no parecía lo más prudente. No parecía que molestar al frágil ego del comandante al rechazar su invitación fuera lo mejor para mí.

¡Todos estamos comiendo camarones tigre! anunció el comandante cuando llegamos a la cantina.

Me preguntaba quién estaba pagando la cuenta, no era yo y no parecía ser el comandante. Los pobres propietarios probablemente se esperaría que asumiera el costo como un gasto operativo.

Bebí una cerveza corona y comí dos de los camarones más grandes que había visto en mi vida.

El camarón es camarón tigre. —El mejor, alardeó el comandante.

Por lo menos quería pagar la cerveza corona que tomé con el almuerzo, pero el comandante me dijo: No.Todo fue gratis.

El otro agente y yo finalmente cruzamos la frontera del POE tarde esa noche. —Estaba tan emocionado de estar de vuelta en casa—. Fue una sensación hermosa estar de vuelta en el lado estadounidense de la frontera. Di gracias a Dios por estar vivo, pero me molestaba que los hermanos sin duda tendrían una foto mía.

En el POE, un inspector de migración me dijo que acababan de detener a un niño mexicano menor de edad por tener un kilo de cocaína escondido dentro de sus pantalones.

¿Por qué me lo dices? pregunté.

El chico dijo que está trabajando para la DEA, dijo el inspector como si esperara que yo lo reconociera.

¡Eso es mierda de toro! Insistí. Todos los traficantes les dicen a ustedes en el PDE que los drogadictos están trabajando para la DEA. Inspector, escuche con mucha atención lo que le digo. Ocúpese del niño mexicano y dele el kilo de cocaína a los otros agentes de aduana en el PDE.

¿El comandante tuvo algo que ver con decirle al corrupto inspector de inmigración sobre el kilo de cocaína? Por lo que yo sabía, podría ser uno de los kilos robados del avión estrellado. Tenía la sensación de que el inspector era malvado y corrupto.

Los hermanos y sus traficantes de droga ahora tenían una foto mía sin camisa, de pie junto al maldito avión estrellado. Sin duda lo harían y serian capaces de reconocerme cuando los seguí en Yuma y cerca de la frontera con México. La existencia de la foto hizo que fuera extremadamente peligroso para mí regresar a México. Podría ser secuestrado y asesinado.

Mi mayor preocupación no eran los policías corruptos en México o los hermanos, pero sí mi gente en la comunidad de aplicación de la ley. No tenía miedo de los hermanos ni de los otros delincuentes. De hecho, eran una amenaza que llamaba a la cautela pero fui más cauteloso al trabajar con otros agentes y agentes del orden que podrían ser corruptos.

"El sabio teme y se aparta del mal; pero el necio se enfurece y está confiado." (Proverbios 14:16, versión King James)

Capítulo 51

No temeré: ¿Qué puede hacerme el hombre?

Me desconcertó que un héroe marino estuviera trabajando como guardia para los hermanos del cártel. Según los registros militares, era un infante de marina alistado ascendido a teniente comisionado de campo, dijo el funcionario del departamento de defensa (DoD) en respuesta a mi consulta. Fue un verdadero héroe herido dos veces en Vietnam mientras patrullaba y una vez por un francotirador. —Salvó la vida de sus compañeros de la marina.

Me había enterado del marine varios días antes por una fuente. Conocí a un infante de marina que trabajaba para el cartel mexicano, dijo. Está cuidando los negocios de los hermanos en México. ¿Quieres conocerlo?

Quería verlo, pero primero, necesitaba saber en lo que me estaba metiendo. Antes de conocer a este tipo, dame su verdadero nombre, le dije.

Llamé al departamento de defensa y me identifiqué como agente de la DEA. Confirmaron que la persona nombrada por la fuente había servido en el cuerpo de marines y me proporcionaron algunos antecedentes de su registro de servicio. Llamé a la fuente después de terminar la llamada. Quiero conocer al marine.

Trabajando encubierto, el informante y yo nos reunimos con el ex oficial de la marina cerca del PDE. Claramente no tenía interés en hablar conmigo sobre trabajar como guardia antidrogas para los hermanos. Después de la presentación, me miró como si hubiera visto un enemigo mortal. Abruptamente nos hizo un gesto para que nos detuviéramos extendiendo la palma de su mano al frente, se dio la vuelta y se alejó sin decir una palabra más. —La reunión había llegado a un final repentino tan rápido como había comenzado—.

Ese tipo con el que estabas es un agente de la CIA. Lo vi varias veces en Sonora, México, dijo más tarde el infante de marina a la fuente.

Me decepcionó escuchar eso. Me preguntaba por qué pensaba que yo era un “fantasma”.

“El Señor está de mi lado; No temeré: ¿qué puede hacer el hombre a ¿a mí?" (Salmo 118:6, versión King James)

Capítulo 52

No temeré mal alguno: porque Tú estás conmigo

Estaba recostado en la silla de mi oficina con los pies sobre el escritorio cuando sonó el teléfono. Respondí.

Represento a un cliente en Los Angeles, dijo la voz al otro lado de la llamada. Mientras trabajaba para ellos, me enteré de que está apuntando a sus camiones de muebles que cruzan el PDE (Puerto de entrada) en la frontera con México.

Encontré que los abogados de defensa pública son particularmente despreciables. No había muchos abogados que me gustaran, incluso cuando estaban de mi lado. Los peores abogados de todos eran los que trabajaban para los drogadictos. Solían mentir mucho y podían ser brutales en la sala del tribunal. Hacían todo lo posible para convencer a los jurados de que los policías y los agentes mentían. Era un juego de ajedrez con muchos de ellos.

¿Quién eres?

Pregunté. Robert Bonner, soy un ex administrador de la DEA, dijo la voz amablemente, —sin la arrogancia que esperaba de la gente en tales posiciones.

Señor, ¿por qué me llama? pregunté con un toque de sospecha.

Me gustaría reunirme con usted, —dijo el ex administrador.

Estuve de acuerdo en reunirme con el pronto. Obedientemente, fui a mi supervisor y le informé sobre la reunión con el ex administrador de la DEA.

No, no va a conocer a un exadministrador de la DEA solo. En su lugar, se reunirá con él en la oficina de la DEA, insistió el supervisor. El supervisor insistió en que no me dejaría reunirme con el exadministrador de la DEA a solas en Yuma. Era demasiado cauteloso en lo que a mí respecta, y me preguntaba qué temía que pudiera pasar.

Finalmente, la reunión se programó en la oficina de la DEA en Phoenix. Conduje hasta Phoenix y llegué a la reunión. Al subir al ascensor, me di cuenta de que dos tipos vestían trajes que yo no conocía. Mientras subíamos juntos en el ascensor, me miraron como si supieran exactamente quién era yo. Les devolví las miradas pero no dije nada.

Una de las secretarias me saludó cuando bajé del ascensor. Los dos hombres caminaron por el pasillo.

Quienes son esos muchachos, pregunté una vez que estuvieron fuera del alcance del oído.

La CIA de Los Ángeles, respondió ella.

Me pareció extraño que la CIA estuviera aquí reunida con los grandes jefes y el administrador. ¿O estaban aquí por otra cosa? No podía evitar la sensación de que habría un problema con estos tipos. Mi intuición me dijo que los espías se enteraron de que me estaba enfocando en la compañía de mariscos de China en barrio chino y su conexión con el cártel en México.

En ese momento, desconocía el papel que había jugado el ex administrador, el juez Robert C. Bonner, en revelar el tráfico ilegal de drogas por parte de la CIA. En noviembre de 1993, poco después de terminar su trabajo como administrador, concedió una entrevista al programa de noticias semanal "60 minutos" sobre la actividad ilegal de la CIA. Utilizando la guardia nacional de Venezuela, la CIA introdujo de contrabando 1,5 toneladas de cocaína a los Estados Unidos. La justificación de la CIA para permitir el envío era proteger una fuente dentro del cártel. Según la ley federal, cualquier operación de este tipo requería la aprobación de la DEA, que se había negado tácitamente. La decisión fue tomada por activos de la CIA de realizar la operación sin la aprobación requerida. Las drogas llegaron a las calles estadounidenses sin ser rastreadas ni superpuestas. (Wallace, Mike. Noviembre de 1993, entrevista de 60 minutos. Recuperado el 20 de febrero de 2023 de https://www.youtube.com/watch?v=IF-IYdsFGrw)

Me encontré con el ex administrador de la DEA parado cerca de la oficina del secretario. Él susurró en voz baja que deberíamos reunirnos más tarde para hablar en privado sobre el caso de los hermanos. Indudablemente entendió que la burocracia local tenía un interés creado en evitar que uno de sus agentes hablara en privado con un ex administrador.

Más tarde, lo vi afuera, fumando solo en la seguridad del estacionamiento. —Esta podría ser una oportunidad para hablar con él en privado—, así que me uní a él.

Estoy decepcionado de que no hayamos tenido la oportunidad de discutir la investigación, pero hablaremos más tarde. Dijo, insinuando que este era no el momento ni el lugar en el que quería tener esa discusión.

¡Sí, señor! reconocí.

Hablamos brevemente sobre mi carrera con la DEA. —Se merecía mi respeto como exadministrador de la DEA, aunque ahora era un abogado privado—. Pensé que entretenerlo con un resumen de mi carrera no haría ningún daño.

Eventualmente, nos encontramos de nuevo en la oficina del Fiscal de los Estados Unidos.

Además de los espías, en la reunión participaron muchas personas de otros organismos encargados de hacer cumplir la ley. No se trataba sólo de los hermanos. También se trataba de los chinos. Pensé en los dos aspectos y me pregunté cuál era su participación. Habían escuchado atentamente en la reunión pero dijeron muy poco. Su participación desconocida en mi caso me molestó a nivel personal. Este caso había dado algunos giros extraños entre los espías y un ex marine, un verdadero héroe estadounidense que trabajaba para el cártel.

"Sí, aunque ande en valle de sombra de muerte, no temeré mal alguno, porque tú estarás conmigo; tu vara y tu cayado me consuela."

(Salmo 23:4, versión King James)

Capítulo 53

Si Dios está por nosotros, ¿quién contra nosotros ?

Quiero que me digas la verdad. ¿Alguna vez has inhalado cocaína con los hermanos en México? Así empezó la AUSA, la reunión con mis informantes.

Sí, señor, respondieron con sinceridad. Tuvimos que inhalar la coca por la nariz.

La AUSA pasó mecánicamente a la siguiente pregunta. Está bien. ¿Alguna vez tuviste sexo con alguna niña menor de edad en México?

En México no hay niñas menores de edad, respondieron con triste y brutal honestidad. Si empiezan a sangrar, son mujeres.

Aunque la reunión con los AUSA una semana antes había ido terrible, el ex administrador de la DEA los había convencido para que se reunieran con mis informantes. Les dije a los informantes que se vistieran de traje y que no lucieran como vagabundos de la calle.

Están trabajando para la DEA. Quiero que se vean profesionales, insistí. Vas a ir frente al gran jurado federal para testificar lo que aprendiste sobre el negocio de tráfico de drogas de los hermanos, los agentes que intentaron matar y la corrupción en el POE.

A la hora señalada, nos reunimos con la AUSA en su oficina. Sentí que la reunión sería productiva. Los informantes se veían muy bien con su ropa, olían bien y estaban bien arreglados.

Los informantes me miraron, mientras, AUSA lanzaba un ataque a su credibilidad cuando mostraban una notable falta de interés en lo que habían aprendido o cómo lo habían aprendido. Parecían heridos y confundidos por la línea de preguntas, al igual que yo. Esperaba preguntas sobre el negocio de drogas de los hermanos, el intento de asesinato de los dos agentes y la corrupción en el POE, no un ataque a mis informantes.

La mayor parte del tiempo, no podíamos llamar al agente Hardin, trataron de explicar los informantes. Los guardaespaldas del hermano nos observaban con mucha atención. Más tarde, uno de los hermanos nos apuntó con una pistola automática calibre 45 y preguntó: ¿Eres

DEA? Luego se rió a carcajadas y dijo: Estoy bromeando. Sabemos que la DEA no puede consumir drogas y que no pueden tener sexo con chicas jóvenes.

Estábamos encerrados en la casa del hermano en México. Teníamos que esnifar cocaína con ellos, continuó explicando el informante. Mujeres mayores y niñas mas jóvenes van y vienen de la casa del hermano.

El AUSA tamborileaba impacientemente con lo dedos sobre la mesa mientras los informantes trataban de explicar sus acciones. Soltó groseramente. No quiero oír hablar de ustedes metiéndose coca por la nariz. No quiero oír hablar de las chicas.

Me había quedado claro que él no quería este caso. Me pareció poco probable que un hombre de su experiencia y posición desconociera las brutales realidades de Méjico y las que enfrentan los informantes de la DEA. No debería haberle sorprendido que los informantes hubieran inhalado cocaína con los hermanos, o cualquier otra cosa que se sintieran presionados a hacer.

Otro hermano nos apuntó con su pistola calibre 45 y nos acusó de ser agentes de la DEA, dijo uno de los informantes. Mientras mas inhalaban cocaína los hermanos, más decían que nunca podrían ser arrestados debido a su relación con la CIA. Uno de los hermanos nos dijo que intentaron matar a dos agentes de la DEA. Después de inhalar cocaína, gritó: ¡Nos aseguraremos de que los agentes de la DEA estén muertos!

Otro informante le dijo a la AUSA lo que los hermanos le habían dicho en otra ocasión. ¿Conoces a nuestro primo? había preguntado el hermano. Es dueño de una concesionaria de autos, habían dicho, riendo. Deberías comprarle un auto, pero no traigas a tu esposa, hija o novia cerca de él. Él las violará. Miré al AUSA a los ojos y enfaticé la importancia de lo que los informantes trataban de decirle. Los hermanos tienen un primo que vende autos usados en los Estados Unidos. Una vez fue alcalde de un pequeño pueblo a lo largo de la frontera suroeste con México. Tiene muchos parientes que trabajan en la aplicación de la ley en el POE.

¡Mirad! Seguí defendiendo a los informantes y superar su renuencia a aceptar su testimonio. Los informantes están involucrados en el mundo criminal del control. Se les da cocaína para inhalar con los hermanos, y se espera que se entreguen. Con la ayuda de los informantes, estoy construyendo un caso contra los hermanos que intentaron matar a dos agentes de la DEA.

Abordé el tema de la corrupción en el POE que la AUSA había descartado como una teoría de la conspiración. Cuando los informantes se reunían con los hermanos en México, a menudo los detenían en el Puerto de Entrada (POE) del suroeste. Los agentes de aduanas y los inspectores de inmigración preguntaban si los informantes se reunían con los hermanos en México. Por supuesto, no decían nada a los oficiales de la POE acerca de reunirse con los hermanos.

Uno de los informantes intervino. Los hermanos tienen mucha protección contra la policía corrupta en la frontera. —Los hermanos se jactaban de que su sobrina y su sobrino trabajaban para aduanas e inmigración en el PDE.

Estoy emocionado de que los informantes estén dentro de las casas de los hermanos en México, dije. Sabemos cosas sobre su operación que de otro modo no podríamos saber.

El AUSA hizo una pausa para considerar sus próximas palabras; entrelazando sus dedos en el escritorio, se inclinó hacia adelante en su silla. Larry, no tienes suficientes pruebas para enjuiciar a los hermanos por conspiración para transportar narcóticos a Estados Unidos ni por intento de asesinato de dos agentes. Yo estaba aturdido; ¿Cómo podía decir tal cosa después de todo lo que había escuchado?

¿Qué hay de la relación de los hermanos con la empresa de mariscos de China? —intervino uno de los informantes.

El AUSA parecía que nunca había oído hablar de la empresa de mariscos de China.

¿Cómo tuviste tanto éxito en penetrar en la familia de los hermanos? preguntó la AUSA a los informantes. —Se sentía como si estuviera tratando de cambiar el tema de inmediato.

Rápidamente pasó a otro ataque a la credibilidad del informante. ¿Cómo supiste con seguridad si las chicas tenían 18 años? ¿Les preguntaste a las chicas su edad?

No, —respondieron.

La AUSA claramente no quería ser puesta en una posición donde tendría que abordar el uso de drogas o el sexo con niñas en México por parte del informante.

Los informantes habían tratado de defender sus acciones, pero la AUSA no quiso escucharlo. Teníamos que inhalar cocaína. El sexo con las jóvenes era normal cada vez que nos reuníamos con los hermanos. Los hermanos sabían que los agentes de la DEA no pueden consumir drogas y no pueden tener relaciones sexuales con las jóvenes.

Nunca les dije a los informantes que podían usar cocaína en México, expliqué. Desafortunadamente, era necesario que se mantuvieran con vida.

La primera vez que descubrí que los informantes consumían cocaína con los hermanos fue durante esa reunión. Antes de eso, no sabía que esnifaban cocaína con ellos. Me molestó especialmente escuchar que estaban teniendo sexo con chicas jóvenes.

Los informantes habían mencionado haber tenido relaciones sexuales con chicas del negocio camaronero de los hermanos, pero dijeron que las chicas tenían más de 18 años. A pesar de estas revelaciones, entendí las presiones que enfrentaban los informantes y las amenazas reales a sus vidas. Este caso era demasiado importante para ser descarrilado por tales revelaciones. La AUSA no lo vio así.

No puedo procesar el caso, —escupió con disgusto.

Otro informante había comprado un kilo de cocaína e hizo tratos por 30 kilos con otros 500 kilos a continuación. Le tenía miedo a la corrupción. Era su deber procesar este caso, pero se negó obstinadamente.

¡Esto es una mierda de toro! solté. —Uno de los informantes comentó sobre mi frustración y aprovechó la oportunidad para expresar la suya.

¿Por qué fui a prisión durante cinco años por ayudar a un agente encubierto de la DEA a comprar una onza de cocaína? gritó. Me acusaron de conspiración, pero nunca vi cocaína. No fue inteligente que el informante hablara así con AUSA, pero entendí su frustración.

¡No puedes hacer esto! —Insistí—.Tienes a los hermanos. Hay corrupción en el POE. Los hermanos les contaron a los informantes cómo intentaron matar a dos agentes de la DEA en México. Está en las grabaciones. Tengo pruebas. Tenemos un kilo de cocaína de los 30 kilos pendientes de compra a los hermanos. ¿Qué más quieres?

¡Esto es al menos un caso de conspiración! —Declaré con firme resolución.

Déjame arrestar a los hermanos. Los pondré en la cárcel por unos días, y puedo comenzar a exprimirlos sobre los policías corruptos, su negocio de drogas y quiénes son los funcionarios corruptos que trabajan en el PDE (Puerto de entrada) los hermanos deben ser imputados ante el gran jurado federal, —insistí.

Miró su reloj. ¡Yo no voy a presentar el caso ante el gran jurado! No puedo procesar este caso.

Vámonos, escupí enojado. Él no va a procesar a los hermanos.

Larry, la AUSA estaba buscando una excusa fácil para no acusar a los hermanos, —dijo uno de los informantes cuando salíamos de la oficina.

Tiene razón, —pensé—. Por razones que no esperaba entender, estaba seguro de que la AUSA estaba intentando sabotear mi caso.

"¿Qué, pues, diremos a estas cosas? Si Dios es por nosotros, ¿quién contra nosotros?"

(Romanos 8:31, versión King James)

Capítulo 55

Confía en el Señor con todo tu corazón

Regresé solo a la oficina, sintiéndome derrotado. Los informantes sacaron el trasero, arriesgando sus vidas para apuntar a las actividades de drogas de los hermanos. El AUSA, en cambio, no tenía agallas. Me enfureció que les había dicho a los informantes y a mí, que no tenía suficiente para enjuiciar a los hermanos. Ni siquiera el intento de asesinato de dos agentes de la DEA había sido suficiente para sacarlo de quicio y hacer su trabajo. Temía que los hermanos se enteraran de que los informantes trabajaban para mí y la DEA.

Estaba seguro del caso. Soy el tipo de persona que puede separar los hechos y las pruebas de la conspiración y presentar un caso para el enjuiciamiento federal basado en los hechos. No trato con los tipos de rumores y mentiras difundidas por los buenos y los malos por igual. Me das los fragmentos de evidencia y los juntaré para que la oficina de AUSA pueda procesar.

Cuando llegué a casa, mi esposa me preguntó cómo había ido la reunión. —Podía ver que me sentía deprimido.

Me siento muy cómodo con la información que me están dando las fuentes y los informantes, —le dije—. Ellos tienen mi espalda, y yo tengo la de ellos.

No podía entender por qué constantemente tenía que librar batallas dentro de mi propia oficina y con la oficina de AUSA. Cuando tuve la oportunidad de arrestar a los hermanos y procesarlos, sabía que las fuentes y los informantes serían grandes testigos.

Las largas horas que pasé trabajando en este caso y en otros me estaban pasando factura. Los informantes no podían creer que yo fuera el único agente de la DEA trabajando en este caso. Mi supervisor vio que me estaba quemando y ya no quería que me concentrara en otros casos de narcóticos.

El caso contra los hermanos había llegado a la etapa en que debíamos hacer arrestos y procesar a los involucrados. Eso no había sucedido, gracias a abogados débiles y asustados que eran demasiado flojos para hacer su trabajo. Un gran ex policía me animó. Estaba cansado de luchar contra el sistema legal y la hipocresía política.

—Mantente enfocado, hombre. Estás haciendo esto para el público estadounidense y el bien común—. Debes detener la corrupción en la frontera POE (Puerto de entrada) de México.

"Fíate de Jehová con todo tu corazón, y no te apoyes en tu propia prudencia." (Proverbios 3:5-6, versión King James)

Capítulo 56

Daré al hombre conforme a su obra

Después de la reunión con las AUSA, los informantes no quisieron saber más del caso, temían que les quitaran la vida. En peligro por la corrupción en el POE, los informantes continuaron trabajando conmigo en lo que pudieron, pero se negaron a someterse al tipo de riesgos que antes habían tomado, ya no querían ir a México y sobre todo no querían tratar de que me reuniera con los hermanos.

Mis informantes habían arriesgado todo en México con los hermanos. Por otro lado, la AUSA no tuvo agallas para procesar a los hermanos y no estaba dispuesta a arriesgar nada. La corrupción en el POE, que la AUSA se negó reconocer, y la conexión china había dejado a los informantes paralizados y sin ganas de actuar.

A pesar de su desgana, continué presionando para que se hiciera un enjuiciamiento federal. Eventualmente, recibí una llamada de la oficina del fiscal de los EE. UU.

Te estamos asignando un nuevo AUSA para que te ayude con los hermanos cártel, —cedió la oficina del fiscal.

El tercer AUSA era joven e inexperto. Sus ideas sobre la persecución de las drogas eran muy liberales y era muy ingenuo sobre el daño que las drogas ilegales causaban a nuestra sociedad. Pensó que los cargos federales por drogas eran demasiado severos con los traficantes, especialmente con las pobres mulas. No estaba seguro de tener más suerte con el tercer AUSA que con los dos anteriores.

Nuestro anterior AUSA había vuelto a procesar casos de bajo nivel. Se mantuvo alejado de la investigación sobre los hermanos, lo que le sentaba muy bien. Tenía miedo de hacer algo con respecto a la corrupción en la aplicación de la ley y en el POE y era demasiado aprensivo para lidiar con las duras realidades de enjuiciar un caso importante de narcóticos.

Invité a la nueva AUSA a viajar cruzando la frontera hacia Sonora, México para ver las casas de los hermanos. Quería que entendiera claramente el estilo de vida opulento de los hermanos. Quería que viera sus lujosas casas blancas con columnas de mármol importadas de Italia. Quería que se diera cuenta de que su riqueza se basaba en una cultura de violencia y que las víctimas habían tomado una sobredosis de drogas. Después de ver las casas de los hermanos, comenzó a emocionarse con el caso.

Al final resultó que, sus puntos de vista no habían cambiado tanto como yo esperaba. Pensé que AUSA empezaba a entender por qué este caso era tan importante. No entendía por qué los cargos contra los hermanos y sus traficantes por tráfico de cocaína serían tan severos. Le expliqué que las leyes federales sobre drogas eran así para todos los estados, pero cada estado jugaba a su manera en el enjuiciamiento de los casos de drogas.

En un estado como California, el público adoptó una visión liberal hacia la distribución de narcóticos. Esto significó que la mayoría de los fiscales estatales y federales ya no aplicaron sentencias directrices para enjuiciar a los narcotraficantes. También se vendía y transportaba mucha más cocaína por todo California, por lo que los fiscales priorizaron los casos más destacados. La selección del jurado estatal y federal de California también fue un problema importante para los abogados. Muchos jurados de mentalidad liberal dudaron en encontrar a una pobre mula culpable de violaciones de tráfico de drogas.

Se hizo evidente que la nueva AUSA no quería tener nada que ver con el enjuiciamiento de los hermanos. Quería encargarse de casos más sencillos como cobrar a la mula que nos vendía el kilo de cocaína. Eso pasó por alto por completo el punto de este caso en lo que a mí respecta, y no iba a dejar que los hermanos se salieran con la suya tan fácilmente. Había muchas pruebas para acusarlos.

La AUSA quería que me reuniera con agentes de otras regiones involucrados en el caso del hermano. Explicó que quería ver pruebas adicionales antes de acusar a los hermanos de intentar matar a dos agentes y su negocio de tráfico de drogas.

A los pocos días, los agentes de la DEA de Los Angeles, Washington, D.C. y Hermosillo, México, expresaron interés en reunirse con la AUSA en Yuma. Los agentes fueron asignados para recopilar información de inteligencia dirigida a los grupos narcotraficantes asiáticos. Querían saber como reuní pruebas que mostraban la conexión de los hermanos con la compañía de mariscos de China.

En la reunión con la AUSA, resumí el caso por concierto para delinquir contra los hermanos y las pruebas que obtuvimos. Después de resumir el caso, mostré cómo los hermanos estaban conectados con compañía de mariscos de China. Los agentes sintieron, como yo lo hice, que había amplia evidencia para enjuiciar a los hermanos. También pensaron que se necesitaba evidencia adicional para procesar su conexión China. Parecía claro que esa era la razón principal por la que querían estar en la reunión.

Los otros agentes de la DEA en la reunión no parecían interesados en el caso contra los hermanos. Estaban interesados en recopilar información sobre casos relacionados en los que estaban trabajando, lo cual pude entender. Sin embargo, su interés principal en la reunión parecía asegurarse de que mi caso no impactara negativamente en sus propios casos. Querían aislar mi caso contra los hermanos para que no tocara las organizaciones de traficantes asiáticos o la compañía de mariscos de China. La AUSA permaneció en silencio durante la mayor parte de la reunión. Quería ver qué compartiría sobre las actividades criminales del hermano con los otros agentes de la DEA, pero no quería hacer nada al respecto. —Esa fue mi última reunión con los agentes.

"No digas, así le haré a él como él me ha hecho a mí: pagaré al hombre conforme a su obra."

(Proverbios 24:29, version King James)

Capítulo 57

Mía es la venganza; Yo pagaré dijo el Señor

Al agente le preocupaba que la mexicana embarazada perdiera a su bebé. Ella lloraba y se frotaba la barriga. Estaba claro que tendría a su bebé en cualquier momento. Me asqueaba la idea de que el bebé del atroz asesino nacería como ciudadano estadounidense.

Muy temprano ese día, en Arizona Los oficiales de la patrulla de carreteras habían detenido a la esposa embarazada del asesino y a su hermano mientras viajaban hacia el suroeste hacia Sonora, México. El agente de la DEA había sido asesinado durante una operación encubierta en Arizona. Un ciudadano mexicano había planeado el asesinato a sangre fría del agente. Gracias a la información proporcionada por los informantes, supimos que la esposa del sicario y su cuñado huían a México con la esperanza de evadir la captura de la DEA.

Un joven agente hispano de la DEA y yo tomamos la custodia de la esposa del asesino y su hermano de manos de los oficiales de la patrulla de caminos.

Es prácticamente una niña y está embarazada de nueve meses, dije con sorpresa mientras la miraba. Su hermano es un niño. ¿Ustedes, los oficiales, conocen sus edades?

Los agentes del DPS se encogieron de hombros. No tienen ninguna identificación.

No tenemos ninguna información de la DEA de que la niña embarazada y su hermano estuvieran directamente involucrados en la muerte del agente, dijo el otro oficial mientras, tomamos la custodia de los sospechosos y nos fuimos.

Entonces, ¿por qué están tratando para salir de los Estados Unidos? ¿Por qué están corriendo de regreso a México? les espeté enojado a los oficiales.

El otro agente condujo mientras yo intentaba interrogar a la esposa del asesino y a su hermano. Se negaron a responder cualquier pregunta sobre dónde se escondía su esposo. Cuando pregunté sobre su paradero, ella comenzó a gritar en voz alta y a frotarse su enorme barriga, quejándose de agudos dolores. Pensé en la muerte del agente, su familia y su dolor. Sus propias declaraciones de victimismo solo sirvieron para alimentar mi creciente ira.

¡Callaros la boca! Te daré una bofetada en la boca a ti ya tu hermano que parece enfermo, grité con enojo. Sabes que tu esposo mató a un agente de la DEA. El agente tiene una hermosa familia. Él era un amigo para nosotros.

Quería abofetear la maldad de ella y su hermano. Necesitaba que alguien le quitara los dientes restantes que la metanfetaminas aún no le había quitado. Por favor, para, suplicó en español mientras sollozaba, con lágrimas en los ojos. Se estaba rompiendo bajo la intensidad alimentada por la ira de mi interrogatorio.

Vi un área aislada junto a un limonero mientras conducíamos por la carretera a México. Para, le dije al otro agente. Pisó los frenos y detuvo suavemente el todoterreno en el arcén junto al limonero.

Observó mientras buscaba en la guantera un paquete de ketchup sobrante y salía del auto. El agente salió también y caminó hacia mí.

¿Qué vas a hacer con el ketchup? —preguntó nervioso.

Voy a llevar a la maldita chica al limonero, —le dije—. Voy a esposar sus manos a un árbol. Luego dispararé una ronda con mi pequeño revólver guisante de olor .38 al aire. El niño escuchará un disparo y se asustará. Después de disparar una ronda en el aire, me voy a untar el ketchup en la cara y el pecho. Va a parecer que su sangre está sobre mí. Cuando regrese al auto sin ella, el niño verá sangre en mí. Pensará que yo le disparé a su hermana, dejándola en el bosque para que se desangrara hasta morir. Mientras el niño suplica por su vida, lo agarraré por su cuello desaliñado y lo sacaré del auto. Una vez que ponga al niño de rodillas, apuntaré mi guisante de olor entre sus ojos. Se estará meando en los pantalones. Él me dirá dónde está el asesino, —insistí.

Alcancé la manija para abrir la puerta del pasajero, mientras el otro agente ponía su mano en mi brazo para detenerme.

No, Larry, —susurró—. La niña podría tener un aborto espontáneo y perder al bebé. El bebé podría morir. La chica podría morir.

Me giré para mirarlo con enfado. Lo único que se me ocurrió fue cómo su marido había planeado el asesinato de un compañero agente.

Su marido asesinó a nuestro amigo como un perro en la calle, escupió. Su familia está sufriendo. Ella y su hermano ayudaron a matar a nuestro amigo.

Abrí la puerta del pasajero y agarré el brazo de la niña para sacarla de la camioneta. Su hermano gritó aterrorizado, suplicando ayuda.

Sus ojos malvados ahora, ahora mismo, —grité—. Lo que me asustó fue que realmente quería. Mi dolor y enojo por la pérdida de un compañero agente, un amigo, me llevaron a perder el control.

A regañadientes, la empujé de vuelta al asiento junto a su hermano que gritaba. Tomando un momento para dejar a un lado mi ira y recuperar el control, regresé al auto. Todavía estaban llorando cuando me senté de nuevo.

Deja de gritar, —le dije sin enojo y sin gritar—. Los llevaré a usted ya su hermano de regreso a México. Mi amigo, el comandante, los está esperando. Él puede obtener las respuestas que necesito de ustedes dos.

Cuando llegamos a un tráiler abandonado cerca de la frontera, dejaron de gritar y sus lágrimas cesaron. Finalmente admitió que su esposo ya estaba en México, escondiéndose de la DEA. Los dejamos en el tráiler y les dijimos que podían cruzar la frontera desde allí, pero continuamos con la vigilancia. Al día siguiente, la esposa del asesino y su hermano desaparecieron en la oscura noche mexicana.

Esperamos ansiosamente escuchar lo que sucedería cuando la esposa y el hermano del asesino regresaran a México. Habían pasado unos días cuando recibí noticias de mis informantes. Los hermanos les habían dicho a los informantes que un agente de la DEA había sido asesinado en Arizona. Sabían que la esposa y el hermano del asesino estaban en México, pero su esposo no estaba con ellos.

¿Quién mató al agente de la DEA? —le había preguntado el informante al hermano.

No queremos que la DEA se concentre en nosotros, respondió el hermano. La esposa del asesino y su hermano ya no están. No queremos que él o ellos estén cerca de nosotros. No queremos que la DEA se concentre en nuestra familia. La DEA podría pensar que fuimos nosotros los que matamos al agente.

El asesino se convirtió en uno de los fugitivos más buscados por el FBI. Con la presión de la DEA sobre el gobierno mexicano, el asesino fue capturado y finalmente extraditado para ser procesado en los Estados Unidos. A la esposa del asesino y a su hermano nunca más se les volvió a ver, y no tengo idea de qué les sucedió después de que regresaron a México. Quizás una de las familias del cártel los hizo desaparecer en el cálido desierto mexicano cerca de las montañas. llamado "camino del diablo". O, tal vez, simplemente llevaron vidas tranquilas en México o de regreso en los EE. UU. una vez que terminó la presión para capturar al asesino.

"Amadísimos, no os venguéis vosotros mismos, sino dad lugar a la ira; porque escrito está: Mía es la venganza; Yo pagaré dijo el Señor."

(Romanos 12:19, versión King James)

Capítulo 58

El que justifica a los inicuos

Larry, el caso ya está cerrado. ¡Quien quiera que lo reciba en la oficina del fiscal de los Estados Unidos, no necesita hacer nada! ¡Está listo! Está todo escrito y tengo la evidencia para respaldarlo. El Asesor jurídico Jefe en Washington D.C. me aseguró: —Tienes que acusar a estos hermanos con toda esta evidencia.

Me había preparado para mostrarle al AUSA y a los agentes de D.C., Los Angeles y Hermosillo la revisión de mi caso por parte del asesor jurídico principal. Expuso claramente los cargos federales y las acusaciones contra cada uno de los hermanos. Quería que AUSA leyera la carta oficial del asesor jurídico principal que decía:

Este es el mejor caso de los hermanos de la familia Cártel. Sigan con el buen trabajo. Tienes suficiente para enjuiciar a los hermanos. Puedes ir tras la corrupción en la frontera del POE.

El asesor legal jefe de la DEA también afirmó que tenía una gran evidencia de las fuentes e informantes. Citó, específicamente, la grabación de la cinta en la que los hermanos se habían jactado ante las fuentes e informantes de haber intentado matar a los agentes. ¡El caso ya estaba preparado! Estaba listo para el gran jurado federal, con base en la evidencia y la información proporcionada. Era increíble que AUSA no actuara para enjuiciar a los hermanos por los intentos de asesinato y sus actividades relacionadas con las drogas en los EE. UU. —dada la montaña de evidencias que se habían descubierto.

Recientemente se había asignado un nuevo supervisor a la oficina. Con orgullo le mostré la carta del asesor legal jefe de la DEA.

Tienes a los hermanos acusados, —dijo con apoyo.

Quiero hacer esto por los dos agentes, respondí con toda sinceridad. Su historia había tocado algo muy profundo en mí desde esos primeros días cuando llegué por primera vez a la oficina. Mi corazón ardía con el deseo de que se hiciera justicia por todo lo que habían sufrido.

El apoyo de mi nuevo supervisor pronto se vio empañado por las quejas de la alta gerencia. La oficina de AUSA se estaba cansando de mí e insistieron en que hicieran su trabajo y dieron a conocer sus sentimientos a la dirección de la DEA. Respondieron diciéndole a mi supervisor que me dijera que tenía que retroceder y dejar de presionar a los AUSA para que acusaran a los hermanos. Los AUSA realmente no podían decirme que comenzara a cerrar el caso o los obligaría a explicar los problemas de seguridad nacional relacionados con la corrupción en el POE.

La AUSA quería cerrar mi caso contra los hermanos y estaban presionando a la dirección de la DEA. Un día el supervisor me preguntó si quería que me transfirieran a otra oficina de la DEA. Esperaban que al despedirme pudieran barrer todo el asunto debajo de la alfombra.

La implicación de la AUSA en el caso terminó un día que me citaron para una reunión. Todavía estaba molesto por su continua falta de apoyo y no esperaba mucho de la reunión. Había algunos abogados sentados rígidamente alrededor de una mesa de conferencias cuando entré en la sala. La reunión fue corta y al grano. Un abogado, que nunca antes había conocido, tomó el archivo del caso y lo golpeó sobre la mesa.

La oficina de AUSA no puede hacer nada más, afirmó.

El abogado, —a quien supuse que tendría un rol gerencial—, me indicó que dejara el caso descansar. Si la gerencia dentro de la oficina de AUSA estaba bloqueando el caso, lo haría explicar por qué los dos ex AUSA fueron removidos por razones desconocidas y ya no trabajaron en el caso contra los hermanos. La oficina de AUSA tenía todo lo que les proporcioné sobre los hermanos. Sabía en mi corazón que tenía todo lo que se necesitaba para procesarlos. La revisión de mi caso por parte del asesor jurídico principal de la DEA en Washington D.C. lo dejó claro: ¡Tienes a los hermanos! Él lo había dejado claro.

El último AUSA con el que había estado trabajando me pidió que fuera a su oficina cuando la reunión había terminado.

Podemos acusar a la mula por la venta del kilo de cocaína y al agente encubierto de la DEA, pero nada más, —ofreció.

¿Quiénes somos? —Pregunté—. Después de todas las noches, las constantes batallas y el peligro que mis informantes habían enfrentado, la palabra "nosotros" parecía insultante. Reuní la evidencia, tomé notas y obtuve una revisión del asesor jurídico principal y la oficina de AUSA no había hecho nada.

No estaba listo para dejarlo ir. Yo merecía algo mejor, mis informantes merecían algo mejor y los dos agentes que los hermanos intentaron matar, sin duda, merecían algo mejor. Si AUSA no me ayudaba, encontraría a alguien que lo hiciera. Me levanté abruptamente y caminé hacia la puerta.

Voy a llevar el caso a la oficina del fiscal del condado de Yuma. El Fiscal del Condado quiere procesarlo. ¡El acusará a estos hermanos y expondrá la corrupción en el PDE si no lo haces! —grité mientras me iba.

Larry, no puedes llevar este caso al condado, es una investigación federal, no una investigación estatal, gritó de vuelta.

Ya no, —dije desafiante mientras me giraba para mirarlo—. Voy a llevarlo a la oficina del fiscal del condado porque lo van a hacer. Acusarán a los hermanos y a todos por eso.

¡Eso no sucederá!, —gritó—. Las personas en las oficinas cercanas podían escucharnos mientras nos gritábamos, y alguien asomó la cabeza fuera de su oficina para ver cuál era la conmoción.

Los hermanos intentaron matar a dos agentes de la DEA. Eso es un no-no. ¡No puedes hacer eso! Esos agentes son parte de mi familia. Con eso, me alejé y no miré hacia atrás.

Qué decepción, pensé mientras saltaba a mi auto y cerraba la puerta detrás de mí. La idea de que acusarían a la mula por un kilo de cocaína, pero dejarían que los hermanos distribuyeran varios cientos de veces esa cantidad regularmente y quedaran impunes por intentar matar a dos agentes de la DEA fue una bofetada. Me había involucrado emocionalmente en el caso, era personal para mí y no iba a retroceder.

Iba a seguir presionando para que se acusara a los hermanos. No importaba que la oficina de AUSA no quisiera que continuara con el caso. ¿Quiénes eran ellos para hacer retroceder la acusación sobre los hermanos? ¿Cómo haces eso sin explicar la razón? A la nueva AUSA no le importaba, eso era seguro.

A pesar de mi firme resolución de seguir luchando, me preocupaba que no pasara nada con este caso. Sentí con convicción que estaba haciendo lo correcto, pero parecía que todos estaban en mi contra. La oficina de AUSA ciertamente lo era, la policía corrupta en el POE, e incluso mi propia oficina. La CIA incluso estuvo involucrada en formas que no entendí debido a la conexión china con los hermanos. Mi mente se arremolinaba con la firme resolución de mis convicciones y dudas como un remolino de polvo de Arizona.

No hace falta decir que había perdido toda confianza en la oficina de AUSA, pero estaba seguro de que la oficina del fiscal del condado me ayudaría. Con su ayuda, confiaba en que los hermanos serían procesados por intentar matar a los dos agentes.

"El que justifica al impío, y el que condena al justo, ambos son abominación a Jehová."

(Proverbios 17:15, versión King James)

Capítulo 59

Líbrame del engañoso e injusto Hombre

Me había encontrado con mucha oposición mientras luchaba para acusar a los hermanos y tomar medidas enérgicas contra la corrupción en el POE, pero necesitaba aliados. Uno de mis aliados más fieles fue el teniente (LT) Danny Elkins, que trabajaba para el departamento de policía de Yuma. Sus compañeros de trabajo lo llamaban el LT. Me acompañaba frecuentemente cuando viajaba al PDE. Habíamos trabajado bien juntos en varios casos de drogas cuando yo supervisaba la oficina.

Cuando la AUSA se negó a llevar el caso, recurrí al LT. El quería meter a los hermanos en la cárcel tanto como yo. Se sorprendió al saber que los hermanos estaban conectados con el crimen organizado asiático y la compañía de mariscos de China. Sabía que yo estaba tratando con policías corruptos en el POE y dentro de la comunidad policial. Como oficial de policía local, su ayuda para trasladar el caso contra los hermanos a la oficina del fiscal del condado sería invaluable.

Si la AUSA no procesa a los hermanos, entonces quiero que hables con el fiscal del condado, me aseguró. El está a cargo de la unidad de narcóticos. Ya llamé al fiscal del condado sobre su caso. Está tan emocionado como yo. Si puede acusar a los hermanos de delitos estatales, tal vez podamos detener la corrupción en el POE.

No podía entender por qué los AUSA acusaban a la mula pero no querían enjuiciar a los hermanos. Aceptó mi plan de trasladar el caso a la oficina del fiscal del condado.

Al día siguiente, el LT y yo nos reunimos con el fiscal del condado. El sabía sobre los hermanos y sus actividades delictivas. Sabía lo peligroso que era trabajar tan cerca de la frontera y se enteró de la corrupción en la comunidad policial. Le presenté la revisión del caso del asesor legal jefe de la DEA. Se quedó sin palabras cuando leyó que el asesor jurídico principal había recomendado que el caso se presentara ante el gran jurado federal.

Después de una reunión larga y productiva, el fiscal del condado estaba emocionado y deseando comenzar. Asignó a uno de sus asistentes, un abogado joven pero ambicioso, para preparar el caso para su presentación ante un gran jurado estatal. Si la oficina de AUSA no quería procesar el caso a nivel federal, estaba más que feliz de presentárselo al estado.

Estoy listo ahora para reunirme frente al gran Jurado, le aseguré. Con base en la evidencia, la oficina del fiscal del condado estaba segura de que el gran jurado acusaría a los hermanos de cargos estatales por el intento de asesinato de los dos agentes de la DEA y sus actividades relacionadas con las drogas. El joven asistente del fiscal del condado era de la costa este. Era un tipo pulcro que se erizaba con entusiasmo y quería hacerse un nombre. Este era el tipo de caso que siempre había querido. Sería una gran pluma en su gorra, el tipo de caso en el que podría construir su carrera.

Seguí trabajando de cerca con el LT. Nos reuníamos regularmente para discutir nuestro trabajo conjunto en el caso de los hermanos. Después de todo el tiempo que había pasado luchando solo, luchando con el sistema, finalmente sentí que tenía aliados en los que podía confiar

"Júzgame, oh Dios, y suplica mi causa contra la nación impía: líbrame del hombre engañoso e inicuo."

(Salmos 43:7, versión King James)

Capítulo 60

Un hombre injusto es una abominación para el justo

El fiscal del condado me llamó. La emoción que había expresado cuando le presenté el caso había sido reemplazada por una nueva emoción, el miedo.

El oficial de policía vino a nuestra oficina hoy y dijo que habría amenazas contra nosotros porque estamos atacando a los hermanos mexicanos y sus familiares.

Varios días antes, mi supervisor se me había acercado.

Larry, necesitas hablar con el oficial de policía sobre el caso de los hermanos mexicanos. Él ha sido asignado para ayudarte con tu investigación. Tienes que traer al oficial al mando. Él trabajará contigo en la frontera.

La corrupción era rampante a lo largo de la frontera y dentro de la comunidad de la policial local. Me reuní con el oficial de policía y resumí mi investigación sobre los hermanos. Hubo cosas que intencionalmente no quise mencionar, como mis informantes. No conocía a este oficial de policía, y por tanto, no podría confiar en él. ¿Qué garantía tenía yo de que no era corrupto? Me molestaba que mi supervisor me empujara a trabajar con alguien en quien no tenía ninguna base de confianza.

Unos días más tarde, en la noche, recibí un mensaje de mi supervisor que quería hablar conmigo de inmediato y que necesitaba que fuera a la oficina. Cuando me detuve en el estacionamiento, me pregunté qué era tan urgente que quería hablar de inmediato, pero tan sensible que no lo discutiría por teléfono. Noté la preocupación y la urgencia en su voz, así que no perdí tiempo en regresar a la oficina.

El supervisor me llamó a su oficina cuando entré al edificio. Estaba sentado detrás de su gran escritorio de roble con el fiscal del condado y el fiscal adjunto. Teníamos una reunión programada para la mañana siguiente, por lo que era extraño que estuvieran aquí ahora. ¿Qué está sucediendo? Me preguntaba. Estaba seguro de que no era bueno.

Larry, tienes que sentarte, —dijo mi supervisor.

No, me voy a levantar, —insistí.

Me pregunté si la AUSA había intervenido para impedir que la oficina del fiscal del condado tomara el caso. La sola idea de esa posibilidad me enfureció. Solo había estado conduciendo durante tres horas y media para estar aquí, lo que me dio tiempo suficiente para reflexionar sobre mis años de lucha con el sistema. —Me preparé para noticias que estaba seguro de que no quería escuchar.

El oficial de policía con el que se le asignó trabajar fue a la oficina del fiscal del condado, —anunció el supervisor.

Pensé en lo que dijo por un momento. He estado trabajando en el caso de los hermanos durante varios años. He encontrado policías corruptos. Pensemos en lo que acaba de pasar hoy.

El oficial fue a la oficina del fiscal, —continuó—. A mis espaldas, a las espaldas de todos en esta oficina, y le dije al fiscal del condado: Si acepta el caso de estos hermanos, existe la posibilidad de que usted y su abogado asistente sean asesinados.

Hice una pausa para dejarles considerar las ramificaciones de esa declaración. Sus rostros contaban la historia; ¡El policía corrupto los había asustado! Estaba tan enojado como un perro rabioso.

La razón por la que te asustó, dije, reconociendo su miedo, es que conoce a los hermanos. Debe ser uno de los policías corruptos que trabaja para ellos. O es corrupto o está loco.

Me comunicaré con el FBI mañana y reportaré la amenaza del oficial de policía, dijo mi supervisor, tomándose la situación muy en serio. Terminamos la reunión y los abogados nos agradecieron por nuestro tiempo.

Estaba claro que el tono tranquilizador de nuestras palabras no habían hecho nada para disminuir su miedo.

Larry, tengo una esposa y un bebé recién nacido, dijo nerviosamente el abogado asistente cuando salían de la oficina. —Sus ojos suplicaban comprensión mientras lo decía.

Los observé irse y luego me volví hacia mi supervisor. Es demasiado tarde. El oficial corrupto hizo su trabajo amenazando a los abogados. El caso está cerrado.

Mis fuentes e informantes compartieron mis sospechas de que el oficial de policía era corrupto. Ahora tenía que demostrarlo, pero tendría que ser cauteloso cuando volviera a encontrarme con el oficial corrupto. Les advertí a los otros agentes de la DEA en mi oficina que evitaran al oficial de policía.

No quieras reunirte ni hablar con el oficial; es corrupto, —le dije.

El supervisor compartió mis preocupaciones y, a la mañana siguiente, se aseguró de que sacaran al oficial de policía de nuestra oficina. Al oficial corrupto no le sorprendió que le hubieran pedido que se fuera. Se fue en silencio, nunca preguntó por qué lo sacaron del caso y ya no pudo ingresar al edificio de la DEA. La oficina del fiscal del condado no avanzó para acusar a los hermanos y el caso se fue cuesta abajo. El daño ya estaba hecho.

En una semana, dos agentes del FBI entrevistaron al oficial de policía por corrupción y amenazas a los fiscales del condado. Después de interrogar al oficial de policía, los agentes del FBI querían reunirse con mi supervisor pero no fui invitado

Debería haberme involucrado en la reunión con los agentes del FBI, me quejé a mi supervisor. Soy el agente del caso, nadie más. Quiero saber por qué el oficial hizo esas amenazas. ¿Quién animó al oficial a ir a la oficina del fiscal del condado de Yuma? ¿Fueron los hermanos? ¿Alguien del FBI, la CIA o las AUSA?

Sabes qué, Larry, suspiró el supervisor. Los agentes del FBI no pueden hacer nada con el oficial. Los agentes del FBI me dijeron que tiene un trastorno mental y que está enfermo.

Sí, pero también está corrompido. Querías que trabajara conmigo en el caso de los hermanos. Lo que dijo el FBI sobre el oficial es mentira, y lo sabes. El supervisor me dio una de esas miradas sin palabras que decían, ¿qué quieres que haga al respecto?

Cómo los agentes del FBI manejaron la amenaza del oficial de policía contra él. Los fiscales del condado preocuparon al supervisor. El supervisor se dio cuenta de que algo podría estar impidiéndome acusar a los hermanos. ¿Quizás el supervisor estaba preocupado por su seguridad?

El supervisor tenía que saber que las amenazas del oficial de policía corrupto marcaron el final de mi investigación contra los hermanos. El debería haber pasado esa información a los agentes del FBI, pero a pesar de eso, no tomaron el incidente en serio. No sabía en quién podía confiar, y me preguntaba si alguien en el interior estaba protegiendo a los hermanos. ¿Podría alguien en la oficina de AUSA haber convencido al FBI de esconder el incidente debajo de la alfombra para proteger a los hermanos?

Creo que el FBI hizo que el oficial amenazara a los fiscales del condado, sugirió una fuente.

Mi mente estaba llena de preguntas. ¿Por qué el policía amenazó a los abogados por trabajar en el caso de los hermanos? ¿Por qué mi supervisor y el FBI no hicieron nada con respecto al policía corrupto? Si el oficial de policía estaba mentalmente trastornado y enfermo, ¿por qué seguía trabajando en las calles?

"El hombre inicuo es abominación para el justo, y el que es recto en el camino es abominación para el impío."

(Proverbios 29:27, versión King James)

Capítulo 61

Porque el que siembra hasta su carne, de la carne segará corrupción

Estaba a medio camino de mi carrera y meditaba en las oraciones. La frustración de los eventos recientes se desvaneció lentamente y encontré una sensación de paz que me había eludido en las últimas semanas. El sonido de una bicicleta que se acercaba por detrás interrumpió el silencio y me di cuenta de que el ciclista estaba gritando mi nombre.

Me giré para ver a un alguacil adjunto de los EE. UU. montando hacia mí en su bicicleta.

El teniente (LT) Danny Elkins y el sargento Mike Crowe fueron asesinados anoche en su oficina por el alguacil adjunto del condado de Yuma, Jack Hutchinson, anunció sin aliento.

En la mañana del 5 de julio, decidí salir a correr tres millas por el canal de agua junto a los naranjos y limoneros y disfrutar del paisaje desértico. Corría allí regularmente para reducir el estrés del trabajo y concentrarme en lo bendecido que era por estar vivo. Luego, supe que mis dos compañeros de trabajo y amigos de la comunidad de aplicación de la ley de narcóticos fueron asesinados.

Me di la vuelta, corrí a casa, y me cambié rápidamente. No perdí el tiempo mientras corría a la escena del crimen donde el LT y el sargento fueron asesinados. Cuando llegué, encontré al custodio de pruebas de drogas y armas, que parecía conmocionado y angustiado. Había estado con los oficiales de narcóticos la noche anterior cuando fueron asesinados a sangre fría por el ayudante del sheriff. El custodio de pruebas luchó a través de su dolor para resumir los eventos que condujeron al asesinato de LT y el sargento.

Las drogas y las armas que habían sido confiscadas se almacenaron en una bóveda de seguridad. Algunos de nosotros sabíamos que alguien dentro del edificio estaba robando drogas y armas del casillero de evidencias. El teniente Elkins y el sargento Crowe habían quedado en reunirse en la oficina para investigar los artículos perdidos.

El video del casillero de evidencias mostró que un ayudante del alguacil asignado a trabajar en narcóticos estaba robando las drogas y las armas incautadas. Para su sorpresa, encontraron al ayudante del shérif en el edificio con un pañuelo rojo envuelto alrededor de la cabeza, vestido con pantalones negros, una camisa negra, y llevaba cortadores de pernos. El agente se volvió para salir del edificio y caminó rápidamente por el estrecho pasillo hasta el estacionamiento trasero. De repente, como si hubiera decidido que no podía dejar testigos, el agente reapareció en el estrecho pasillo y abrió fuego con su pistola automática.

El diputado era un sargento de personal retirado de la Infantería de Marina. Todo el mundo sabía que era el tipo de persona que, una vez que había comenzado algo, no paraba hasta terminarlo. El LT. y el sargento no esperaban ningún problema cuando llegaron a la oficina y ciertamente no vieron ninguna razón para entrar al edificio con sus pistolas. Estaban atrapados y desarmados, y su agresor bloqueó su única salida.

El teniente Elkins y el sargento Crowe se pusieron a cubierto cuando el ayudante abrió fuego y siguió disparando. El fuerte chasquido de la munición que se gastaba se detuvo repentinamente cuando el arma se atascó. Los oficiales atrapados se levantaron y corrieron a la seguridad temporal de una habitación contigua dentro la oficina más grande. El diputado sabía que su presa no tenía dónde ir, y la habitación ofrecía poco más que la ilusión de seguridad.

El custodio de las pruebas no pareció tener tanta suerte al principio. Su agresor lo tenía atrapado en el pasillo a quemarropa. Apuntó con la pistola y apretó el gatillo sin piedad con la intención de acabar con la vida del hombre. La ronda explosiva de disparos que acabaron con la vida nunca llegó, clic, clic, fue entonces cuando el arma se atascó. El ayudante se dio la vuelta y caminó hacia el estacionamiento trasero para despejar la ronda, fría y mecánicamente.

El LT. y el sargento dejaron la seguridad de la habitación para ver si todo estaba bien.

¡Salgamos por la puerta principal! gritó el custodio de pruebas. Dicho esto, corrió hacia la puerta lo más rápido que pudo. Apenas había logrado salir por la puerta del estacionamiento público frente al edificio cuando escuchó que se reanudaban los disparos desde el interior del edificio. Sabiendo que el desquiciado diputado podría emerger en cualquier momento, se escondió detrás de un contenedor de basura cercano. Mirando alrededor del contenedor de basura, vio que el sargento. también había salido del edificio y corría hacia el contenedor de basura. El ayudante lo siguió de cerca, con el cañón de su pistola destellando atronadoramente en la noche. Alcanzado por los disparos, el sargento cayó.

Cuando el diputado salió para despejar el atasco de su pistola, el LT. había decidido permanecer en el área de recepción de la oficina principal y llamar a la policía local para pedir refuerzos. El diputado fríamente puso varias disparos más en el sargento. para asegurarse de que estaba muerto. Habiendo terminado el trabajo, regresó al edificio para buscar al LT y al custodio de pruebas, de quienes no se dio cuenta que estaban escondidos detrás del contenedor de basura.

El LT. Sin duda sabía que el diputado volvería. Estaba esperando en una emboscada cuando el diputado regresó y lo agarró por sorpresa. La evidencia sugiere que se produjo una pelea a puñetazos. El reloj de LT se encontró en el suelo y las balas se esparcieron por los tabiques y hacia el techo.

LT sabía que su única oportunidad de sobrevivir era rápidamente arrebatarle el arma de las manos al ayudante. Tomó con éxito el arma cuando ambos hombres cayeron al suelo y el arma del agresor se deslizó fuera de su alcance. Desafortunadamente, el oficial tenía una segunda arma, una automática .45, escondida detrás de su espalda. Mientras el LT intentaba levantarse del suelo, el ayudante alcanzó el arma escondida y disparó una bala en la columna del LT. Con frialdad, el diputado disparó otra ronda para asegurarse de que el trabajo estaba terminado. Esa bala casi le voló la cabeza al teniente y cayó al suelo, muriendo valientemente, tal como había vivido.

Las sirenas destellaban y las armas apuntaban con intención letal cuando el agente salió a la noche. La policía local acababa de llegar, sin perder tiempo tras recibir la llamada de LT. Desafortunadamente, era demasiado tarde para salvar su vida y la del sargento.

¡Levanta las manos! gritaron los oficiales. El diputado sabía que no tenía ninguna posibilidad y se rindió.

El diputado corrupto nunca recibió la pena de muerte por asesinar a su supervisor y su jefe, fue encontrado bajo la influencia de metanfetaminas y sentenciado a cadena perpetua en una prisión estatal.

La tragedia me dejó enfermo de dolor y rabia. El sargento era mi vecino Su esposa estaba embarazada y lista para tener un bebé. La última vez que lo vi, iba con su esposa cogidos de la mano mientras pasaban por delante de mi casa.

LT estaba casado y tenía un hijo y una hija. La última vez que lo vi con vida, me contó con orgullo sobre un viaje de pesca que haría con su hijo. Sus muertes fueron una tragedia para todos nosotros en la comunidad policial y para mí personalmente.

"Porque el que siembra para su carne, de la carne segará corrupción; mas el que siembra para el Espíritu, del Espíritu segará vida eterna."

(Gálatas 6:8, version King James)

Capítulo 62

Inventa travesuras continuamente

Cuando miré al agente del IRS (Servicio de Impuestos Internos), estaba agitando ambas manos sobre su cabeza, tratando de alejar a las abejas negras amenazadoras.

Deja de pelear con las abejas, grité.

Miles de abejas negras que picaban fueron zumbando alrededor de la cabeza del agente. ¡Ayúdame, Ayúdame! Gritó mientras se agitaba sin poder hacer nada.

Esa mañana el agente del IRS me trasladó una información que había recibido de sus informantes. El almacén del hermano al otro lado de la frontera en México había sido severamente dañado en un incendio durante las primeras horas de la mañana.

Mi caso contra los hermanos había llegado a un callejón sin salida, pero mi deseo de verlos enfrentarse a la justicia seguía siendo fuerte. Estaba trabajando con un agente del IRS que estaba investigando las finanzas de los negocios que estaban realizando en los Estados Unidos. El agente del IRS estableció que los hermanos ganaban millones de dólares estadounidenses vendiendo productos agrícolas y camarones en los EE. UU.

Las oficinas de la DEA y el IRS estaban en el mismo edificio en el segundo piso con el FBI. La oficina de la DEA estaba abarrotada y obtuve permiso para mudarme a la misma oficina que el agente del IRS. Tenía sentido, considerando nuestra estrecha relación de trabajo.

Vamos a ver el almacén. Conduciré hasta México, sugerí.

Él aceptó, y, en poco tiempo, cruzamos la frontera hacia México. No tardamos mucho en llegar al almacén incendiado. Al salir del automóvil, caminamos hacia los restos esqueléticos cubiertos de cenizas de la estructura del almacén. Observé el piso dañado en busca de evidencia criminal que pudiera encontrar. Solo noté varias abejas negras zumbando alrededor de cientos de panales rotos y quemados. No tenía idea de por qué estaban allí, y ciertamente no era lo que esperaba encontrar.

Recordé mi pelea anterior con los grandes abejorros negros mientras cortaba tabaco en la granja en Kentucky. Mis golpes enloquecidos solo habían enfurecido a las abejas que me picaron en el trasero. Continuaron picándome mientras corría a casa y me di cuenta de que la batalla estaba lejos de terminar. Nada disuadió sus implacables ataques hasta que llegué a la seguridad de mi hogar.

Debido a mi alergia a las picaduras de abejas, ahora no podía permitirme que me picaran. Recordé las ronchas rojas que cubrían mi piel y cómo había luchado para respirar. Sólo la rápida intervención de mamá y el viejo médico rural me había salvado de las consecuencias potencialmente mortales de aquellas picaduras.

Ten cuidado al pisar los panales rotos, —grité—. Hagas lo que hagas, no luches contra las abejas aunque te piquen. Como chico de campo, solo podía imaginar lo enojadas que estaban estas abejas porque un incendio había destruido sus panales dentro del almacén. Rápidamente me alejé y de mala gana busqué la seguridad del auto.

Mi alergia a las picaduras de abeja hizo que fuera peligroso para mí quedarme fuera.

Larry. ¡Ayúdame! —gritó el agente del IRS mientras alcanzaba la manija de la puerta del auto.

Tenía la esperanza de que pudiera volver al coche por su cuenta, pero no podía dejarlo allí. Sin otro pensamiento, cargué contra la zumbante nube negra que lo rodeaba. Las abejas cubrieron su cabeza, picando a través de su cabello. Con mi mano izquierda, alcancé la parte superior de su cabeza, agarré un puñado de abejas y las estrujé hasta matarlas. Me picaron la mano desafiantemente mientras morían. Agarré su mano con mi mano derecha y nos movimos rápidamente hacia un edificio vacío.

Después de que las abejas se fueron volando, el agente y yo regresamos rápidamente a mi auto.

Debemos cruzar la frontera hacia un hospital ahora. Soy alérgico a las picaduras de abejas, dije con urgencia.

La experiencia lo había dejado en estado de shock. Se sentó allí temblando y no dijo nada. Conduje a alta velocidad y crucé la frontera hacia la sala de emergencias del hospital.

A ambos les picaron varias veces en todo el cuerpo, dijo el médico que nos atendió. Tienes suerte de que estas no fueran las mortales abejas marrones.

Al día siguiente, el agente me dijo que tenía problemas con su supervisor del IRS por no obtener la aprobación para salir de los Estados Unidos e ingresar a México.

Necesitaba la aprobación de un supervisor del IRS para ingresar a un país extranjero, dijo con la humildad de un niño castigado por sus padres.

No necesito la aprobación de la DEA para trabajar al otro lado de la frontera con Méjico, dije con un movimiento arrogante de mis manos. Acabo de hacerle saber a alguien en mi oficina que me voy a México. Una vez en México, bebo unas cuantas cervezas corona y tomo algún pollo asado para comer. Si tengo tiempo, miro la residencia del hermano para ver si hay placas de los estados unidos.

Larry, eres DEA. Puedes ir a donde quieras, pero tengo problemas con el IRS y el supervisor. Podría perder mi trabajo, dijo el agente del IRS con una expresión herida.

Rápidamente aprendí que el IRS era muy diferente de la DEA. Varios días después, mientras rebuscaba en mi escritorio, encontré algunos petardos que me dio mi sobrino. Algunos de los petardos eran muy pequeños, pero producían un fuerte estallido, como un disparo.

Sonreí al recordar el día en que mi sobrino me los había dado durante una visita. Como oficial de la patrulla de carreteras de California (CHP), había confiscado varios cajas de petardos y cohetes de botella durante las paradas de tráfico cerca de la frontera con México. Me los mostró mientras charlábamos.

Compremos una caja de cerveza y recojamos a nuestro amigo, —le sugerí—. Iremos al desierto abierto y nos divertiremos con los petardos y los cohetes de botella.

Cuando se puso el sol, recogimos a nuestro amigo en el pequeño Mazda verde de mi esposa. Condujimos hacia la noche del desierto, abrimos algunas cervezas y descargamos los fuegos artificiales confiscados. Nuestro amigo tenía un enorme cohete de botella en la mano izquierda y una botella de cerveza en la derecha.

Déjalo volar hacia el cielo oscuro, —gritó mi sobrino dramáticamente mientras encendía la mecha.

A nuestro amigo se le cayó la cerveza cuando mi sobrino encendió la mecha. La trayectoria prevista del cohete botella se alteró drásticamente cuando se agachó para recogerlo. El cohete salió disparado en una crepitante lluvia de chispas, no hacia el cielo, sino hacia la ventana trasera abierta del pequeño Mazda verde. El asiento trasero del Mazda explotó en destellos rojos y humo blanco.

Las cajas con los petardos están en el auto. —Van a explotar, grité—. ¡Corre!

Recordé cuando mi hermano arrojó un petardo debajo del asiento del conductor del autobús escolar. Afortunadamente, las cajas no se quemaron ni explotaron dentro del auto como temía. Nos reímos del incidente y bebimos unas cuantas cervezas más. Se rieron y les conté sobre la otra vez que puse un petardo debajo de la silla de un oficial de narcóticos mientras limpiaba su arma.

Pensar en esos incidentes, en los buenos tiempos, trajo una sonrisa a mi rostro mientras hacía rodar el petardo en mi mano. La oficina del IRS estaba demasiado tranquila. Encendí la mecha en silencio y la solté, pensando en el sonido que haría el petardo cuando explotara dentro del edificio y cómo reaccionaría la gente.

Se disparó con un gran estruendo que resonó con fuerza en la tranquila oficina. La gente saltó de sus sillas mientras otros se escondían detrás de sus mamparas. Algunos de los empleados del IRS pensaron que había disparado mi arma accidentalmente.

Es solo un petardo, no mi guisante de olor .38 (Revolver) le dije al agente que estaba a mi lado riendo mientras palmeaba el revólver. Él no se estaba riendo.

Después de ese incidente, el supervisor del IRS me animó enfáticamente a regresar a la oficina de la DEA. La supervisora todavía estaba molesta porque su agente me había acompañado en mi viaje adicional a México. El incidente con el petardo dentro de su oficina del IRS la había puesto al límite.

"La atrevimiento está en su corazón; él trama maldad continuamente; él siembra discordia."

(Proverbios 6:14, versión King James)

Capítulo 63

El hombre debe comer y beber, y disfrutar del bien de todo su trabajo

Aceleré con fuerza el viejo mercury camuflado mientras conducíamos hacia el oeste por la autopista interestatal. La aguja del velocímetro subió constantemente hasta alcanzar 120 millas por hora.

La Patrulla de Carreteras y la Patrulla Fronteriza nos van a perseguir como bandidos, —gritó el agente a mi lado por encima del rugido del motor.

No te preocupes, amigo, —le grité—. Sus autos no son lo suficientemente rápidos para este viejo mercury.

Esa mañana, había recibido información de mis fuentes de que un cargamento de droga estaba siendo transportado en un semirremolque de 18 ruedas que transportaba muebles. El camión había salido de la ciudad y viajaba hacia el oeste por la autopista interestatal. Con la descripción del camión de muebles y el conductor, salté a mi viejo mercury gris con el joven agente. El camión tenía una gran ventaja inicial, pero yo estaba concentrado como un perro sabueso desbocado y decidido a alcanzar al camión.

Me equivoqué acerca de qué tan rápido iría el viejo mercury. Fue rápido pero necesitaba ser más rápido para dejar atrás a la patrulla de carreteras y la patrulla fronteriza. Vi un auto de la patrulla de carreteras y varios autos de la patrulla fronteriza corriendo detrás de mí mientras miraba por el espejo retrovisor. Detrás de ellos había varias camionetas que luchaban por alcanzarlos.

Debo parar. Si no, los policías podrían clavar los neumáticos en el camino, le dije de mala gana al joven agente a mi lado. Las historias y los rumores se extendieron rápidamente dentro de la DEA. No quería ser recordado como uno de los dos agentes vaqueros locos y fuera de control que fueron asesinados a tiros por no detenerse en un control de carretera de la policía. Sabía que la historia crecería con cada narración a medida que viajaba de agente en agente y de división en división.

Esos agentes de la DEA tenían kilos de marihuana en su auto. Incluso tenían niñas mexicanas menores de edad en el asiento trasero con una caja de cerveza corona en el piso, decía la gente antes de que el rumor dejara de correr.

Decidí reducir la velocidad y me detuve a un lado de la carretera. Los autos detrás de mi frenaron repentinamente hasta detenerse detrás de nosotros. En mi espejo retrovisor, Observé cómo los oficiales abrían las puertas de sus patrullas y se cubrían detrás de ellos. Una oficial de la patrulla de carreteras y varios agentes de la patrulla fronteriza atacaron al viejo mercury con pistolas y rifles.

Conductor, salga de su vehículo con las manos arriba y sobre la cabeza, exigió la voz amplificada de la mujer oficial.

Oye, hermano, mantente tranquilo, no muevas las manos, le aconsejé al joven agente. Yo me encargaré de eso, al igual que decirle al supervisor solo lo que quiere escuchar. —Solo mira cómo maneja esto un chico de campo.

Puse mis credenciales de la DEA en mi mano izquierda y salí lentamente del auto, la oficial de la patrulla de carreteras se paró detrás de la puerta de su vehículo de patrulla, apuntándome con su arma al pecho.

Soy DEA, credenciales en mi mano, —le grité—, manteniendo mis manos visibles y por encima de mi cabeza.

¡No me mires a la cara! Date la vuelta ahora y camina lentamente hacia atrás hasta que te diga cuándo parar, ordenó con autoridad. Su arma permaneció inquebrantable apuntándome. Caminé de regreso lentamente, tal como ella lo había ordenado.

¡Larry, date prisa! ¡Perderemos el camión de la droga! Deja de hablar con la chica y date prisa.

Mi boca estaba abierta mientras luchaba por creer sus palabras. ¿Quería que me dispararan? En caso de que no se hubiera dado cuenta, tenía muchas armas apuntándome. Ahora no era el momento de gritar: ¡Vamos!

¡Alto! Date la vuelta lentamente con las manos en el aire, ordenó el oficial.

Soy un agente de la DEA, repetí mientras me giraba para mirarla. Pude ver que algunos de los agentes de la patrulla fronteriza se estaban riendo disimuladamente con incredulidad. Seguro que lo estás, hermanito, podía oírlos pensar sarcásticamente.

El oficial de la Patrulla tomó lentamente las credenciales de mi mano.

Lo siento mucho, —se disculpó—. Debería haber sabido que eres DEA. Tu matrícula en el Mercury es mexicana.

Sonreí, asegurándoles a ella y a los agentes de la patrulla fronteriza que se habían adelantado desde la cobertura de las puertas de sus vehículos y que lo entendía.

Estaba en México siguiendo un camión de muebles cargado de droga, le expliqué. Cuando el camión cruzó a los EE. UU., olvidé quitarle la placa mexicana al mercury. Siento haberte asustado a ti y a los muchachos de la patrulla fronteriza.

¿Qué pasó? Preguntó el joven agente cuando regresé al viejo Mercury. ¿Por qué tardaste tanto? La chica era hermosa, agregó, refiriéndose al oficial de la patrulla de caminos.

No mucho. La policía de patrulla estaba haciendo su trabajo —reconocí—. Sabes que el camión de muebles está demasiado lejos para que lo encontremos. Hace calor aquí en medio del desierto. Volvamos a México, bebamos una corona fría y comamos algo antes de regresar a la oficina.

"Yo sé que no hay bien en ellos, sino que el hombre se regocije y haga el bien en su vida. Y también que todo hombre coma y beba, y disfrute el bien de todo su trabajo, es el regalo de Dios."

(Eclesiastés 3:12-13, versión King James)

Capítulo 64

El miedo al hombre trae una trampa

El supervisor de la DEA disparó una ronda de su revólver de cinco tiros Smith & Weston .38 a la gran bestia negra de cuatro patas que había cargado contra él.

¡Le disparé a un cerdo salvaje! —Maté a esa cosa fea, gritó triunfalmente.

Antes de que el supervisor le disparara al cerdo, había pasado otro largo día siguiendo a los traficantes de drogas por la ciudad y hacia México. Regresé a la oficina a última hora de la tarde y estaba charlando casualmente con el supervisor. Decidimos ir a pescar pez gato en uno de los canales conectados al río Colorado cerca de la frontera con México. En el pasado, —mientras trabajaba de noche—, atrapé un bagre gigante (pez muy conocido por sus grandes bigotes) del canal del río mientras buscaba contrabandistas de droga.

Era tarde en la noche y el supervisor y yo no estábamos pescando bagres ni nada más. A lo lejos, podía escuchar a los agentes de la patrulla fronteriza gritándoles a los inmigrantes ilegales que dejaran de correr, pero en su mayor parte, las cosas estaban tranquilas. De repente hubo sonidos susurrantes en los arbustos detrás del supervisor, y escuché un ruido detrás de él en el monte. Se cuadró de un salto y tomó su pistola. Es un cerdo negro salvaje, gritó.

Podría ser un inmigrante ilegal escondido en los arbustos, —susurré—. instándolo a ser cauteloso. Hubo un breve destello y un sonido como un trueno cuando el arma disparó.

¿A qué cerdo le disparaste? —dije—, escaneando el área. No había ningún cerdo que pudiera ver, pero sí vi un gran castor negro que se movía lentamente cerca de la orilla del río como si estuviera herido.

Dispárale de nuevo antes de que se arrastre al río, dije, señalando a la bestia. Era demasiado tarde, y el animal herido desapareció en las turbias aguas.

Los arbustos en las inmediaciones habían cobrado vida repentinamente. Los inmigrantes ilegales corrían alrededor del supervisor y de mí. Algunos de ellos viajaban hacia el sur, de regreso a la frontera con México. Supongo que el disparo los asustó.

Los agentes de la Patrulla Fronteriza los persiguieron de cerca.

Soy de la DEA. ¿Necesitan alguno ayuda?, —grité mientras pasaban—. No, —respondió un agente.

"¿Pescaron algún pez?"
(Proverbios 29:25, versión King James)

Capítulo 65

Dios no nos ha dado el espíritu del miedo

¿Sabes que siempre llevo un arma de repuesto en mi funda de tobillo, un revólver de cinco disparos de punta chata? Mi pequeño guisante de olor .38, dije, palmeando mi tobillo. —Un revólver del 38 salvó a los agentes de ser asesinados por los hermanos en México.

Había pasado el día con otro agente de la DEA, en nuestra selección camiones cargados bajo el sol abrasador del desierto. La temperatura rondaba los 111°F un calor insoportable. Se suponía que un cargamento de drogas cruzaría la frontera hacia una tierra tribal indígena de Arizona desde el PDE. La Policía Tribal no estaba por ningún lado no parecían interesados. No me habría sorprendido saber que a sabiendas permitieron que el envío pasara.

El supervisor nos recibió en su nuevo coche camuflado del gobierno, un precioso Mercedes gris. Quería convencerme de que dejara de centrarme en los hermanos y pasara mi tiempo centrándome en otros importantes traficantes de drogas. Me molestó que tratara de decirme lo que debía y no debía hacer con el caso.

¿Qué hay de los dos agentes que casi mueren en México? porque resultan ser agentes de la DEA. Los hermanos querían matar a los agentes, dije indignado mientras pateaba la tierra. Sabe, jefe, soy un agente sénior. Estaba en la oficina como supervisor interino antes de que usted llegara a la oficina. Sabía que la investigación iba a ser difícil. Seguí adelante porque quería que los hermanos se enfrentaran a la justicia, por tratar de matar a esos agentes.

Las horas que pasé sufriendo bajo el calor implacable me habían vuelto irritable. Que él desechara tan casualmente los años que había puesto en este caso, mi corazón, alma, sangre, sudor y lágrimas, era más de lo que podía soportar. Mi boca corrió libremente sin molestarse en involucrar mi cerebro.

Jefe, puedo sacar el pequeño guisante de olor de mi pistolera. Puedo pararme a tu lado y jugar con el .38, y ¿sabes qué? Podría dejar caer esta cosa, y una ronda podría dispararse accidentalmente. Jefe, hace calor aquí en el desierto de la reserva india, —dije irritado—. ¿Sabes eso?

Miré al supervisor, riéndome. Probablemente pensó que estaba loco, y se fue. ¿Crees que un tiro de ese 38 podría darle al jefe? —preguntó el joven agente—

Probablemente no debería haber dicho lo que dije, pero el calor me estaba afectando y me molestaba lo que estaba tratando de hacer. No entendía por qué el supervisor no podía dejarme hacer mi trabajo. Su momento no podría haber sido peor, tampoco. Conocía al joven agente, y estábamos esperando a un grupo de traficantes que transportaban drogas a través de la reserva.

"Porque no nos ha dado Dios espíritu de cobardía, sino de poder, de amor y de dominio propio."

(2 Timoteo 1:7, versión King James)

Capítulo 66

Por toda la carne había corrompido su camino sobre la tierra

Pasé seis largos años apuntando a las operaciones de drogas de los hermanos. Finalmente me di cuenta de que se habían vuelto intocables para el departamento de justicia y otras agencias federales encargadas de hacer cumplir la ley.

¿Ves lo que está pasando aquí? Le dije a mis fuentes e informantes. No puedo detener la corrupción en la frontera POE (Puerto de entrada) de México. El abuso y la corrupción en nuestra aplicación de la ley están en manos de hombres y mujeres malvados. No entienden la justicia de Dios. Se llaman a sí mismos policías y agentes, pero no son diferentes a la sobrina corrupta del hermano que trabaja en la frontera del POE como inspectora de inmigración.

Una vez que termine el caso, nadie va a apuntar a la sobrina ni a ningún otro amigo o familiar que ayude a los hermanos, les expliqué.

La mayoría de los AUSA "morirían" por tener un caso importante de narcotráfico con tanta evidencia como la que yo había proporcionado. Yo tenía todas las piezas de evidencia fáctica para el AUSA. Además de lo que comunicaban los informantes, teníamos una compra de una mula que trabajaba directamente con los hermanos. Hicimos un trato para hacer compras más grandes. El informante tenía todo grabado en una cinta. Incluso tuvimos a los hermanos alardeando de haber intentado matar a dos agentes de la DEA.

El informante también estaba molesto. Fui a prisión por llamar a un tipo para que se reuniera con un agente de la DEA. El agente quería que lo ayudara a comprar cocaína.

Tengo las manos atadas, —admití a regañadientes—todo lo que tengo es descubrimiento (información legal). Los hermanos y compañía de mariscos de China verán todo en los documentos de descubrimiento que ocurrieron en esta investigación. Se publicará a través del debido proceso judicial para acusar a la mula. La mula tiene derecho a ver las pruebas en su contra luego se lo dará a los hermanos.

Lo que me quedaba era que, una vez que los policías corruptos de la POE descubrieran que la DEA tenía pruebas sobre los hermanos, chillarían como cerdos en agua. Esperaba que llegara el día en que se pelearan por hablar con la DEA. Sentí en mi corazón que se acercaba la justicia. Mi trabajo produjo toda la evidencia fáctica necesaria para enjuiciar a los hermanos. Con suerte, los AUSA los acusarían algún día. Entonces podrían sacudir a los oficiales e inspectores corruptos en el PDE.

Se había hecho ampliamente conocido que estaba investigando a los hermanos y comencé a experimentar actos de represalia personal. Una mañana, cuando fui a la oficina, se me pinchó una llanta en la camioneta. Alguien había clavado un clavo en uno de los neumáticos. Otra mañana, encontré tripas de pollo en una bolsa de plástico en el patio trasero. Más tarde descubrí que la ventana de mi camioneta encubierta había sido rota.

No fui el único que experimentó represalias. Mis fuentes e informantes me comentaban que estaban siendo hostigados por oficiales en el PDE. Los ataques contra mí mismo me habían enfurecido, pero me enfurecía que los policías corruptos no dejaran en paz a las fuentes y a los informantes.

La policía local instaló una vigilancia temporal en mi casa para ver quién estaba detrás de los incidentes contra mi. No había ninguna garantía de que los propios agentes de vigilancia no fueran corruptos. Casi parecía una broma de mal gusto. Es hora de irse. Necesita que lo transfieran a otro lugar, insistió mi supervisor. Estás demasiado cerca para identificar a los policías corruptos en el PDE.

El supervisor le escribió a la gerencia superior que las cosas estaban empeorando para la oficina debido a la corrupción en la comunidad de la policial local. Dijo que había muchos policías y agentes corruptos involucrados con la organización de contrabando de los hermanos. La oficina de la DEA había identificado algunos funcionarios de aduanas e inspectores de inmigración corruptos en el puerto de entrada.

Según los informantes y las fuentes, los hermanos estaban avisados por los policías corruptos que la DEA estaba decidida a arrestarlos. Los informantes sospechaban que los hermanos sabían cómo era mi apariencia por la foto que tomó el comandante mexicano en el lugar del accidente aéreo. Se estaba volviendo demasiado peligroso para mí quedarme.

El exadministrador de la DEA escuchó lo que estaba pasando y me llamó personalmente

Larry, ¿adónde te gustaría ir?

Me gustaría ir a Madrid, España, —le dije—. Después de seis largos años en el desierto de Arizona, sabía que mi esposa agradecería la oportunidad de regresar a casa. Está bien, déjame ver qué puedo hacer. Larry, nunca supe por lo que los agentes tuvieron que pasar para lidiar con los AUSA. Siempre estuve aislado de los problemas que tenían ustedes, los agentes.

—Aprecié sus comentarios.

"Y miró Dios la tierra, y he aquí que estaba corrompida; porque toda carne había corrompido su camino sobre la tierra."

(Génesis 6:12, version King James)

Capítulo 67

No se turbe vuestro corazón

Conocí a la Fiscal de los Estados Unidos de Arizona (EE.UU.) y a su ayudante en la sala de conferencias de la DEA. Yuma. Se les mostraron fotografías de las extravagantes casas blancas propiedad de los hermanos Cártel en Méjico. Les conté sobre el túnel entre las casas de los hermanos.

Estaba pasando al siguiente punto de mi presentación cuando el asistente dijo: Oh, he estado en esta casa con el excongresista.

Yo estaba programado para salir pronto por seis meses de la escuela de español en Arlington, Virginia. Recientemente recibí una llamada telefónica de la sede de la DEA ofreciéndome la opción de tres puestos diferentes. Los primeros dos fueron puestos de Instructor en Quantico, Virginia, uno para capacitación nacional y el otro para capacitación internacional. La tercera oferta fue un puesto de agente especial en Bogotá, Colombina. Elegí Bogotá.

¿Cómo puedo resolver este caso antes de que te vayas a la escuela de idiomas? preguntó el fiscal de los Estados Unidos. ¿Cuánto tiempo había luchado por su ayuda? Y solo ahora que me iba, mostraron algún interés real.

Nos miramos al otro lado de la mesa y pude ver las mentiras políticas reflejadas en sus ojos. La idea de que mi capacidad para hacer mi trabajo podría estar basada en caprichos políticos me enfureció. ¿Qué realidades políticas habían cambiado que de repente habían hecho que este caso fuera aceptable para el fiscal federal?

Estaba tratando de entender esa idea cuando el ayudante mencionó casualmente que había estado en la casa de los hermanos con el congresista.

¿Me estás diciendo que has estado en las casas de los hermanos en México? —pregunté con incredulidad—. Una persona no entra en esas casas sin ver la cocaína del hermano esnifando.

Sí, respondió como si el comentario no tuviera relevancia real.

Me concentré en el ayudante como el viejo perro bluetick coonhound del abuelo, Blue, preparándose para morderlo. Se puso cada vez más nervioso bajo mi mirada. ¿Por qué él y el congresista deben estar dentro de las casas de los hermanos?

¿Por qué entraste en esas casas? —Pregunté lenta y deliberadamente.

Bueno, era parte de mi trabajo con el congresista Ed Pastor. Fui allí para una conferencia relacionada con la producción agrícola en México.

La fiscal federal vio que la interacción entre su ayudante y yo se estaba volviendo cada vez más tensa. Lentamente se distanció, dando un paso hacia la parte trasera de la sala de conferencias. El asistente de repente se dio cuenta de mi tono acusatorio y terminó nuestra conversación. El fiscal federal no volvió a mencionar el caso de los hermanos. Sabía que cualquier esperanza de reabrir la investigación había muerto.

Mi enfado por enterarme de que el ayudante del fiscal federal y el congresista de Arizona se habían reunido con los hermanos en su casa me llevó a rechazar mi transferencia. Ahora entendí por qué los hermanos dijeron que la DEA nunca podría arrestarlos. El supervisor insistió en que dejara de trabajar en la investigación y me rogó que aceptara la transferencia

"No se turbe vuestro corazón; creéis en Dios, creed también en mí." (Juan 14:1, version King James)

Capítulo 68

Que tus ojos miren hacia adelante; y Deja que tus párpados miren directamente ante ti

La gerencia de la DEA y mi supervisor me animaron a aceptar la transferencia que me habían ofrecido.

Si vas a Bogotá, Colombia, durante tres años, podrías obtener tu puesto de supervisor cuando regreses a los Estados Unidos. Pero Hardin, tienes que mantener la boca cerrada. Todo es muy político allí en la embajada de los Estados Unidos en Bogotá.

Es posible que veas cosas en Bogotá que son moralmente malas, pero aléjate de ellas, no te metas en problemas y simplemente haz tu trabajo. No te involucres en la política.

La DEA me había ofrecido uno de tres puestos diferentes para sacarme de Arizona, y esperaban que tomara uno de ellos. Sabía que mi carrera terminaría si me quedaba más tiempo. Mi única oportunidad de ser ascendido era aceptar la transferencia que me ofrecieron.

Es hora de que me vaya, le dije a regañadientes a mi esposa. ¡El caso de los hermanos ha terminado!

Iba en una senda ascendente. Mi caso contra los hermanos había sido importante para mí y me había mantenido fiel a mis convicciones. Las discusiones con los AUSA y la gerencia de la DEA debido a esas condenas descarrilaron mis esperanzas de promoción. No habría más promociones. para mí. Tres agentes junior con menos tiempo en el trabajo más tarde recibieron sus promociones, saltando sobre mí para convertirse en supervisores de grupo.

Había trabajado mucho en ese caso, y me decepcionó que no hubiera sido apreciado. Lo peor de todo, sentí que no había logrado encontrar justicia para los dos agentes que casi fueron asesinados en México. Me sentí avergonzado de que los hermanos nunca fueran acusados. Mi mente reflexionó sobre lo que podría haber sido si hubiera obtenido el apoyo necesario para el caso. Los informantes y las fuentes habían sido los únicos que me apoyaron.

Más tarde, la oficina central de la DEA en Washington D.C. formalizó mi selección para Bogotá, Colombia. Luché por aceptar el cambio posterior cuando parecía que había quedado mucho sin hacer. La única oportunidad que veía para impulsar mi carrera era tomar un nuevo puesto fuera de los EE. UU. Cualquier esperanza de ser ascendido a supervisor de grupo o agente especial a cargo (SAC) en una oficina importante requería un nuevo comienzo. Mi supervisor me aseguró que si trabajaba bien en Bogotá, obtendría el ascenso de mi supervisor.

Sabía que en Colombia sería difícil para mí porque no podía callarme cuando veía corrupción o mentiras. Cuando veo a un policía o a un agente haciendo algo mal, digo lo que pienso y se lo digo a ellos, pero no necesariamente a los supervisores y la gerencia de la DEA. Eso es lo que soy.

Antes de transferirme a Colombia, asistí a Arlington, Virginia, donde recibí seis meses de capacitación en español. Después del entrenamiento, regresé brevemente a la oficina de Yuma para prepararme para mi transferencia. Desafortunadamente, nada había pasado con el caso contra los hermanos en mi ausencia. Sin presión externa, la oficina de AUSA cerró rápidamente el caso.

Solo se realizó un arresto en el caso. Finalmente, la mula que había vendido 1 kilo de cocaína a mis informantes fue detenida por los agentes. Toda la evidencia del caso se convirtió en descubrimiento. Es casi seguro que llegó a manos de los hermanos y de cualquier otro traficante interesado en saber lo que reveló.

Estando en Colombia supe que la mula del hermano cumplió menos de un año en la prisión federal por el kilo que había vendido a los informantes y los envíos adicionales de 30 kilos y 500 kilos que había negociado. La mula era la mano derecha de la organización de contrabando de drogas de los hermanos del cártel. Dada su posición dentro del cártel y los envíos adicionales que había organizado, era difícil entender por qué la oficina de AUSA lo había encarcelado por menos de un año.

Mirando hacia atrás en el incidente, me resulta difícil creer que "la guerra contra las drogas" fue alguna vez real. Parece que la gente estaba haciendo la vista gorda ante la corrupción. Algunos criminales peligrosos se salían con poca o ninguna consecuencia de sus acciones. ¿Dónde quedó la justicia para que los dos agentes murieran en la calle desierta de México?

"Que tus ojos miren derecho hacia adelante, y que tus párpados miren derecho delante de ti. Medita la senda de tus pies, y sean establecidos todos tus caminos. No te desvíes a la derecha ni a la izquierda: aparta tu pie del mal."

(Proverbios 4:25-2, versión King James)

Capítulo 69

Así que no temas, porque yo estoy contigo

Se hizo más evidente que la gente en la DEA, la oficina de AUSA y otros no querían que los hermanos fueran acusados. A veces se sentía como si quisieran que fracasara. Me aferré a mis convicciones para encontrar justicia para los dos agentes de la DEA secuestrados y agredidos, y me quedé solo.

Reflexioné sobre cosas que sucedieron durante la investigación. El primer AUSA me había animado a perseguir a los hermanos por sus acciones hacia los agentes. Nos llevamos bien y trabajamos bien juntos. Salió de la oficina sin decir una palabra y hubo rumores de que había ido a la CIA.

Cuanto más me acercaba a acusar a los hermanos, más obstáculos se interponían en mi camino. El FBI y los otros dos AUSA parecían "asustados" cada vez que mencionaba a los funcionarios corruptos en el POE. Esto nunca había sucedido antes de venir a Yuma. Mi enfoque de la corrupción fronteriza me convirtió en una amenaza para algunos miembros de la comunidad policial. No querían que el público descubriera la verdad sobre la corrupción en la frontera del PDE.

Estaba claro para mí que la gerencia quería que aceptara una transferencia porque mi investigación se había convertido en una responsabilidad política para ellos. Me di cuenta de que las cosas se estaban volviendo más peligrosas para mí debido a la corrupción y al conocimiento generalizado de que estaba tomando medidas para detenerla. Mi supervisor y la gerencia me habían instado a transferirme debido a preocupaciones por mi seguridad, pero sabía que eso era solo una parte de la historia. Empecé a mantenerme solo debido a la corrupción. Me ayudó a construir mi integridad, pero también me aisló de las influencias políticas internas que podrían haber ayudado a construir mi carrera.

No hubo justicia para las víctimas de los hermanos, solo una larga estela de desamor, dolor y, para algunos, muerte. Nunca he olvidado a los dos agentes por los que luché tan duro para encontrar justicia. Sigo orando por ellos y espero encontrarlos en el cielo algún día. Me rompió el ánimo cuando tuve que dejar el caso y decidí aceptar una transferencia. Lo había dado todo en la batalla, y se terminó. Me esperaba una segunda oportunidad de ascenso en Colombia y una oportunidad de vivir mi vida no como el hombre que había sido sino como el hombre en el que me había convertido.

Más tarde recibí una llamada telefónica de la oficina del abogado asesor legal principal en la sede de la DEA en D.C. Me preguntó cómo habían ido las cosas con la investigación del cártel mexicano.

No va a suceder, y todavía no estoy seguro de por qué los miembros de la familia del cártel nunca serán procesados por intentar matar a dos agentes de la DEA, admití con tristeza. Si puedes hacer algo para que los miembros de la familia cártel sean procesados, sería genial.

¿Qué pasó? —preguntó sorprendido—. Hicimos el trabajo por usted en la oficina del asesor jurídico principal. Todo lo que tenía que hacer era llevar el paquete de acusación a cualquier fiscal adjunto de los Estados Unidos o a la oficina del fiscal de distrito del condado.

Nunca volví a saber del asesor legal jefe de la DEA sobre los hermanos. Sabía que no habría justicia por el intento de asesinato de los agentes en México.

Las semanas antes de mi partida Fueron tiempos de gran reflexión. Pensé mucho sobre la vida y mi carrera. Algunas verdades se revelaron.

Vive tu vida ahora. Es importante hacer lo correcto, pero debemos experimentar lo que la vida nos ofrece y ser agradecidos. Hay un tiempo para nacer y un tiempo para morir. Con la gracia de Dios, todavía estaba vivo.

Nunca hubo una guerra contra las drogas. Me dolía admitirlo, pero era la verdad y necesitaba reconocerlo.

Es hora de que me vaya, —le dije a mi esposa mientras abordábamos un avión para el próximo capítulo de nuestras vidas.

Después de llegar a Colombia, no pasó mucho tiempo antes de que me diera cuenta de que los tentáculos de la corrupción habían llegado hasta allí. Muchos de los agentes y supervisores de la DEA en la embajada estadounidense habían sucumbido a ella de diversas formas. Algunos de los otros agentes y yo luchamos por mantenernos alejados.

Las investigaciones e informes de la oficina contenían muchas falsedades sobre el éxito de la DEA en la lucha contra las drogas en Colombia. Seguí el consejo de mis jefes anteriores en el U.S., quien dijo: Hardin, si quieres que te asciendan, mantén la boca cerrada.

Así que no temas, porque yo estoy contigo; no desmayes, porque yo soy tu Dios. Te fortaleceré y te ayudaré. Te sostendré con mi diestra justa." (Isaías 41:10, version King James)

Capítulo 70

No temas; Ni te desanimes

Informantes me dijeron que unos policías colombianos estaban informando que Pablo Escobar Junior iba y venía de España a Argentina. Rápidamente entendí que Pablo Junior, su madre y su hermana no le temían a la DEA ni a las fuerzas del orden de Colombia. La verdadera amenaza, en lo que a ellos concernía, eran los enemigos que le quedaban a Pablo Escobar en Colombia. El cártel de Cali y la mafia de Medellín querían hacer borrón y cuenta nueva, eliminando a todos y cada uno de los asociados con el notorio exjefe del cartel de Medellín. Eso incluía a su familia. Muchos dentro del gobierno colombiano querían a Pablo Escobar Jr. vivo o muerto, preferiblemente muerto.

Poco después, al llegar a Colombia, comencé a centrarme en el paradero de Pablo Escobar Junior. Era hijo del infame Pablo Escobar. Bajo el liderazgo de Pablo Escobar, el cártel de Medellín ganó reputación internacional por su brutalidad y asesinatos. —Habían dominado el tráfico de drogas en los Estados Unidos.

El día que Pablo murió, habló con su hijo, Pablo Junior, por su celular. La DEA sabía que Pablo Junior estaba en España y su padre seguiría comunicándose con él mientras huía de la justicia.

Escuché de una fuente de la policía colombiana que Pablo se había interesado personalmente en entrenar a su hijo. Quería mostrarle a su hijo como sobrevivir en el inframundo criminal del cártel. Una lección que Pablo Junior aprendió de joven fue cómo matar. Un oficial de la policía colombiana me mostró una foto de Pablo Junior apuntando con una pistola a la cabeza de un sicario (asesino a sueldo) mientras Pablo estaba de pie con orgullo a su lado.

"¿No te lo he mandado yo? Sé fuerte y de buen ánimo; No tengas miedo; ni desmayes: porque Jehová tu Dios estará contigo dondequiera que vayas." (Josué 1:9, versión King James)

Capítulo 71

Un hombre que tiene amigos debe mostrarse amistoso

La Guardia Civil española nos presentó a mi esposa y a mí a los otros oficiales de la Guardia Civil. Fuimos recibidos calurosamente en la embajada de España. Le había traído una gorra de la DEA a la Guardia Civil para agradecerle la invitación. Cuando nos presentaron al embajador, vio el sombrero y lo agarró. Aparentemente, pensó que el regalo estaba destinado a él.

Poco después de llegar a Bogotá, Colombia, visité la embajada de España con mi esposa para reunirme con el personal diplomático español. El primer contacto de mi mujer en la embajada de España fue con un guardia civil, Julio Gómez Franco. Ella le dijo a la guardia civil que su padre también era guardia civil después de servir en el ejército de Franco durante la guerra civil española.

Mi esposo es un agente de la DEA, dijo cuando visitó la embajada por primera vez.

Después de haber visitado juntos la embajada y el embajador por error se había llevado el sombrero, me dirigí a la guardia civil para disculparme.

El sombrero era para ti, lamento que tu embajador se lo haya llevado. Te daré un mejor sombrero de la DEA si me traes seis cervezas. —Me gusta “cruzcampo."

Mientras asistía a una fiesta en la embajada de España, finalmente conocí un oficial de narcóticos español. Lo invité a él y al resto de sus agentes a la embajada de los Estados Unidos para conocer a los agentes de la DEA con los que trabajé.

El oficial de narcóticos español me miró con extrañeza y luego se rió entre dientes ante el comentario. ¿Qué otros agentes? Soy el único que trabaja con narcóticos en Colombia. Quiero que vengas a mi fiesta la próxima semana.

"Un hombre que tiene amigos debe mostrarse amistoso: y hay un amigo más unido que un hermano."

(Proverbios 18:24, version King James)

Capítulo 72

Envidia la podredumbre de los huesos

El senador de los Estados Unidos me miró directamente a los ojos.
—Aquí viene la pregunta política—

Agente Hardin, ¿qué piensa sobre los problemas del narcotráfico y los miles de millones de dólares estadounidenses que se le dará a Colombia para pelear la guerra contra las drogas? —La pregunta había llegado como en el momento justo.

Volví a mirar al senador y respondí con el tipo de honestidad que mis jefes tendían a fruncir el ceño. A los colombianos no les importan nuestra cultura o forma de vida. Solo les importa nuestro dinero y lo que pueden quitarnos.

A los Hardin no les gustan las políticas corruptas como a la mayoría de los habitantes de Kentucky. El senador conocía a mi familia y conocía nuestra reputación de decir la verdad. Esperaba una respuesta honesta y él había conseguido una.

Varias semanas antes, mi hermano pequeño en Kentucky me dijo que el senador Mitch McConnell y su esposa viajarían a Bogotá. El Senador tenía programado reunirse con el embajador de los Estados Unidos y funcionarios del gobierno colombiano sobre varios miles de millones de dólares estadounidenses que se están proporcionando a los colombianos para pelear la guerra contra las drogas. El senador había expresado que quería reunirse conmigo cuando estaba en Bogotá.

Después de escuchar que el senador de Kentucky quería reunirse conmigo, mi jefe me llamó a su oficina para preguntarme acerca de mi conexión con él. Mi jefe estaba claramente incómodo con la reunión propuesta y me dijo que tal vez no se llevaría a cabo. Me había ganado una reputación en la embajada de los Estados Unidos y en la DEA como alguien que no mentía. Con frecuencia encontraron que mi honestidad era políticamente inconveniente. Me negué a repetir la retórica obligatoria sobre nuestro asombroso éxito en la "guerra contra las drogas." La verdad era que la "guerra contra las drogas" se perdió en

Colombia y en los Estados Unidos, si es que alguna vez hubo una guerra, en primer lugar.

Poco después de reunirme con mi jefe, recibí otra llamada de mi hermano pequeño. Alguien en la embajada está causando algunos problemas, me informó. No quieren que te reúnas con el senador.

A pesar de las objeciones de la embajada estadounidense en Bogotá, el senador McConnell estaba decidido a escuchar lo que tenía que decir. Las objeciones de la embajada fueron derribadas rápidamente y al día siguiente recibí otra llamada de mi hermano. Dijo que la reunión con el senador estaba acordada, y estaría alejada de la embajada de los Estados Unidos.

Mi jefe en la DEA me dijo a regañadientes que me reuniría con el Senador en un restaurante local en Bogotá para almorzar. Pareció sorprendido de que las objeciones de la embajada a la reunión hubieran sido desestimadas. ¿Qué tipo de conexiones te ayudaron a reunirte con el senador McConnel? preguntó con una sutil nota de preocupación. Solo sonreí y me quedé deliberadamente en silencio.

Mi esposa y yo llegamos temprano al restaurante. A los pocos minutos aparecieron el senador y su esposa. Fueron acompañados por un contingente de personal de seguridad que ingresó al gran comedor y buscó posibles amenazas. El embajador estadounidense, el personal del embajador y dos supervisores de la DEA lo siguieron de cerca.

El Senador McConnell y su esposa nos saludaron calurosamente a mi esposa y a mí cuando entraron al comedor. El senador y yo discutimos la vida en Colombia cuando entramos a un comedor privado. Habíamos comenzado a tomar asiento en la gran mesa del comedor cuando uno de los supervisores de la DEA se apresuró. para dirigirnos a mi esposa y a mí a un lugar al final de la mesa, lejos del senador. Tan pronto como terminamos de hablar con el supervisor, un miembro del personal del embajador se acercó nerviosamente para ofrecer las mismas instrucciones.

Obedientemente hicimos lo que se nos pidió y nos movimos al final de la mesa. Mientras tomábamos nuestros asientos, la voz del senador resonó en la sala.

—Agente Hardin, siéntese frente a mí, dijo en voz lo suficientemente alta para que todos en la sala pudieran escuchar.

La habitación se quedó repentinamente en silencio cuando un murmullo de conversaciones privadas terminó abruptamente. —El senador se había dado cuenta de los intentos de aislarnos y los desvió astutamente.

Su esposa, que había aprendido hábilmente a captar las señales políticas que cambiaron su carrera política, se movió para sentarse al final de la mesa junto a mi esposa. Mis supervisores de la DEA y el embajador se esforzaron por ocultar su ceño fruncido detrás de sonrisas falsas mientras se ajustaba la disposición de los asientos. Sabía que estarían escuchando todo lo que dijera, y tendría que tener cuidado con mis palabras durante el almuerzo.

El Senador McConnell sonrió cuando tomé mi asiento. Le devolví la sonrisa, comunicando un reconocimiento tácito de cómo había manejado magistralmente la situación con la disposición de los asientos.

¿Cómo están tu papá y tu familia? —preguntó—. Tuvo palabras amables sobre ellos y habló cálidamente sobre cómo mi hermano pequeño lo había ayudado a ganar las elecciones de Kentucky. Mientras el senador continuaba hablando de mi familia, miré a mi esposa al final de la mesa. Ella y la esposa del senador se reían, disfrutaban de su conversación sin importarles lo que estaba pasando en nuestro lado de la mesa.

Por fin, el Senador McConnell hizo la pregunta que estaba aquí para hacer. El embajador, su personal y los supervisores de la DEA se quedaron en silencio mientras esperaban escuchar lo que iba a decir.

Podía escuchar las palabras de mi antiguo supervisor mientras consideraba qué decir a continuación. Hardin, mantén la boca cerrada si quieres que te asciendan.

Fue entonces cuando le dije al Senador McConnell lo que realmente pensaba sobre la "guerra contra las drogas" y el financiamiento previsto para el gobierno colombiano. Podía escuchar el silencioso y agonizante jadeo de los reunidos en la mesa. Habían hecho lo impensable, lo que habían temido todo el tiempo; Yo había dicho la verdad. La decisión de hablar con la verdad sin duda me costaría la segunda oportunidad de una promoción que había deseado. No creía que el gobierno colombiano debería recibir los dólares de los impuestos que tanto nos costó ganar, y no me atrevía a decir lo contrario por una oportunidad de promoción.

El Senador McConnell sonrió con aprobación ante mi audaz declaración de verdad. A pesar de su habilidad para navegar en el mundo de la política, apreciaba la franqueza honesta. Le sonreí nerviosamente al Senador, sabiendo las ramificaciones que tendría mi decisión para mí.

Los supervisores de la DEA se apresuraron a entrar en modo de control de daños. Prácticamente se tropezaron cuando interrumpieron nuestra conversación para contarle al Senador todos los maravillosos resultados. Habían desmantelado los laboratorios de cocaína e interrumpido el transporte de droga a los EE. UU. El Embajador se hizo eco de sus informes de gloriosos éxitos y mencionó nuestras excelentes relaciones de trabajo con el gobierno colombiano.

El Senador continuó sonriendo cortésmente mientras miraba a través de sus mentiras. Me miró a sabiendas mientras el embajador seguía cantando alabanzas a la DEA y al gran trabajo que estaban haciendo en Colombia. Agradecí que el senador no me hiciera más preguntas sobre la guerra contra las drogas en Colombia. No dije una palabra más en el almuerzo.

El Senador McConnell y yo miramos hacia el otro extremo de la mesa, donde nuestras esposas continuaban hablando y riendo. Habían permanecido intencionalmente ajenas a la conversación entre el senador y yo. Mi esposa no sabía que acababa de terminar mis posibilidades de ser ascendido a supervisor de grupo de la DEA.

El Senador y yo salimos con nuestras esposas cuando terminó el almuerzo. Me pidió que me mantuviera en contacto.

Nunca olvidaré esta reunión, —dije—. Eso era cierto. Por un lado, no me olvidaría de la amabilidad y generosidad del senador. Por otro lado, era el día que había elegido ser fiel a mí mismo a costa de conseguir un ascenso. No me arrepiento de esa decisión.

El Senador McConnell y su esposa fueron una gran pareja. Más tarde ese año, mi esposa recibió una tarjeta de Navidad y una foto de todos nosotros juntos en el almuerzo.

"Un corazón sano es la vida de la carne, pero la envidia de la podredumbre de los huesos."

(Proverbios 14:30, versión King James)

Capítulo 73

La riqueza obtenida por vanidad será disminuida

Una vez que un abogado corrupto recibe los documentos de descubrimiento que muestran evidencia contra su cliente, esos documentos se pasan al cártel. Los cárteles usan informes escritos para recopilar inteligencia sobre los métodos que usan las fuerzas del orden para atacarlos. Utilizando esa inteligencia, cambian el método de mover drogas a los EE. UU.

Después de varias semanas de investigación, la policía colombiana identificó la ubicación de un ex asociado de Pablo Escobar.

Localizamos a un traficante de cocaína que fue contrabandista de Pablo Escobar, informaron emocionados. Vamos a registrar la casa del contrabandista. ¿Quieres venir con nosotros?

La policía colombiana sabía que la DEA quería ayudar a registrar la casa de cualquier traficante de cocaína para documentar las pruebas criminales incautadas por la policía. La policía entendió que reuniría inteligencia criminal adicional en la casa relacionada con actividades de drogas en los EE. UU.

Una vez que llegamos a la casa del traficante, la policía entrevistó al ex traficante. Negó haber transportado cocaína a Estados Unidos para Pablo Escobar. La entrevista no llegó a ninguna parte, pero noté que los fiscales colombianos estaban revisando documentos dentro de dos grandes archivadores en el dormitorio.

Agente Hardin. ¿Quiere ver los documentos en los archivadores? —me preguntaron cuando entré en la habitación.

Empecé a hojear los archivos, escaneándolos individualmente y buscando más profundamente cualquier cosa valiosa. Para mi asombro, comencé a encontrar documentos de investigación escritos por agentes federales y funcionarios estatales de los Estados Unidos.

Los documentos contenían descripciones detalladas de cómo los narcotraficantes pasaban sus drogas de contrabando a través de la frontera hacia los EE. UU. Los informes trataban específicamente de los cárteles de la droga colombianos y cómo trasladaban las drogas de

América del sur a América central y, en última instancia, a los estados unidos. Algunos informes habían sido escritos por agencias policiales estatales y locales que se ocupaban de las investigaciones en curso. en sus comunidades locales. Para mi horror, los nombres de los agentes, oficiales, inspectores, policías e informantes estaban claramente documentados sin ningún tipo de redacción.

Estos informes se llaman descubrimiento, les dije a los fiscales colombianos. Son entregados mediante el debido proceso al abogado del acusado antes del juicio. De acuerdo con la ley de los Estados Unidos, el abogado del acusado tiene el derecho legal de saber qué evidencia hay contra sus clientes. Pregunté a los fiscales si podía llevar los informes a la embajada estadounidense.

No, —insistieron.

Recordé un incidente similar cuando estaba trabajando en Arizona. Había informado de mis preocupaciones sobre la filtración de información confidencial de casos a los cárteles a través de estos documentos. Documentos similares estaban bajo la custodia del fiscal mexicano y también habrían ido al abogado del acusado. A pesar de mi advertencia a la oficina de AUSA y a la oficina del Asesor Jurídico Jefe de la DEA, no pasó nada. Ahora, estaba viendo el mismo problema en Colombia.

"Poder lo que se consigue con vanidad disminuirá, pero el que recoge con trabajo aumentará."

(Proverbios, 13:11, version King James)

Capítulo 74

Muchas lujurias necias y dañinas, que hunden a los hombres en la destrucción y la perdición

La policía colombiana informó que las Fuerzas Armadas Revolucionarias de Colombia (FARC) y el ejército colombiano estaban descargando la cocaína y destruyendo los aviones americanos robados. Cuando la DEA pudo llegar para investigar, ya era demasiado tarde. No quedaban pilotos en la escena para arrestar ni cocaína para incautar.

No mucho después de llegar a Colombia, me asignaron ayudar a seguir aviones robados cargados de drogas. Los aviones salían de Colombia rumbo a Estados Unidos, cargados de cocaína. Si un piloto descubría que la DEA estaba siguiendo sus aviones estadounidenses robados, aterrizaría de inmediato. Ni siquiera esperarían a encontrar una pista adecuada; cualquier lugar abierto en el suelo con suficiente espacio libre sería suficiente.

Recordé un avión que habíamos seguido en alguna parte sobre las montañas colombianas repletas de selva. Seguimos el avión cargado de cocaína en un avión de propiedad y operado por el ejército colombiano. Los pilotos viajaron bajo a altas velocidades, ladeándose para evitar las traicioneras montañas y los fuertes vientos a mayor altura. Se sentía como montar en una montaña rusa cuando el pequeño avión se sacudió y rebotó inesperadamente en los cielos turbulentos. Recé para que el piloto pudiera aterrizar a salvo en el suelo.

El avión militar colombiano era un Otter. Tenía una envergadura flexible para viajar alrededor y a través de montañas y valles. Después de varias horas de pensar que Otter chocaría contra una montaña o un río, finalmente aterrizó en un campo abierto. Cuando se abrió la puerta del avión, salté, caí de rodillas y besé el suelo. No me importaba quien se reía del ridículo "gringo" de rodillas besando el suelo. Aparte de mi sincero deseo de pisar tierra firme, me preguntaba por qué no habíamos aterrizado antes.

Había tiempo de sobra para que los aviones robados estadounidense pudieran aterrizar y que los traficantes sacaran las drogas antes de que aterrizáramos. Me quedé con la sensación de que nadie realmente tenía las agallas para pelear una "guerra contra las drogas."

"Pero los que quieren enriquecerse caen en tentación y lazo, y en muchas codicias necias y dañosas, que hunden a los hombres en destrucción y perdición."
(1 Timoteo 6:9, version King James)

Capítulo 75

Pero ¡ay del que está solo cuando cae!

Entreabrí los ojos en la oscuridad cuando me despertó de un sueño profundo el sonido del teléfono.

Un agente de la DEA murió en un tiroteo, informó la voz al otro lado del teléfono con fría profesionalidad.

¿Quién es éste? Pregunté, saltando repentinamente a la vigilia. —Era un infante de marina en la embajada estadounidense el que llamaba.

Mientras estuve en Colombia, se me asignaron turnos regulares como agente de turno. Cualquier actividad significativa después del horario normal de trabajo que afecte a nuestra oficina sería enviada a mi atención. Era alrededor de la 1:30 a. m., durante uno de mis turnos como agente de servicio, cuando el infante de marina llamó para informar que un agente había sido asesinado. Cuando eso ocurrió, se esperaba que yo manejara o dirigiera el asunto de manera apropiada.

¿Qué? ¿Es esto una broma? —pregunté reflexivamente—. Claramente no lo fue.

Un agente ha sido asesinado. El nombre del agente es Frank Moreno.

Rápidamente agradecí al marine y terminé la llamada. Mis dedos se movieron rápidamente sobre el teclado para llamar a mi jefe y poder decirle lo que había sucedido.

¡Hijo de p-----! exclamó. Larry, dame unos minutos para obtener los detalles. Vuelve a llamarme. Su voz reflejaba la urgencia sensible al tiempo de la situación.

Decidí que debería llamar a la esposa del agente. Hojeando una lista de números, encontré el número de teléfono de la casa del agente y marqué nerviosamente. Estaba a punto de darle la trágica noticia cuando expresó su preocupación.

¡No sé dónde está. No contesta su teléfono celular ni buscapersonas, dijo con una pizca de pánico. Estoy preocupada por él.

Estaba claro que quería mi ayuda para encontrar a su marido. No me atreví a decirle que estaba muerto.

Cuando llegue a casa, dile que me llame. Necesito su ayuda. Me sentí culpable por terminar la llamada así, pero no sabía qué más decir.

Llamé a mi jefe y le conté mi conversación con la esposa del agente. Mi esposa estaba sentada en la cama, instintivamente despertada por la urgencia de mi voz y escuchando atentamente.

Tienes que ir al hospital. Vas a encontrarte con la enfermera de la embajada. Cuando llegues, ve con la enfermera, me indicó mi jefe. El agente ha sido baleado.

Salté rápidamente de la cama cuando terminó la llamada. Mi esposa me seguía, agarrando su ropa.

Quédate en casa, —le dije—, no queriendo molestarla.

No, la esposa del agente necesita mi ayuda, insistió.

El agente había sido asesinado por una bala de 9 mm en el pecho. Después de entrar en su pecho, la bala atravesó su aorta y salió por su espalda, alcanzando a un niño colombiano en un lado del cuello. El agente murió rápidamente. El niño falleció al día siguiente.

Observé a cuatro personas examinar el cuerpo del agente en el hospital. Los médicos forenses movieron su cuerpo de lado a lado sobre la mesa, ubicando la herida de bala y tomando fotografías. Su cuerpo yacía desnudo sobre la mesa mientras lo movían mecánicamente, buscando otros agujeros de bala.

Me llenó de tristeza ver a los médicos forenses examinar cuidadosamente el cuerpo. Frank había sido mi amigo y lo recordaba con cariño. Mis recuerdos se desviaron a todas las ocasiones en las que se había acercado a mi escritorio con una sonrisa maliciosa. Me contaba todo lo que pasaba en la oficina, mucho de lo cual yo no sabía. Luego, mientras yo me sentaba distraído con sus historias, casualmente robaba una manzana de mi escritorio. Este agente siempre me respaldaba y me defendía cada vez que los agentes chismosos hablaban mal de mí, extrañaría su ausencia.

El Médico Forense colombiano terminó su examen externo y trasladó el cuerpo del agente a otro lugar para una autopsia más detallada. Acompañé el cuerpo a la sala de autopsias, perdido en mis pensamientos. y mis recuerdos de Frank. Otro médico forense esperaba en la habitación, vestido con un gran delantal de cuero negro, guantes de goma negros y botas de goma negras hasta las rodillas.

¿Quieres observar la autopsia mientras yo examino el cuerpo del agente? preguntó profesionalmente.

No, respondí.

Ese era el cuerpo de un ser humano, un ser vivo del que tenía buenos recuerdos. No quería ver cuando el examinador lo descuartizaba como si estuviera descuartizando un cerdo en la granja del abuelo.

Esperé en silencio en una silla fuera de la sala de autopsias. Mis párpados colgaban pesados por el sueño y mi cabeza se balanceaba a medida que pasaban las horas. Por fin, el médico forense se presentó y me pidió que mirara el cuerpo. A regañadientes, hice lo que me pedía. La sangre y otros fluidos fluían por la piel de las incisiones en el pecho, las piernas, los brazos y el cráneo. Era un desastre, y se me encogió el corazón al verlo.

¿Puedes lavar su cuerpo y su cara? ¿Peinar su cabello? —Pregunté con el deseo de darle a Frank un poco de dignidad.

Había un enfriador de espuma de poliestireno blanco al lado del cuerpo. En ese momento, no se me ocurrió preguntar sobre el propósito de la hielera. Mas tarde supe que contenía el cerebro y los órganos del agente. La imagen de esa hielera blanca de espuma de poliestireno todavía está grabada en mi cerebro.

Mi esposa se unió a mí una vez que los restos del agente fueron cubiertos. Sus pies asomaban por debajo de la sábana, y una gran etiqueta blanca estaba atada a un dedo del pie. No tenía palabras mientras miraba horrorizada la etiqueta blanca.

Esa noche, una bala había matado a dos personas, el agente y un joven colombiano. El asesino, un ciudadano colombiano con presuntos vínculos con el lavado de dinero, eventualmente se entregaría y sería sentenciado a 30 años de prisión. Sirvió solo 5 años antes de recibir una liberación anticipada.

Ayudé a cuidar el cuerpo del agente durante tres días hasta que se pudo organizar el transporte a su casa en Texas. El ataúd tenía una bandera estadounidense sobre la tapa. La macabra hielera blanca de espuma de poliestireno iba con el ataúd.

Se realizó una reunión en el Embajada de los Estados Unidos para discutir la muerte del agente.

Su muerte fue un bache en el camino, un final que le puede pasar a cualquier agente de la DEA, me comentó otro agente en privado.

Mi creciente creencia de que la guerra contra las drogas era una gran mentira política surgió en mis pensamientos al escuchar el comentario. Contemplé el costo de esa mentira. En privado, lloré por la muerte del agente. Me preguntaba si esa vida que se había extinguido repentinamente después de solo 37 años significaba algo para las personas que libraron esa guerra.

"Porque si cayeren, el uno levantará a su compañero; mas ¡ay del solo cuando cayere! porque no tiene otro que lo ayude a levantarse."

(Eclesiastés 4:10, version King James)

Capítulo 76

No habrá más muerte, ni dolor, ni llanto

Menos de un mes después de que el agente de la DEA Frank Moreno fuera asesinado, mi esposa recibió la noticia de que su amigo, el guardia civil Julio Gómez Franco, murió en un tiroteo en las calles de Bogotá. Yo no había conocido bien a Julio, pero me gustó inmediatamente cuando nos conocimos. Mi dolor aún estaba fresco, y escuchar sobre otro asesinato de alguien de quien me enteré en las calles de Bogotá me dejó angustiado. Acababa de terminar de cuidar el cuerpo de un amigo y compañero agente hasta que pudiera ser llevado de regreso a los estados unidos. Aunque Julio no era ciudadano estadounidense ni agente de la DEA, era un cuñado de la policía.

Una semana después de su muerte, mi esposa y yo asistimos a la misa del funeral del Guardia Civil Gómez. Conocí a su hijo y a su esposa y vi el dolor y la pérdida en sus ojos. Su esposa estaba llorando y su hijo sostenía la mano de su madre. Miré al hijo de Julio y le di la gorra de la DEA que tenía para su papá. El niño orgullosamente se puso el sombrero. Había conseguido otra gorra de la DEA para el guardia civil Gómez pero nunca tuve la oportunidad de dársela.

No había espacio para sentarse en la misa católica, así que mi esposa y yo nos paramos en la parte de atrás de la iglesia. La mayoría de la gente comenzó a cantar una canción que nunca había escuchado. Aunque realmente no podía entender las palabras de la canción cantada en español, algo al respecto me conmovió.

¿Cómo se llama la canción española? Le pregunté a mi esposa.

Salve Rociera, —es una canción en honor a la Virgen del Rocío, susurró.

Me encontré diciendo con el resto de los dolientes: "Olé, Olé, Olé, Olé."

"Y Dios enjugará toda lágrima de los ojos de ellos; y no habrá más muerte, ni llanto, ni llanto, ni habrá más dolor, porque las primeras cosas pasaron." (Apocalipsis 21:4, version King James)

Capítulo 77

No será visitado por el mal

La oficial consular me dijo que tenía a la hermana y al cuñado de Pablo Escobar en su oficina.

Que no se enteren la hermana y el cuñado de Escobar que se reunirán con un agente de la DEA, —dijo emocionada—. Estaré allí en los próximos minutos.

Desarrollé una buena relación de trabajo con algunos funcionarios consulares en los que confiaba. Los funcionarios consulares del departamento de estado en la embajada de los Estados Unidos en la sección de visas sabían que estaba buscando a Pablo Escobar Junior. No era raro que me llamaran si alguien entraba en la oficina, pensaron que estaría interesado.

Entré solo en la pequeña sala de entrevistas. En mi mano estaban los pasaportes colombianos de la hermana y el cuñado de Pablo Escobar. Se sentaron en silencio detrás de una mesa pequeña, esperándome, sin saber que era un agente de la DEA.

Conscientemente traté de controlar la ira que sentía hirviendo dentro de mí. Esta era la familia de Pablo Escobar. Parecían una pareja bonita, pero eran demonios disfrazados. Pablo Escobar había dejado un rastro de terror, asesinato y derramamiento de sangre en Colombia. Eso ni siquiera comenzó a dar cuenta de las víctimas del cártel de Medellín fuera de Colombia. Esta era su familia, y más que eso, eran sus socios. No podía creer su descaro de ir a los estados unidos a visitar a familiares y parientes.

Un guardia de la Embajada de la Marina de los EE. UU. estaba parado en la puerta. Le dije al marine que podía salir de la habitación. En la mesita, la hermana de Pablo Escobar y el cuñado pensaron que yo era un funcionario consular que brindaría a ellos sus visas para viajar a los estados unidos.

Hola, —les dije cortésmente—, pero no me sentía con ánimo de ser cortés.

Al revisar sus pasaportes, noté que habían viajado a algunos otros países de América del sur, junto con varios viajes a España. No puedo creer que tengo a la hermana y al cuñado de Pablo Escobar sentados frente a mí, pensé. Esta es mi oportunidad de oro para encontrar a Pablo Junior.

¿Eres pariente de Pablo Escobar? —le pregunté—, yendo directo al grano.

Observé como se ponían nerviosos en sus sillas ante la mención del nombre. Metí la mano en el bolsillo del pecho, saqué mis credenciales de la DEA y me identifiqué como agente.

Parecían ser muy humildes y educados, imperturbables por la revelación, pero noté que les temblaban las manos. Comenzaron a moverse incómodos en sus sillas y se miraron nerviosamente. Me dio la impresión de que querían irse. Volví a preguntar:

¿Eres la hermana de Pablo Escobar?

Sí,— reconoció en perfecto inglés.

Soy su esposo, —intervino su compañero.

No esperó a que le preguntara nada más para lanzarse en una elocuente defensa de su sanguinario hermano.

Pablo era un muy buen hermano, —insistió—. Ayudó a nuestra familia, a los pobres de Medellín, a las iglesias, las escuelas y la policía.

Miré a su marido y me detuve antes de hacerle mi siguiente pregunta. ¿Qué hiciste por Pablo? Yo era su tenedor de libros y abogado.

Me ocupaba de su negocio, dijo con orgullo. Ambos negaron que Pablo fuera narcotraficante.

¿Dónde está Pablo hijo? —pregunté por fin.

Bajaron la cabeza sin hacer contacto visual y dijeron que no sabían dónde estaba.

¿Por qué quieres ir a los Estados Unidos? —pregunté sabiendo que no me darían ningún dato sobre el paradero de Pablo Jr.

A ver a familiares y amigos, —respondieron.

¿Dónde viven tus amigos en los Estados Unidos?

La pregunta fue diseñada para obtener información adicional sobre sus asociados en los estados unidos, y ellos lo sabían. Se levantaron lentamente de sus sillas.

Queremos nuestros pasaportes, nos vamos ahora, anunciaron.

Todavía estaba decidido a encontrar al hijo de Pablo Escobar. El marido era abogado y contador del Cártel de Medellín. El abogado de aspecto humilde sabía que yo no tenía autoridad para arrestar a ninguno de ellos. —Tuve que devolver sus pasaportes y dejarlos salir.

"El temor de Jehová es para vida, y el que lo tiene queda satisfecho; no será visitado por el mal."

(Proverbios 19:23, versión King James)

Capítulo 78

Para luchar por ti contra tus enemigos

El investigador de distracción de la DEA y yo nos vimos obligados a refugiarnos en el hotel durante dos días. Fuertes disparos resonaron en la distancia mientras holgazaneábamos junto a la piscina comiendo banana splits (helado de banana). Podíamos escuchar a la gente gritando fuera de las ventanas del hotel, especialmente por la noche cuando la situación se intensificó. La lucha continuó de un día para otro mientras comíamos nuestros banana splits y observábamos las canoas-taxi que transportaban gente río abajo.

Si no nos vamos, vamos a engordar, le dije al DI mientras tomábamos otro de los brebajes decadentes.

Fui asignado para ayudar al Investigador de Desvío (DI) de la DEA y a la policía de Colombia en la búsqueda de productos químicos que ingresaran ilegalmente a Colombia desde Venezuela, Ecuador, Perú y China. La DEA y las comunidades de inteligencia sabían que los químicos estaban siendo introducidos de contrabando en Colombia para ser utilizados en la producción de cocaína. La mayoría de los productos químicos se usaban en laboratorios de cocaína escondidos en la densa selva tropical colombiana. Los laboratorios eran particularmente comunes en Ipiales, Manizales, Medellín, y Cali.

La DI y yo estábamos investigando la importación ilegal de precursores químicos cuando estalló la violencia entre el ejército colombiano y los narcotraficantes. La violencia se generalizó rápidamente y la policía colombiana nos obligó a refugiarnos en el hotel para nuestra propia protección.

"Porque Jehová vuestro Dios es el que va con vosotros para pelear por vosotros contra vuestros enemigos, para salvaros."

(Deuteronomio 20:4, versión King James)

Capítulo 79

Porque el amor al dinero es la raíz de todos los males

¿No llevas pistolas, cuchillos, una granada de mano o una gran cantidad de dinero contigo? —Le pregunté al joven hispano.

No, señor, solo este efectivo que tengo en mi bolsillo, respondió.

Déjame ver tu efectivo,— insistí.

El joven sacó lentamente un gran fajo de billetes de su bolsillo. No era de su billetera, ni de una pila de billetes cuidadosamente doblados como la gente suele llevar el dinero, sino un fajo grande, cuidadosamente envuelto en una banda de goma.

¿Cuánto tienes? —pregunté.

$5,000, respondió lentamente.

Mi compañero va a echar un vistazo rápido dentro de tu bolso, —le dije al chico.

Esperamos en silencio mientras el oficial de narcóticos que estaba conmigo metió la mano en la bolsa y comenzó a buscar el contenido metódicamente.

Necesitaremos que vengas con nosotros a la oficina, le indiqué al joven mientras el oficial completaba su búsqueda.

Mi período de servicio en Colombia había llegado a su fin. Después de dejar Sudamérica, mis deberes me llevaron de vuelta a San Diego, California, donde comenzó mi carrera. Me asignaron a un grupo que se enfocaba en pandillas que distribuían metanfetaminas, heroína y narcóticos en el área del condado de San Diego. Rápidamente aprendí de informantes y profesionales médicos que los adictos a la heroína preferían las píldoras opioides por sus efectos similares a los de la heroína. Según los informantes, los adictos a la heroína recibían sus pastillas, no de bandas violentas sino de la comunidad médica. Algunos de ellos incluso estaban recibiendo las pastillas gratis.

Recibí una asignación para trabajar para el grupo de narcóticos del aeropuerto internacional de San Diego. Durante mi primera semana trabajando en esa nueva tarea, recibí una llamada telefónica de un informante en el aeropuerto de Miami.

Un niño hispano pagó en efectivo un boleto de ida a San Diego, afirmó el informante. No tenía equipaje facturado. Tendrá una escala en Houston, Texas, antes de llegar a San Diego.

Anoté el número de vuelo y la hora de llegada, agradeciendo al informante por la información. Otro agente y yo esperábamos en la puerta de llegadas cuando el vuelo llegó a San Diego. Los pasajeros de Miami bajaron del avión en pequeños grupos mientras buscábamos al joven solitario que coincidía con la descripción que nos dieron. Empecé a preocuparme de que lo hubiéramos perdido cuando salió de la rampa de salida y entró en la terminal. Lo seguimos mientras caminaba rápidamente hacia el área de equipajes. El informante en Miami dijo que no revisó el equipaje, pero necesitábamos estar seguros.

El joven miró nerviosamente alrededor del área de equipajes y sacó un teléfono celular de su bolsillo. Observé por encima de su hombro mientras golpeaba con los dedos una pantalla negra sin energía y pretendía hacer una llamada. Me acerqué.

Disculpe. Soy un agente federal de narcóticos, —dije, mostrando mi placa de la DEA. ¿Cómo te va hoy? ¿Cómo estuvo tu viaje desde Houston, Texas?

Estuvo bien, respondió nervioso en un inglés entrecortado.

¿Cómo llegaste al aeropuerto de Houston?

Mis padres me llevaron al aeropuerto, mintió. Fue estúpido de su parte mentirle a un agente federal. Él sabría que la pregunta era una trampa si hubiera sido más inteligente.

¿Tienes efectivo? —Le pregunté.

Me sorprendió el pulcro fajo de billetes, exactamente 5.000 dólares en efectivo, cuidadosamente envueltos con una goma elástica. Había seguido despertando una larga cadena de sospechas desde su salida de Miami. Pensé que era muy inexperto cuando lo conduje como una oveja al matadero en la trampa tendida por mis preguntas.

Una vez que llegamos a la oficina, otro agente realizó un registro más exhaustivo de la cartera del joven mientras nuestro perro detector de drogas pinchaba la cartera con el hocico. Mientras revisaba el contenido de la bolsa, el agente sacó una bolsa de plástico con una botella de champú dentro y desenroscó la tapa.

Algo está flotando dentro de la botella de champú. anunció.

¿Qué hay en la botella? —Pregunté, mirándolo fijamente a los ojos—. Si hay algo que lastima a mi perro detector de drogas, irás a la cárcel.

Señor. No sé qué hay en la botella de champú, respondió el niño. No podía quitarme la impresión de que estaba diciendo la verdad. Tenía que haber sabido que había algo en la botella, pero creía que no sabía qué era.

El agente sacó lentamente cinco rollos de billetes bien envueltos del cuello de la botella. Cada rollo estaba envuelto con una banda elástica, igual que la que estaba en el bolsillo del joven. Lentamente contó $25,000 en billetes de 100 dólares frente al niño y a mí.

¿Es este tu dinero? ¿Es esta tu botella de champú?   pregunté.

No, señor, respondió cortésmente el joven. La botella es de mi abuela en Guadalajara, México.

Está bien. Dame el nombre y la dirección de la abuela en Guadalajara; voy a llamar a la DEA en México para hablar con tu abuela sobre la botella de champú, le dije.

El niño me miró con los ojos muy abiertos, luego bajó la cabeza como si estuviera a punto de llorar.

No es mi botella y dinero. Tampoco es de mi abuela, confesó.

Está bien. Puedes irte de mi oficina. Pero antes de irte, dime quién es el dueño de la botella de champú, insistí.

Después de que el joven respondió a mi pregunta, lo dejé ir. Salió de la oficina de la DEA como un perro huyendo de los azotes de su dueño. Unas semanas más tarde, recibí otra llamada telefónica del aeropuerto de Atlanta. El informante al otro lado de la llamada informó que un hombre negro había comprado un boleto de ida en efectivo a San Diego. Esperé a que alguien que coincidiera con la descripción saliera del avión. No pasó mucho tiempo antes de que lo viera.

Señor, soy un agente de narcóticos. ¿Puedo hablar con usted? —le pregunté.

—Me estás deteniendo porque soy un hombre negro, gritó enojado.

Traté suavemente de asegurarle al hombre que no lo había detenido debido al color de su piel. Cuanto más traté de asegurarle que no cuanto más enojado se ponía. El hombre comenzó a alejarse mientras continuaba gritando desafiante. La voz del hombre resonó en voz alta en toda la terminal, y los pasajeros que esperaban dejaron de hacer lo que estaban haciendo para observar la creciente interacción entre nosotros.

Déjame solo. Me estás maltratando porque soy negro, —insistió.

Mi supervisor vio la interacción. Se dio cuenta de que estaba luchando para manejar la situación de una manera autoritaria pero con tacto. Se acercó al sospechoso, quien lo observó acercarse y renovó su airada afirmación.

Soy negro. ¡Ustedes policías me están deteniendo porque soy negro!

¡Oiga, señor! Nadie te está llamando la palabra "N."

Queremos preguntarle sobre su vuelo desde Nueva York, dijo el supervisor en un intento torpe de desescalar la situación.

El vuelo desde Nueva York no es asunto tuyo, gritó el hombre mientras continuaba alejándose.

Habían pasado casi 20 años desde que me uní a la DEA, y pronto sería elegible para la jubilación. Había imaginado que me acomodaría en mi asignación con el grupo del aeropuerto , y sería el último. Ese no fue el caso.

Larry, has sido reasignado a Investigaciones de desvío de la DEA. Decidieron trasladarte a DEA para apoyar a su grupo, me dijo mi supervisor después de llamarme a su oficina.

¿Por qué yo?, —pregunté con desconfianza, recordando el incidente reciente—. Había actuado profesionalmente, según la información recibida. La idea de que me iban a reasignar a otro grupo como castigo parecía injusta.

Es un gran trabajo, insistió mi supervisor después de ver mi evidente decepción. Trabajarás con el grupo de desviación para revocar los números de registro de la DEA de los practicantes corruptos en la comunidad médica que distribuye ilegalmente narcóticos y analgésicos a sus pacientes. También en las compañías farmacéuticas que no se dan cuenta de que, algunos de sus clientes, están usando los productos que les venden para fabricar metanfetaminas.

Recordé a las enfermeras que había arrestado por fabricar metanfetaminas al principio de mi carrera como agente de la DEA. No pude evitar preguntarme si encontraría médicos, enfermeras y otros trabajadores médicos adictos a las drogas ilegales como la cocaína, la heroína, la metanfetaminas y la marihuana. Me preguntaba qué encontraría en los consultorios médicos y en las compañías farmacéuticas. ¿Médicos corruptos y su personal vendiendo analgésicos y otros narcóticos a sus pacientes? ¿Estaban entregando esas píldoras a los malos que las traficaban en las calles?

Una cosa que aprendí a lo largo de mi carrera fue que las personas se corrompían fácilmente por la influencia cegadora del frío dinero en efectivo. También lo hizo la fuerza de la tentación. Cuando era niño, aprendí a confiar en aquellos en posiciones de poder o responsabilidad. Como hombre, sabía que eso no era cierto. Solo porque alguien tenía un estetoscopio alrededor de su cuello no significaba que se pudiera confiar en ellos. Para muchos de los que hacen el Juramento Hipocrático, "No Hacer Daño" tiene un significado significativo. Para otros, son solo palabras.

"Porque raíz de todos los males es el amor al dinero, el cual codiciando algunos, se extraviaron de la fe, y fueron traspasados de muchos dolores."

(1 Timoteo 6:10, versión King James)

Capítulo 80

La lujuria de la carne, la lujuria de los ojos y el orgullo de la vida

La DEA tenía que saber acerca de la corrupción. Estaba empezando a preguntarme si los Cárteles de la droga y la comunidad médica eran tan diferentes. Los Cárteles estaban distribuyendo químicos y fentanilo en los Estados Unidos. Las compañías farmacéuticas en los Estados Unidos y otros países fabricaban opioides y otros narcóticos que la comunidad médica distribuía generosamente. A los cárteles les encantaba el dinero que recibían por contrabandear sus productos a través de la frontera suroeste abierta. La comunidad médica y las compañías farmacéuticas disfrutaron de sus ganancias al recetar píldoras en exceso. Me pregunté por qué había tanta corrupción entre los Cárteles y la comunidad médica. ¿Fueron impulsados por el ansia de poder, dinero y sexo?

Poco después de comenzar mi asignación en DEA, me enteré de que algunos médicos y enfermeras practicantes estaban proporcionando recetas médicas falsas (principalmente para un narcótico llamado oxy cotton). Recibía regularmente comunicados de informantes de que esto estaba ocurriendo. En algunos casos, estaban abasteciendo a traficantes de droga conocidos. ¿Se corrompieron tan fácilmente los miembros de la comunidad médica por el encanto del dinero? ¿Era tan grande su deseo de riqueza mundana que dejarían de lado todas las preocupaciones por sus pacientes adictos y el bien público?

Mientras trabajaba en el programa de DEA, con frecuencia tenía que entrevistar a pacientes adictos a los narcóticos. Sus historias fueron desgarradoras. Empecé a concentrarme como un 'perro pájaro' en la corrupción en las comunidades farmacéutica y médica.

Con frecuencia me encontré con médicos, enfermeras practicantes, trabajadores en hogares de ancianos y otros empleados médicos que entregaban narcóticos a sus pacientes y los desviaban a los traficantes de drogas. Recibieron grandes sumas de dinero en efectivo y, a veces, favores sexuales de sus pacientes y clientes adictos a cambio de pastillas. No era raro que un amigo cercano o un familiar del sospechoso me proporcionara información, que las enfermeras que trabajaban en los principales hospitales fabricaban metanfetaminas y que con frecuencia también eran adictas a ella.

Las cosas que vi me enfermaron el estómago. Quería que la gente pudiera confiar en los profesionales médicos con batas blancas de laboratorio y estetoscopios alrededor del cuello. Desafortunadamente, muchos estaban administrando narcóticos a sus pacientes sin exámenes físicos. Me pareció increíble que tuviera que arrestar a las enfermeras por cocinar metanfetaminas.

Le pregunté a un Investigador de la DEA si podía proporcionarme una lista de personas en la comunidad médica sospechosas de vender pastillas. Uno de los nombres que me dio fue el de un médico que estaba siendo investigado por vender pastillas a personas sin hogar y adictos a la heroína.

Una semana después, conocí a un informante con un marcado acento caribeño cerca de una estación de autobuses en el centro de San Diego.

El discurso del hombre fue colorido y expresivo. ¿De dónde eres? —pregunté.

Hombre. Soy de las islas del caribe.

¿Cómo está tu salud? —Le pregunté—. ¿No tienes ninguna enfermedad médica? yo no estaba tratando de ofender al hombre, pero necesitaba saber estas cosas antes de poder usarlo como informante.

Hombre. ¿Cuál es tu problema? ¿Por qué me preguntas eso, hombre? ¿Crees que parezco enfermo, hombre? Vamos, hombre. No tengo problemas con nada. Mírame mover los pies y las piernas. Vamos, hombre. ¿Qué ves, hombre?

Me reí cuando el hombre movió los brazos de un lado a otro como si estuviera bailando. Sus movimientos eran tan alegres y expresivos como su discurso. Luché por entender lo que estaba diciendo mientras sus brazos se agitaban como un pájaro negro flaco aprendiendo a volar por primera vez. Intuí que la forma encantadora y espontánea de este tipo lo convertiría en un buen informante para comprar pastillas a médicos, enfermeras y vendedores ambulantes corruptos.

Quiero que veas a un médico mañana para obtener una receta de pastillas narcóticas, le dije. ¿Puedes reunirte conmigo en la farmacia mañana? Quiero controlar tu presión arterial. Necesito asegurarme de que no tengas problemas médicos antes de visitar al médico.

Vamos, hombre. ¿Por qué vas a revisar mi sangre? Y mi presión, hombre? ¿Cómo es que quieres que vea a un médico mañana?

La DEA te dará $100 en efectivo para ver al médico. Además, obtendrá un chequeo de salud gratuito.

Está bien, hombre. Veré al doctor por $100. Obtengo lo que quieres del doctor. Pero hombre, no estoy enfermo. ¿Quién paga al médico? preguntó el informante.

No te preocupes. La DEA pagará tu factura médica, —respondí.

Al día siguiente conduje hasta el estacionamiento de la farmacia con otro agente. Vimos al informante caribeño saltando sobre sus pies como si se hubiera roto ambas piernas.

¡Oye, tú! ¿Estás bien? ¿Por qué caminas así? pregunté por la ventana. Salta a la parte trasera de la camioneta.

Este es otro agente, dije, señalando al hombre que estaba a mi lado en la camioneta, tapa el dispositivo de escucha de micrófono. Ahora no lo dejes caer en el inodoro. Esperamos mientras se ponía la gorra y mostraba una sonrisa llena de dientes.

No te preocupes, le aseguré. Puedo escuchar cuando hables con la enfermera y el médico. No puedes oírnos hablar en la furgoneta, pero recuerda, te oiremos hablar y a cualquier otra persona que hable contigo.

¿No llevas dinero, pastillas o drogas encima? pregunté. ¿Qué es el gran bulto en tu bolsillo izquierdo? pregunté. Mi ropa interior limpia, dijo como si la respuesta fuera obvia. No, hombre. No tengo nada en mis bolsillos más que mi ropa interior.

Me miró con curiosidad por un momento. ¿Por qué preguntaste qué les pasa a mis pies? preguntó.

Estás caminando como “felices pies," dije, haciendo referencia a la película sobre pingüinos bailarines.

¿Quién es felices pies hombre? —preguntó el informante con una mirada perpleja.

Quiero que vacíes tus bolsillos, le dije después de explicar la referencia. Déjame ver tu ropa interior.

El informante sacó lo que de hecho parecía ser ropa interior.

¿Por qué llevas ropa interior en el bolsillo delantero? ¿Está sucia? —pregunté—, desconcertado como lo había estado él por la referencia a felices pies ¿No tienes nada más en tus bolsillos?

¿Estás loco, hombre? Mamá siempre decía que tuviera ropa interior limpia antes de ver al médico, respondió felices pies.

Está bien. Lo siento, le dije con una sonrisa. Mi mamá dijo lo mismo sobre ver a un médico. Entremos a la farmacia para revisar tu presión arterial.

Tu presión arterial es excelente, —le dije mientras regresábamos a la camioneta.

Hombre, te lo dije, estoy bien.

Lo hiciste, reconocí, Ahora quiero que cruces la calle hacia el consultorio médico. Solo preguntas por este médico, insistí mientras pronunciaba lentamente el nombre doctor Decker y luego lo repetía para asegurarme de que lo haría, recuérdalo. La chica de la recepción te preguntará si eres un paciente nuevo. No digas nada más. Dale los $100 para la visita al médico. No respondas ninguna pregunta de la chica, dije, enfatizando "ninguna" Si te pregunta por qué quieres ver a este médico, dile que no tienes hogar. Necesitas ver a este médico. Le entregué al informante los $100 para que se los diera a la chica de la recepción.

¿Tiene alguna pregunta? —No, respondió.

Vimos como el informante cruzaba la calle, saltando sobre sus pies hasta que entró al frente. En la consulta, lo escuche hablar por el micrófono ubicado dentro de la gorra. Le estaba diciendo a la chica que quería ver al doctor.

¿Qué médico quieres ver? —preguntó la chica.

Doctor Pecker, dijo incorrectamente.

De repente me eché a reír como un colegial viendo a alguien avergonzándose.

¿Quién es el doctor Pecker? —Pregunté mientras mi risa se apagaba—. ¿Por qué el informante pregunta por el doctor Pecker?

Podía escuchar a la chica en el consultorio del doctor riéndose también. Me hizo sentir un poco menos juvenil.

—Ningún doctor Pecker está trabajando aquí—, dijo al fin.

No podía entender cómo había conseguido al doctor Pecker por el nombre que le había dado. Tal vez estaba pensando en la bebida gaseosa llamada "doctor Pecker."

Quieres ver al doctor Decker, dijo la chica con otra risa. ¿Por qué necesitas ver al médico? ¿Quién te dijo que vinieras a ver al médico?

Hombre. No tengo hogar. Un amigo dijo que el médico podría ayudarme. Aquí tiene $100, respondió el informante. La niña pareció entender y le pidió que tomara asiento.

A los pocos minutos, escuché la voz de otra chica en el micrófono de la gorra.

Necesito tomar tu presión arterial y tu peso. Sígueme, ordenó. Escuché un movimiento intermitente durante unos minutos, pero no se dijo nada. Siéntate aquí en la silla. El médico te verá pronto, dijo finalmente.

Después de varios minutos más de silencio, escuché a un hombre hablando con el informante. Está bien. ¿Por qué estás aquí? preguntó.

¿Es usted el doctor Pecker? Preguntó esperanzado el informante. El médico se rió. ¿Qué deseas?"

Necesito unas pastillas. Tengo dolor en los brazos. Mi amigo dijo que me puedes ayudar, dijo dramáticamente el informante.

Bueno, su presión arterial es alta. Tome este medicamento para la presión arterial. Le ayudará, —dijo el médico.

Vamos, hombre. No tengo problemas de presión arterial, respondió el informante con exagerada consternación.

Esperé pacientemente para escuchar una respuesta, pero no hubo otro sonido del micrófono del informante. De repente, me di cuenta de que el informante estaba regresando a la camioneta, saltando sobre sus 'felices pies'. Llevaba una gran bolsa de papel marrón.

¿Quién es el doctor Pecker? ¿Qué es eso en la bolsa de papel? Pregunté después de que el informante volviera a la camioneta.

Hombre, olvidé el nombre del médico. Me dio pastillas para la presión arterial. ¿Dónde están mis $100, hombre?

Poco después, conocí a otro informante que podía comprar "píldoras callejeras" a personas sin hogar, prostitutas y traficantes de drogas.

Conozco a esta mujer que está siendo tratada por cuatro médicos por cáncer de estómago, —informó—. Los médicos le dan pastillas narcóticas todos los meses para ayudarla con el dolor.

¿Cómo conoces a esta mujer? — pregunté.

Ella es mi amiga, respondió el informante. Tiene cáncer de estómago. Recibe asistencia social, seguridad social, atención médica gratuita, cupones de alimentos y otras cosas gratuitas.

Una vez al mes, visita a cuatro médicos en diferentes lugares de San Diego para recibir tratamientos contra el cáncer, continuó. Cada médico le da a la mujer una receta de 30 pastillas de oxicodona (50 miligramos cada una) para el mes para ayudarla con el dolor del cáncer. Ella va a una farmacia a comprar las 30 pastillas. Los médicos y las farmacias no tienen idea de que la mujer está vendiendo las pastillas a vendedores ambulantes o cambiando las pastillas por heroína en México.

Si la mujer recibe 30 pastillas de oxicodona de cada médico, entonces los cuatro médicos le están dando 120 pastillas por mes, dije. ¿A cuánto vende la anciana una pastilla?

Ella gana alrededor de $ 50, respondió el informante. Rápidamente hice los cálculos en mi cabeza.

Si no vende las pastillas, va a Tijuana, México y da las pastillas a las farmacias a cambio de heroína. Las pastillas son gratis. La heroína es gratis, —respondió el informante.

Nada es gratis, —respondí.

Si los contribuyentes supieran lo corrupto que es. Los contribuyentes eran los que pagaban por estas pastillas con obsequios y otros incentivos económicos. las empresas y las farmacias se beneficiaban entonces de la venta de las pastillas. Los contribuyentes estaban pagando un alto precio para que la mujer pudiera ganar 6.000 $ al mes en la venta de drogas ilegales.

¿Qué hace ella con la heroína? — pregunté.

Bueno, ella no usa las pastillas de oxicodona para ayudarla con su cáncer porque prefiere el 'subidón' de la heroína. Tiene miedo de tomar las pastillas porque son muy adictivas. También gana mucho dinero todos los meses vendiendo las pastillas. Incluso después de que obtiene la heroína, —explicó el informante.

Quiero comprarle una pastilla, le dije. Llámela cuando esté de compras de medicinas nuevamente. Usted y yo podemos seguirla al consultorio de cada médico y a las farmacias. ¿Conoce a alguien más que venda sus píldoras de oxicodona o cambie la píldora por medicamentos?

Sé que muchos amigos están recibiendo recetas de oxicodona de médicos y enfermera, —dijo.

La semana siguiente, el informante y yo seguimos a su amiga con cáncer a su primera visita al médico. La mujer salió de la consulta del doctor e inmediatamente entró en una farmacia cercana. Le di al informante $50.

Cuando salga de la farmacia, acércate a ella y cómprale una pastilla de oxicodona,— le dije.

El informante esperó afuera de la farmacia a su amigo. Pronto vi al informante hablar con la mujer. Después de un breve intercambio, la mujer abandonó el área y el informante volvió a subirse a mi auto. Extendió la mano y me dio una pastilla de oxicodona. Continuamos siguiendo a la mujer a los otros consultorios médicos y farmacias.

"Porque todo lo que hay en el mundo, los deseos de la carne, los deseos de los ojos y la vanagloria de la vida, no son del Padre, sino del mundo."

(1 Juan 2:16, versión King James)

Capítulo 81

Los que serán ricos caen en la tentación y una trampa

¿Qué pasa con los contenedores de basura y los botes de basura, dijeron los dos nuevos investigadores de desvío cuando regresaron a la oficina de la DEA. Estaban cubiertos de caca sucia en todas sus caras, manos, ropa y zapatos, y al menos uno de ellos tenía lo que parecía una marca de sangre. El supervisor salió de su oficina y los miró con el ceño fruncido.

Miran sin hogar, como si hubieran estado viviendo debajo de un puente, gritó.

Les dije que se fueran a casa para que se duchen. Saca esa desagradable caca antes de que regresen a la oficina, expliqué.

¡Larry Ray! ¿Qué en el f ------ estás haciendo con ellos? Son nuevos. Quiero que los entrenen como investigar a estos médicos corruptos. No quiero que caven a la basura llena de sangre y SH ----. ¿Cómo es que no tenías nada en la cara y las manos? El supervisor exigió saberlo.

A la mañana siguiente, regresé de comprar un pedazo de heroína de alquitrán negro mexicano por $60 de un adicto en las calles.

Hola, Larry, el supervisor quiere verte ahora mismo, dijo el secretario mientras entraba en la oficina.

Ahora. ¿Por qué ahora? ¿Puede esperar hasta mañana por la mañana?,— pregunté—. Estoy ocupado.

No. El te quiere en su oficina ahora. Está preocupado por los dos tipos nuevos que trabajan contigo.

Solté un suspiro de molestia. El supervisor esperó a que tomara asiento con un ceño fruncido enojado.

¿Por qué tienes mis dos postes telefónicos de escalada? —gritó— . ¿Por qué juegan dentro de los contenedores de basura y los botes de basura? Los estás tratando como perros sin hogar. Hizo una pausa con una mirada enojada para dejar que la declaración se hundiera antes de continuar su reprensión. Estás a unas dos millas de la casa.

La acusación de que le dije al DIS que subiera los postes telefónicos me molestó. ¿Quiero saber quién dijo que los dos tipos nuevos estaban escalando postes telefónicos?

Continué sin esperar una respuesta. La cámara del poste telefónico está grabando a una mujer hispana mayor y dos jóvenes que van de casa con paquetes postales, sobres y cajas. La cámara muestra a las mujeres que eliminan lo que parecen pedidos monetarios de los sobres. Las chicas, a veces, abren las sobres postales afuera frente a su garaje. Luego ponen los sobres en los botes de basura.

No me metí en el contenedor de basura. —No soy el buzo del contenedor que nada en la basura—. Los nuevos chicos están haciendo su trabajo empujando la basura. Solo les mostré qué buscar en la basura. Sabes, la basura es una excelente ubicación para encontrar evidencias. La caca marrón y la sangre negra pueden lavarse de sus caras y manos, me reí despectivamente.

La basura tiene todo tipo de cosas buenas como botes de pastillas, paquetes postales vacíos, sobres, cajas, recibos de gas, facturas de servicios públicos y recibos. Incluso encontraron algunos recibos de efectivo de las farmacias en Tijuana, México.

Con la cámara del poste telefónico y las búsquedas de basura, esos dos tipos nuevos identificaron a la mujer mayor como una traficante de narcóticos desde hace mucho tiempo que mueve la cocaína, la heroína y las píldoras. Las chicas más jóvenes son las hijas de la mujer. La mujer y sus hijas están haciendo ejercicio de su hogar enviando muchos narcóticos en paquetes en la oficina postal en varios lugares, —enfaticé con varios golpes de mi dedo y un barrido emocional de mi mano.

La cámara del teléfono de video, los contenedores de basura y las latas, y los dispositivos de seguimiento en el mercedes de la mujer y sus dos hijas muestran como las mujeres usan la oficina postal para distribuir las píldoras. Los dos DIS tienen suficiente evidencia para el AUSA (Asistente de United Fiscal del Estado) para revisar los cargos penales sobre la trata de narcóticos en todo Estados Unidos.

La explicación hizo poco para calmar su ira, pero no pudo discutir con los resultados que se habían logrado.

¿Qué pasa con el incidente de la semana pasada cuando los dos DIS estaban contigo en la frontera mexicana? Casi le disparaste a cuatro mexicanos en un auto. Podrías haber asesinado a esos nuevos tipos en un tiroteo, afirmó, desafiándome a dar una explicación satisfactoria.

Necesitaba proporcionar seguridad a la Tech de la DEA para colocar un dispositivo de rastreo debajo del SUV Mercedes de la madre. Tomé los dos nuevos DIS para ayudar a ver la casa de la mujer. No hicieron nada excepto comer ositos de goma. Afirmé.

¿Pero Larry Ray a las 3:00 a.m.? — preguntó.

Bueno. Ese es el mejor momento para trabajar cuando las mujeres están durmiendo. Los chicos necesitan saber cómo rastrear un automóvil sin seguirlo, —expliqué.

No se trata del dispositivo de seguimiento, insistió con frustración. Casi los matan cuando detuviste a algunos niños arrojando piedras a los autos.

Espera un momento, —dije, interrumpiéndole—. Puedo decirte exactamente lo que sucedió esa noche.

El supervisor se puso de pie y me miró. Está bien. Dime, —dijo— . La declaración fue redactada como un desafío

El técnico colocó un dispositivo de rastreo debajo del mercedes de la mujer por la mañana temprano. Noté un automóvil que viajaba por la casa dos veces cerca de donde el técnico escondió el dispositivo. Decidí seguir al automóvil. De repente, el auto comenzó a seguirme. Rápidamente giró mi auto para enfrentar el auto que ahora me estaba persiguiendo. Inmediatamente le dije al DIS que llamara a la policía. Golpeé el auto para que me rodeara, luego salí del auto. Le dije al DIS que salía del auto y pararse en la parte trasera. Si las personas en el automóvil comienzan a disparar, ambos debéis huir en busca de ayuda.

Con la ayuda de dos agentes de la aduana de EE. UU. Trabajando en el área, se detuvieron detrás del automóvil. El auto ya no podía avanzar o hacia atrás. Lentamente me acerqué al auto. Con mi pistola Sig Sig "guisante de olor" de 40 en mi mano derecha apuntando al suelo, caminé lentamente hacia el lado del pasajero del automóvil.

Rápidamente miré dentro del auto. Inmediatamente veo a dos chicos hispanos en el asiento trasero y dos niños en el frente. Noté que los pasajeros tenían pequeñas rocas en sus manos.

Después de ver las rocas en sus manos, —pregunté: ¿Qué estás haciendo aquí conduciendo hacia arriba y hacia abajo en el vecindario? ¡Necesita soltar las rocas ahora! ¿Alguien entiende el inglés? ¡Deja las rocas ahora!

Miré a los pasajeros en el auto con mi arma apuntando hacia el suelo. El pasajero delantero al ver a mi guisante dulce a mi lado, inmediatamente dijo: Nadie más habla inglés. ¿Por qué nos detuviste? ¿Quién eres? No puedes hacer esto. Nos detienes porque somos mexicanos.

Por suerte para los pasajeros y el conductor, llegó la policía, seguido de los agentes de la Patrulla Fronteriza. El oficial de policía dijo: —Hemos estado buscando a estos niños—. Estos menores han estado rompiendo ventanas de automóviles en esta área durante varios días. Gracias por atraparlos.

No hay nada que podamos hacer. Solo arrestarlos, y más tarde hoy, serán liberados de la cárcel, respondió el oficial.

¿Qué tal las ventanas del automóvil que rompieron en los últimos días? ¿Dónde está la justicia para las personas que usan sus autos para ir a trabajar y a la escuela? Yo pregunté. Me incliné hacia el pasajero delantero y dije en voz baja, si fuera hace varios años cuando estaba haciendo ejercicio en el desierto, los habría abofeteado a todos en la boca si no te disparara en la cara primero. —El pasajero de enfrente se rió, seguido de los demás sonriendo.

No puedes hacer nada. No hicimos nada malo, sonrió el pasajero.

Eso es lo que sucedió con los lanzadores de rock. Nadie resultó herido. El nuevo DIS hizo un gran trabajo escuchándome, le dije al supervisor.

"Pero ellos que serán ricos caerán en la tentación y una trampa; y en muchas lujurias tontas y hirientes, que ahogan a los hombres en destrucción y perdición. " (1 Timoteo 6: 9, versión Kings James)

Capítulo 82

Él diseña la travesura continuamente; Siembra la Discordia

Quiero que vayas con los dos nuevos agentes y uno de los otros senior, dijo el supervisor del DEA a regañadientes. El todavía estaba molesto por mis salidas anteriores con el nuevo DIS. El agente necesita hacer una inspección para el sitio de la clínica de metadona. La clínica se debe a una actualización para evitar que cualquier persona robe el medicamento.

Al día siguiente, salté en el asiento trasero de un automóvil del gobierno con uno de los nuevos tipos. El otro nuevo agente conducía, y una investigadora senior estaba en el asiento del pasajero delantero.

Larry, espero que no nos metas en problemas hoy, bromeó uno de los nuevos chicos. Los otros pasajeros respondieron con risas amortiguadas.

No se preocupe; es un control de seguridad en la clínica, les aseguré. No creo que nadie en la clínica arroje rocas. Unas horas más tarde, estábamos en la clínica de metadona haciendo una inspección de seguridad de rutina. Mi papel era proporcionar seguridad y ayudar al agente de cualquier manera que pudiera. Estaba buscando formas de ser útiles cuando noté que el área de recepción tenía una ventana transparente a prueba de balas que separaba a los clientes adictos a la heroína de los empleados. Era el lugar donde el personal de la administración entregaría las tabletas de metadona a los antiguos usuarios de heroína.

¿Tiene un botón de alarma silenciosa cerca de usted al dar las tabletas de metadona a los clientes? —Le pregunté a la mujer en el escritorio.

Sí. Está debajo del escritorio, —respondió ella.

¿Qué sucede si presionas el botón cuando un adicto apunta una pistola a tu cara? —Pregunté sin rodeos.

Bueno, la ventana es a prueba de balas. Si presiono el botón de alarma, en cinco minutos, la policía estará aquí para ayudarnos, —respondió.

Cinco minutos es mucho tiempo. Un minuto puede ser una vida. —Sabía por experiencia que mucho podría suceder en solo unos segundos.

Entonces, crees que si presiono el botón de alarma, la policía llegará en cinco minutos, —pregunté.

El nuevo agente estaba cerca, revisando su lista de verificación, cuando me escucharon preguntar sobre el botón de alarma. Noté que estaban escuchando muy de cerca.

¿Qué piensas de la alarma? —Pregunté, mirando en su dirección—. ¿Estamos aquí para una inspección de seguridad?

El nuevo DIS miró y se encogió de hombros, sin saber qué decir. Observaron nerviosamente para ver si presionaría el botón de alarma. Está bien, permítanme presionar el botón de alarma para ver cuánto tiempo lleva a la policía llegar aquí si hay una emergencia, —sugerí mientras mi dedo se movía hacia el botón rojo.

Preguntemos al investigador senior qué piensa sobre que presionas el botón de alarma, sugirió nerviosamente uno de los nuevos agentes.

Demasiado tarde, dije con una sonrisa traviesa. Ya he presionado el botón de alarma.

Vimos el reloj a medida que pasaba el tiempo. La ventana de cinco minutos iba y venía, pero no llegaron policías. La mujer en el escritorio siempre creía en la seguridad que proporcionaría el botón. Estaba visiblemente molesta porque cualquier seguridad proporcionada era menos que confiable.

En este momento, la agente mayor se había acercado, y estaba al tanto del dilema con la alarma. Estás haciendo la inspección de seguridad. Debes presionar el botón de alarma tú mismo, le dijo a su joven DIS.

Podría estar roto, —sugirió uno de ellos.

El otro agente alcanzó debajo del escritorio y se dio cuenta hasta que encontraron el infame botón. Lo empujó varias veces y luego miró el momento.

Sabes que el botón de alarma probablemente esté roto, —sugirió. Han pasado más de 15 minutos y los policías no han llegado.

Apenas había pronunciado la oración cuando miré por la ventana de la clínica y vi que una patrulla llegaba al estacionamiento.

Aquí viene la policía,— anuncié con una sonrisa.

Dos agentes de policía uniformados ingresaron a la clínica de metadona con expresiones graves.

Oigan, oficiales. Estamos haciendo una inspección de seguridad en la clínica. Los investigadores están revisando el sistema de alarma silenciosa, —les informé.

Después de ver mis credenciales y observar que todo en la clínica apareció como debería ser, aceptaron mi explicación y se fueron. No me sorprendió cuando los vi regresar unos minutos más tarde.

Mi sargento quiere tu nombre. También quiere el nombre de tu supervisor de la DEA, dijo uno de los oficiales. Parecía que estaba en problemas nuevamente.

Larry, el supervisor te quiere en la oficina ahora, dijo el secretario cuando llegué. Sacudió suavemente su cabeza de lado a lado con una pequeña sonrisa sugiriendo una sonrisa.

¿Quién, yo? ¿Por qué? —pregunté.

Cierra la puerta detrás de ti, dijo el supervisor cuando entré en la oficina. ¿Qué pasó en la clínica de metadona?

El personal de la clínica dijo que su sistema de alarma silenciosa funciona. Si tuvieran una emergencia y presionaran el botón de alarma, la policía llegaría en cinco minutos, dije.

Está bien. Entonces, ¿qué pasó?

Solo presioné el botón de alarma una vez, —respondí.

Entonces, ¿quién continuó presionando el botón de alarma varias veces? preguntó el supervisor. —El ya se había convencido a sí mismo de que había sido yo.

El nuevo DIS pensó que la alarma estaba rota. Supongo que la empujaron varias veces más. No quería tirar al joven agente debajo del autobús. No es su culpa, agregué. Les dije que pensaba que estaba roto.

Larry Ray, avergonzó a la policía por llegar a la clínica de metadona después de activar la alarma silenciosa, enfatizó.

Podría haber sido más comprensivo con ese argumento si la policía no hubiera tardado tanto en llegar.

¿Qué? Exclamé. —Los policías llegaron más de 15 minutos tarde a la clínica—. ¿Sabes cuántos empleados y clientes morirían por un adicto loco en 15 minutos?

Una semana después, el investigador principal y uno de los nuevos investigadores querían que yo fuera con ellos a otra clínica de metadona. La mayoría de los adictos a la heroína tenían antecedentes penales para comprar y vender heroína en las calles. Los clientes eran ex adictos a la heroína que venían a la clínica de tratamientos de metadona.

Después de llegar a la clínica, los investigadores comenzaron a entrevistar a una hermosa mujer hispana sobre la seguridad en la clínica. Decidí no presionar ningún botón de alarma ni hacerle preguntas al personal. El aburrimiento de estar sentado en la clínica me dejó pensando en los días que dediqué a perseguir a los malos en las calles y al otro lado de la frontera.

Me senté con el agente mientras le hicieron una pregunta de rutina a la mujer hispana. Mientras estaba sentado allí luchando con el aburrimiento, no pude evitar notar que la mujer llevaba una parte superior escotada que mostraba la mayoría de sus grandes senos. Traté de mirar hacia otro lado, pero no pude evitar notar que se veían diferentes y se deformaron de alguna manera. Uno había escapado y casi pasaba el rato de la blusa de la pobre mujer. Miré a la agente de la persona mayor para ver si notó la situación de la otra mujer.

Ella reconoció en silencio mi mirada con un asentimiento, y miramos al nuevo agente. A pesar de sus mejores esfuerzos, obviamente estaba luchando. Estaba tratando de no fijarse en los senos de la mujer y actuar profesionalmente, mientras revisaba la lista de preguntas que necesitaba hacer.

Le haré las preguntas restantes, ofreció el agente senior. El agente junior, más joven, parecía aliviado.

Terminamos la inspección y volvimos al auto. No pude resistir el impulso de coser el nuevo investigador de desvío una vez que salimos de la clínica de metadona.

¿Qué pensaste sobre los grandes tooters (senos) de la mujer? — Pregunté con el reenvío contundente característico.

¿Qué, el pecho de una mujer? No vi nada, respondió el agente con un guiño.

La delantera está en su corazón, él diseña la travesura continuamente; Siembra la Discordia."

(Proverbios 6:14, versión King James)

Capítulo 83

Es tan deportivo para un tonto hacer travesuras

No pude evitar notar a la hermosa mujer hispana con la camiseta sobrecargada. La imagen de un pájaro sin plumas fue exprimida entre el contorno de sus dos amplios senos. Miré al agente narcótico y me reí. Sus ojos estaban centrados en el pequeño pájaro amarillo que parecía ser sofocante. Sabía lo que estaba pensando.

Un amigo cercano y compañero de narcótico del grupo de metanfetaminas (Meth) y yo decidimos visitar empresas y tiendas de suministros agrícolas que venden productos químicos y yodo a los cocineros de metanfetamina conocidos. Nos reunimos con los propietarios de varias tiendas de suministros agrícolas que venden contenedores de yodo multigallón. Nos aseguraron que dejarían de venderlos a clientes que no tenían una necesidad legítima.

Al día siguiente llegamos a una compañía química dirigida por DEA para vender cristalería y productos químicos a los cocineros de metanfetamina conocidos.

Hermano, déjame hablar, sugerí al otro agente.

¡Disculpe! ¿Está el gerente aquí? —Le pregunté a un grupo de mujeres jóvenes sentadas cerca de la entrada.

Soy la gerente. ¿Quién eres tú? —respondió una enorme mujer hispana.

Somos DEA, —respondí con una sonrisa.

La gerente se levantó de su escritorio y se nos acercó con un paso seguro y comercial. La apretada camisa blanca con el pájaro amarillo me pilló por sorpresa. Miré al agente para ver si veía lo que estaba mirando. Estaba entrecerrando los ojos curiosamente mientras intentaba identificar el objeto amarillo en la camisa.

Es un pájaro titty. Es tweety bird, le dije después de luchar momentáneamente para identificarlo por mí mismo.

La gerente sonrió y extendió su mano en saludo. Acepté el apretón de manos y la sonrisa como una zarigüeya lista para comer matar en la carretera.

Estás usando un pájaro titty amarillo en tu camisa, dije casualmente, sin darse cuenta de mi resbalón freudiano. Las otras chicas de la oficina de repente parecían asombradas por lo que estaba diciendo. La mayoría parecía estar riendo o sofocando su risa. Algunos de ellos parecían genuinamente conmocionados. Me sorprendió recibir tanta atención. Noté que el otro agente me daba una mirada de advertencia.

¿Qué le había dicho al gerente? Rápidamente escaneé mi memoria del incidente, y me sorprendió. Le había dicho a tweety bird cuando quise decir tweety bird.

Traté de pensar en una forma de guardar la cara y corregir mi error. "Mi esposa también ama tweety Bird en su camiseta, dije. Rápidamente lo intenté de nuevo: A mi esposa realmente le gusta mucho el tweety bird. Para mi creciente horror, mi lengua había desarrollado una mente propia. No podría decir tweety bird para salvar mi vida.

El gerente vio lo avergonzada que estaba, y ella estaba sonriendo de oreja a oreja. Miré al agente de pie a mi lado, suplicándole mentalmente que me salvara de mi lengua rebelde. Se quedó allí, mostrando sus credenciales y esperando que dijera algo. Le mostré al gerente mis credenciales de DEA nuevamente y lentamente comencé de nuevo.

Como estaba diciendo, tu pájaro es hermoso, logré pronunciar nuevamente. El gerente no dijo nada más que continuar mirándome con una sonrisa menguante. ¿Cómo había logrado decirlo una vez más?

El otro agente dejó caer la cabeza en sus manos y se ahogó, literalmente ahogó, en la risa que estaba tratando de reprimir.

¿Estás bien? — pregunté.

El gerente estaba esperando que dijera por qué estábamos aquí en la compañía química. El otro agente estaba mirando el piso, luchando para respirar. Tenía miedo de que estuviera teniendo un ataque al corazón.

¿Quieres salir? —Pregunté con una preocupación genuina—. Él asintió con la cabeza hacia arriba y hacia abajo para indicar que lo hizo.

Rápidamente me excusé y me disculpé con el gerente por la interrupción. El agente no pudo decir una palabra mientras salíamos. Siguió sacudiendo la cabeza hacia arriba y hacia abajo mientras jadeaba para respirar.

¿Qué pasó? Se las arregló para decir por fin. ¿Qué es un tweety bird? Seguiste diciéndole al gerente que te gusta su pájaro. A tu esposa le encanta el pájaro. Traté de decirte que es un tweety bird.

Estoy en problemas otra vez, admití con un suspiro. —Mi gran lengua gorda y mi cerebro desagradable se atascaron en sus gritos.

En este momento, el otro agente había recuperado la compostura. Tenemos que volver y hablar con el gerente. Déjame hablar. Me encargaré de eso.

Voy a perder mi trabajo por acoso sexual, pensé. Necesitaba mantener la boca cerrada cuando volvimos a hablar con el gerente. Parecía encontrar humor en mi vergüenza y no parecía del tipo para llamar a la DEA y presentar un incidente de queja sexual en un agente de la DEA. Me consuelo en ese hecho.

Finalmente salí fuera de la oficina de diversión y pasé mis últimos meses, antes de retirarme en las calles. Mi carrera llegaría a su fin donde había comenzado, vigilando la venta de metanfetamina y heroína de los dópicos en las calles. Había llegado a sentirse como en casa, donde pertenecía y podía hacer lo mejor que podía.

"Es tan tonto para hacer travesuras: pero un hombre de comprensión tiene sabiduría."

(Proverbios 10:23, versión King James)

Jubilación

Los que esperan sobre el Señor renovarán su fuerza

Después de conocer al anciano veterano marino, me sentí profundamente conmovido. Me di cuenta de que muchos buenos hombres y mujeres que habían servido a su país en el ejército y la policía estaban solos y sufrían. En un nivel profundamente espiritual, me sentí guiado por contactar a la oficina de personal en el hospicio.

Me gustaría ser voluntario para visitar veteranos militares y agentes de la ley que viven solos, dije.

La mujer con la que hablé me mira con ojos tristes y duros.

¿Entiendes que muchos de ellos sufren de su enfermedad y mueren lentamente sin familia?

Después de 24 años de perseguir a los malos, finalmente me retiré de la DEA. Una vez más, me dejaron reflexionar, como lo había hecho en mi juventud, y me preguntaba dónde iría mi vida a partir de aquí. Unos días después, recibí una llamada de un ex compañero de trabajo que también se había retirado de la comunidad federal de aplicación de la ley.

Larry, ¿quieres conocer a un veterano marino de la segunda guerra mundial? preguntó. El veterano marino cayó accidentalmente, golpeando la cabeza en el piso de la cocina de la casa. Vivía solo después de que su esposa muriera. ¿Quieres ver a mi amigo? Está en el centro de atención de rehabilitación de discapacidad (residencia de ancianos).

Sería un honor ver al veterano marino de la segunda guerra mundial, le dije.

Poco después de visitar al marine, recibí una llamada de mamá.

Ven a casa, dijo. Vamos a tener un picnic de reunión familiar en mi antiguo parque doméstico de Kentucky.

Está bien, mamá. Vuelvo a casa para verte a ti y a todos en la reunión familiar. —Parecía apropiado que mi jubilación fuera seguida con un viaje de regreso a casa—.

Después de una buena noche de sueño en casa, me desperté y salí al aire fresco de la mañana. Más tarde en el parque, papá estaba ocupado, como siempre lo había recordado en mi infancia, estableciendo las mesas de picnic y el equipo de cocina. Mis tíos llegaron en poco tiempo y comenzaron a freír pescado y un poco de carne de tortuga para familiares y amigos que vinieron a desayunar.

Estaba tan emocionado; Mi familia, parientes, amigos y rezagados comerían, cantarían y bailarían durante todo el día.— Incluso tenían una máquina de karaoke—. ¿No sería eso un grito? Le di gracias a Dios por reunirnos nuevamente.

Después de que terminamos de comer, le pedí a mamá que bailara conmigo. Agarré sus manos mientras la extendía hacia mí. Ella sonrió mientras nos concentrábamos en la música, y pensé en cómo nos amaba tanto. Los años de lavado, costura, cocina y limpieza habían hecho que las manos de mamá fueran ásperas e insensibles, y ella lo había hecho todo por amor a su familia.

Miré sus brillantes ojos azules mientras bailamos lentamente. Te amo mucho a ti y a papá.

Nosotros También te amamos, Lawrence Raymond.

Miré a la familia, familiares y amigos sentados en las mesas. Nos miraron con afecto como si sus corazones hubieran sido tocados por ese momento conmovedor.

Mamá, todos nos miran, le dije. Ella solo sonrió mientras continuamos bailando. —No sabíamos que sería nuestro último baile juntos.

Después de visitar a mi familia en Kentucky, regresé a California. Tenía tres botellas de buen whisky Kentucky pastel de manzana moonshine en mi equipaje de check-in. Cuando llegué al aeropuerto, fui a por mi equipaje en el cinta de equipajes. Vi a dos agentes de la DEA, amigos cercanos, de pie cerca del carrusel. Fueron asignados al grupo narcótico del aeropuerto, mi antiguo grupo.

Hola hermano, ¿cómo estás? Es genial verte, dije con un caluroso saludo. Hombre, amo mi jubilación de la DEA.

Señor. Soy un agente federal de narcóticos. Quiero hablar con usted sobre su viaje hoy, dijo muy en serio.

Me reí de la broma y sonreí como para decir: Bueno, amigo.

Mantuvo su expresión grave. Señor. ¿Puede darnos su consentimiento para investigar su equipaje?

¡Qué! ¿Estás bromeando? Somos amigos. Dije.

Sabes lo que hay en mi equipaje, agregué. Siempre tengo whisky moonshine cuando regreso a casa. Es para nuestros amigos y fiestas de jubilación.

El otro agente abrió mi equipaje y rápidamente encontró tres botellas llenas de líquido rojizo. El agente que buscaba en mi equipaje inmediatamente tomó una de las botellas y la levantó sobre su cabeza para que todos en el área de la terminal del aeropuerto pudieran verlo.

Señor. ¿Qué es esto? Preguntó en voz alta.

¿Estás bromeando? Sabes lo que es. —El objetivo de su aparente broma se había vuelto claro.

Señor, necesito quitarle esta botella y probarla para descartar cualquier sustancia ilegal.

—No te refieres a probarlo,— respondí.

El agente sonrió perversamente pero no dijo nada.

¡Mira! No puedo darte la botella. Prometí una botella para un agente del IRS, una para un agente de NCIS y la otra para un agente del FBI, traté de explicar.

Sostuvo la botella justo por encima del nivel de los ojos y estudió el contenido como si hubiera buscado la sustancia ilegal imaginaria.

Hermanos, me están avergonzando frente a todos estos pasajeros recogiendo su equipaje, les insté.

Gracias, señor, por la botella. Dejaré las otras dos botellas en su equipaje, dijo. —Vi a los dos riéndose mientras se alejaban con la botella.

Esperamos verte nuevamente en el aeropuerto de San Diego, gritaron.

Apuesto a que lo hicieron. —Nunca había sabido cuánto amaba a mis hermanos DEA a la luz de la luna—.

Aproximadamente dos años después, mis ex compañeros de trabajo de la DEA me animaron a enseñar cursos de justicia penal en una universidad y una universidad ubicada en España. Fui contratado como profesor adjunto que enseñaba a los militares, sus dependientes y los agentes de la ley un curso de justicia penal.

La universidad me permitió vivir y trabajar en España, enseñando cursos de derecho penal a nuestros militares y sus familiares en toda Europa. Compartí mis experiencias de DEA con estudiantes que se especializan en justicia penal en una universidad y una de las universidades europeas.

Cuando era un niño que crecía en Kentucky, nunca podría haber imaginado todo lo que la vida tendría reservado para mí. Encontré que mis años de jubilación estaban bastante llenos. Además de la enseñanza, comencé un negocio de investigación privada y me ofrecí como voluntario para visitar veteranos militares, agentes de aplicación de la ley y policías en Hospicio.

"Pero los que esperan al Señor renovarán su fuerza; Se montarán con alas como águilas; Correrán, y no serán Wery; y caminarán, y no se desmayan."

(Isaías 40:31, versión King James)

Epílogo

Pensamientos de paz, y no de maldad, para darte un fin esperado

Los momentos más peligrosos que encontré mientras trabajaba narcóticos en los estados unidos, México y en la embajada americana en Bogotá, Colombia, no eran amenazas físicas para mi vida. Las mayores amenazas que encontré fueron las de mi alma. Estaba rodeado de la tentación y tuve que aprender a caminar por la corrupción sin caer en ella.

Vi el mal en los ojos de algunos hombres malvados que arresté por el tráfico de narcóticos. Mi confianza en el ejército, las comunidades de aplicación de la ley y nuestro gobierno, fueron desafiados al hacer la vista gorda ante la justicia que buscaba. Fue difícil para mí no renunciar a la esperanza de que algún día nuestro país pudiera ganar la guerra contra las drogas y la guerra contra el crimen.

Espero que no sea demasiado tarde.

También fue uno de mis mayores desafíos para mantener la fe en la humanidad. Sin fe en Dios y Jesucristo, la sociedad no tendrá esperanza.

El camino al cielo dirige al infierno

"Porque se los pensamientos que tengo para ti, dice el Señor, los pensamientos de paz, y no del mal, para darte un final esperado."
(Jeremías 29:11, versión King James)

DEA PRB #2023-12

www.ingramcontent.com/pod-product-compliance
Lightning Source LLC
Chambersburg PA
CBHW031217290326
41931CB00034B/170

9798986562377